EL CHIRRIDO DE LOS COLUMPIOS

EL CHIRRIDO DE LOS COLUMPIOS

De la supervivencia a la plenitud
Una historia real de superación del abuso sexual

GUY GIARD

Para pedir una autorización, diríjase al autor a través del sitio www.guygiard.com

Este libro no está destinado a reemplazar una opinión médica, un diagnóstico o un tratamiento profesional. Ante cualquier problema de salud, consulte siempre con un médico o profesional de la salud. No ignore nunca la opinión de un profesional de la salud y no tarde en pedir ayuda a grupos de apoyo.

Autor: Giard, Guy (1959-   )
Título: El chirrido de los columpios, de la supervivencia a la plenitud, una historia real de superación del abuso sexual
Posfacio: Doctor Hunter Patch Adams (1945-)
Entrevista: Doctor Hunter Patch Adams (1945-)
Colección: Guy Giard Love's Healing Journey

ISBN Edición en español Tapa blanda: 978-2-925120-05-6
ISBN Edición en español Tapa dura: 978-2-925120-06-3
ISBN Edición en español Libro electrónico: 978-2-925120-04-9
ISBN Edición en español Audiolibro: 978-2-925120-07-0

1. Novela
2. Autobiografía
3. Abuso sexual
4. Síndrome del estrés postraumático
5. Terapias
6. Misión humanitaria
7. Clown
8. Vipassana
9. Arte
10. Música
11. Yoga de la risa

Diseño de carátula: Guy Giard
Diagramación: María Alexandra Rodríguez
Traducción: Juan Manuel Rodríguez Sawicki
Créditos fotográficos: contratapa Guy Giard, Leo Ramírez

Depósito legal: 4° trimestre del 2020
Biblioteca y Archivos nacionales de Quebec
Biblioteca y Archivos de Canadá
Primera edición en español: 2020
Editor: Guy Giard

*«A Guy: No olvides nunca que tienes un don.
Un don de resiliencia. Tu objetivo en la vida es curar
a quienes no lo tienen y siguen sufriendo.
Mantente abierto a los dones que te ofrece el universo.
Gracias de todo corazón.»*

**– JUDY CARTER, humorista estadounidense,
conferencista sobre la motivación y escritora.**

*«Tuvimos el privilegio de compartir cinco de nuestros
viajes de clowns con Guy. Es un hombre con un alma
sensible y un gran corazón, su sonrisa radiante nos estimuló
y nos aportó mucha alegría en nuestros viajes. Al hablar con él,
pude apreciar su gran pasión por la vida y cómo utiliza
la práctica del clown como una herramienta
para crear un mundo de amor.*

*El testimonio de su propia transformación en un
alma afectuosa es una fuente de inspiración para
los demás. Dejen que su energía los ilumine.»*

**– DR. PATCH ADAMS, médico estadounidense,
activista social, clown y escritor.**

*«Quiero expresarte mi más profunda gratitud por haber
creído en mí. Has sido un excelente amigo, profesor, mentor
y una gran inspiración. Me has inspirado para que siga mis
objetivos con mucho trabajo y dedicación. Los conocimientos
que me has transmitido me han sido de gran ayuda. Realmente
aprecio y valoro todo lo que he aprendido de ti, siempre será un
elemento esencial de mis logros y de mi éxito. Te agradezco una
vez más por tu tiempo, tu apoyo y tu paciencia.»*

**– GIRI DHARAN, director y fundador de la fundación Third Hand:
alimentar a las personas sin hogar en las calles de la India.**

«Somos una pequeña escuela privada que recibe chicos de entre seis y doce años, huérfanos o procedentes de entornos desfavorecidos. Su ayuda financiera nos ha ayudado a construir un futuro más prometedor para todo el personal y los alumnos. Gracias a su generosidad, podemos seguir haciendo sonreír a los más pequeños; nunca hubiéramos podido llegar tan lejos sin usted.

Muchas gracias por ser parte de esta pequeña escuela y por apoyar una causa tan importante: la educación primaria de niños socialmente desfavorecidos. En nombre de todos los miembros del personal y los alumnos, gracias de nuevo, mil gracias, Guy.»

**– FRANCELLINE NAKOULMA,
fundadora de la escuela primaria privada Saint Gabriel,
Ouagadougou, Burkina Faso.**

«La Sociedad de Alzheimer de Montreal tuvo el placer de recibir al señor Guy Giard para organizar un taller de yoga de la risa. Se trataba de una actividad para los ayudantes, una comida en su honor y un momento de risas, intercambios y descanso.

El señor Giard se mostró dinámico y, con su entusiasmo, captó inmediatamente la atención de nuestro grupo. En pocos instantes, un grupo que no se conocía con anterioridad comenzó a reír, a darse la mano, interactuar y compartir con los demás».

**– APRIL HAYWARD,
directora de programas y servicios,
Sociedad de Alzheimer de Montreal**

Palabras preliminares

Queridos lectores y lectoras:

Todo lo que van a leer en esta autobiografía sucedió realmente. Los invito a viajar por tres continentes a través de sesenta años de peripecias, algunas inverosímiles, otras tiernas, divertidas y hasta a veces chocantes.

Para recrear los acontecimientos y conversaciones de este libro, me basé en mis recuerdos, en cartas y en mis diarios. En ciertos casos, modifiqué rasgos físicos, nombres, profesiones y lugares con el objetivo de respetar la intimidad de algunas personas.

Para enriquecer la experiencia de lectura, tienen la oportunidad de consultar la mayoría de los elementos descriptos en el libro a través de mi página web: exposiciones, composiciones, conciertos, entrevistas y muchas cosas más.

Los espero en www.guygiard.com

¡Que lo disfruten!

Libro 1

La Caída

La fuga

Voy dando saltos en mi bicicleta, pedaleo tan rápido como puedo y cruzo de un carril al otro sin preocuparme por el tránsito que avanza en sentido contrario. Mis pulmones se llenan de polvo. En un paso subterráneo en abandono, el asfalto fisurado se entrechoca con la tierra y las columnas grises desfilan como los dientes rotos de un peine viejo y grasoso. El olor fétido de los centenares de excrementos blancos y grises de las palomas compite con la putrefacción de sus plumas y del lúpulo de la cervecería local.

«¡Ojalá pudiera salir volando, ojalá pudiera desaparecer!».

¡Más rápido! ¡Más rápido! Mi corazón se acelera, parece que se me va a salir del pecho. Demasiadas emociones, necesito evadirme.

«Si pedaleo más rápido, ya no sentiré nada».

Tras dejar atrás las gigantes y emblemáticas letras rojas de la fábrica de harina Five Roses, aterrizo en las calles del centro de Montreal. Jadeando, hurgo en mis bolsillos. «¡Apenas unas monedas! No valgo nada, ni siquiera un centavo».

Estoy paralizado, escindido entre mis deseos y mis temores.

En la esquina titila la luz de neón roja de una cadena de comida rápida: algo barato y reconfortante que llevarme a la boca. Pido un *hot dog*, uno solo, me siento y lo contemplo con tristeza y en silencio. Sabe igual al cartón en el que me lo sirvieron.

«Solo, siempre solo, siempre solo», estas palabras resuenan como una campanada que anuncia la condena de mi alma.

«¿Lograré ir? ¿Me atreveré? ¿Cómo voy a hacer? ¿De qué sirve abandonar ahora?».

«Trabajé tan duro para cumplir mi sueño. No me van a querer, estoy seguro, me van a odiar, ¡no valgo absolutamente nada!».

…

Siento

Que mi vida se desintegra

Me estoy muriendo.

…

La desesperación me aplasta, como lo hacían mis hermanos.

Batman y el Guasón

—¡Muere, Guasón, muere! ¡Soy Batman!

El que grita es mi hermano mayor, tiene seis años y está persiguiendo a mi segundo hermano, que tiene un año menos, con una toalla de color azul marino sobre los hombros a modo de capa. Se precipita sobre él y lo amenaza de nuevo.

—¡Soy Batman y te voy a matar!

Para él, nosotros, sus dos hermanos menores, solo podemos ser Dos Caras, el Pingüino o algún otro enemigo, pero nunca Robin, el fiel compañero de Batman.

Mi hermana, la mayor de todos, tiene siete años y es completamente diferente. Disfrazada con un gorrito blanco de enfermera, juega tranquila conmigo, su paciente, el nene de tres años, el más chico de la familia... hasta que se forma el dúo explosivo y nos ataca.

Mi hermana retrocede para defenderse, a mí me tiran al suelo. Me raspo contra el asfalto negro y ardiente. ¡Grito de dolor!

Nuestra zona de juegos son los callejones de Montreal Este, el gueto francófono del barrio obrero de los «negros blancos de América», un artefacto cultural de las guerras de banderas del Viejo Continente entre Inglaterra y Francia. Hoy en día, los símbolos patrióticos han sido reemplazados por ropa interior, calcetines y overoles colgando de cuerdas bajo el sol abrasador del verano canadiense.

De mi rodilla ensangrentada bajan algunas gotitas rojas y se deslizan sobre mi piel de niño; rompo en llanto y grito hasta que mamá escucha mi lamento. Viene a ver qué está pasando, por qué tanto griterío, y, al verla, Batman y el Guasón me sueltan y huyen a esconderse en su guarida. Mamá me limpia y me desinfecta la rodilla ensangrentada cuidadosamente; me arde, pero me empeño en contener las lágrimas. Me pone una curita, me suena la nariz y vuelve a sus ocupaciones; yo me quedo solo sobre el césped amarillo, con la única compañía de mis juguetes.

Buscando un poco de consuelo, agarro de la cola a Caramel, nuestro gato rojizo y rayado, para atraerlo, y luego lo aprieto fuerte contra mí. Lo acaricio y él me ronronea; el contacto sedoso de sus pelos me reconforta. Después, pongo sus patas delanteras alrededor de mi cuello y le doy un puñetazo en la cabeza. Aterrorizado, se contrae para escaparse, pero yo lo aplasto contra mi pecho para que no se vaya. Su intento de fuga me produce una sensación similar a la de un abrazo. Algo que me hace tanta falta en medio de semejante abandono.

La historia de mi familia sigue el ejemplo típico del éxodo de los hijos de agricultores que abandonan su tierra ancestral para ir a instalarse en las ciudades. En 1959, mis padres dejan sus raíces al abandonar Saint-Hyacinthe —que por aquella época era una pequeña comunidad agrícola situada al este de Montreal, en la orilla sur del río Saint-Laurent. Mi padre, hijo de un extenso linaje de productores lecheros, es originario de allí. De hecho, aún puede leerse nuestro apellido en un letrero: el camino Giard. Al igual que yo, mi papá era el más chico de la familia, y tenía muchos hermanos y hermanas mayores. Como perdió a su madre de pequeño, se crio con su hermana más grande y tuvo que aprender a arreglárselas solo al poco tiempo. «En la vida hay que trabajar —me decía siempre—, ¡hay que trabajar duro!».

Pero papá se da cuenta bastante rápido de que su vocación no es trabajar la tierra. Un día me cuenta: «A los ocho años, estaba sentado en un tractor con mi hermano para arar el campo, el sol de mediodía nos asaba y tenía la camiseta empapada de sudor. ¡Ese día me juré a mí mismo que mi vida sería diferente! Más tarde, decidí dejar la tierra de mis ancestros para ir a estudiar medicina a la ciudad».

Mi mamá, siendo aún muy pequeña, debe enfrentar otro tipo de dificultades: su familia vive en la pobreza. Su padre, hombre de muchos oficios, sufre la crisis financiera de 1929, conocida como la Gran Depresión. Sin trabajo ni ahorros, se ve obligado a desarraigar a su familia para marcharse al oeste en busca de una vida mejor. En varias ocasiones tienen que cambiar de domicilio porque no les alcanza para pagar el alquiler, y terminan mudándose de una provincia canadiense a otra. Las promesas efímeras de sus patrones se suceden en una serie de fracasos cada vez más rotundos que hunden a la familia en la miseria, y es así como vuelven a Quebec, más arruinados que nunca.

La madre de mi mamá remienda la ropa, que ya está hecha harapos, y hace lo que puede para que los chicos no pasen frío durante el crudo invierno. A menudo, cuando eran pequeñas, mi mamá y sus hermanas se acostaban con el estómago vacío, tras varios días habiendo comido unas pocas migas. Solo conocen la inseguridad y la incertidumbre. Su familia termina instalándose en Sainte-Rose, al norte de la isla de Montreal, y vive de los escasos ingresos que aporta un padre taxista y obrero en un aserradero. Pero todo resulta en vano: la noche del primero de abril de 1944, los gritos desgarran el aire helado: «¡FUEGO! ¡FUEGO! ¡FUEGO!».

Los niños saltan de sus camas y se precipitan fuera; descalzos y en piyama, sus pies se hielan en contacto con la humedad de la nieve. Miran con impotencia cómo toda la fila de casas desaparece bajo el humo delante de sus propios ojos. Han perdido todo una vez más.

Más tarde, ya adolescente, mamá contribuirá con los ingresos familiares: trabajará de enfermera en un hospital ocupándose de bebés prematuros. Es así como se conocen mis padres. Las convenciones sociales de la época representaban una gran carga para la mirada atenta de sus familiares, de modo que la boda no se hace esperar. Poco tiempo después, viene al mundo mi hermana mayor, más tarde un hermano, luego otro, los tres nacieron y fueron criados en un pequeño departamento, en Saint-Hyacinthe. En 1959, el año en que me toca nacer, nos mudamos a Montreal para acompañar a papá mientras realiza su especialización en neurología.

Alejada del resto de sus parientes, que siguen viviendo en el campo, sin ningún apoyo familiar, a mi madre le resulta complicado ocuparse de cuatro hijos pequeños. Después de varios años ocupándose de toda una familia, una sobrina de 16 años le dará una mano, pero solo durante tres meses, luego se marcha y mamá tendrá que arreglárselas sola de nuevo.

No hablará nunca de su dura infancia, ni de sus combates ni de sus penas: «Lo pasado, pasado, de nada sirve hablar de eso».

De mi padre heredé la virtud de trabajar duramente y de mi madre el silencio de la inseguridad interior.

Yo no pertenezco a ninguna parte: no tengo un espíritu rural ni citadino, ni vínculos con otros parientes, ni hermanos afectuosos. Me crie entre los muros de una tierra de nadie, árida como la que separaba a Berlín Este de Berlín Oeste.

Caramel salta el muro y se evade, para siempre. Pero yo no: yo me quedo encerrado en mi desierto de soledad.

Los columpios

A los seis años, tengo que dejar a mis compañeros de juegos porque nos mudamos de los barrios obreros de Montreal Este para instalarnos en una casa del barrio de Outrement, donde vive la gente con profesión. No conozco a los niños del vecindario porque no voy a la misma escuela primaria que ellos. No tengo amigos ni en casa, ni en el barrio, ni en el patio de la escuela Saint-Germain: no me siento a gusto en ningún lado. Para colmo, mi sentimiento de soledad aumenta cuando un día, en segundo año, un maestro se burla de mi apellido adaptándolo al italiano: «¡Eh, Giardini! ¡Ven aquí!».

Toda la clase se ríe, pero no tiene nada de gracioso. No lo entiendo. Me hace mal, pero no digo nada, no sé cómo reaccionar. Nunca supe defenderme, ni con gestos, ni con palabras. Me trago las lágrimas, bajo los ojos y me evado mirando los dibujos tallados en mi pupitre. En el patio, el maltrato continúa con mis compañeros, que me gritan «¡Giardini, Giardini!». Entonces, yo me refugio en algún rincón tranquilo y juego a escondidas.

A los ochos años, ya estoy acostumbrado a volver solo a casa después de clases cortando camino a través del gran parque municipal. El césped verde, meticulosamente mantenido, sus majestuosos y frondosos árboles y sus canteros de flores multicolores parecen salidos de un cuento de hadas. La parte que más me gusta es la zona de juegos cubierta de arena. Me quedo jugando solo, me paso horas al sol construyendo montañas y plantando ramitas para recrear bosques de hojas de arce y piñas, ¡me encanta coleccionar este tipo de objetos!

Detrás de una construcción destinada al personal del parque, se adivina la presencia de las canchas de tenis por el simpático rebote de las pelotas, «bop... bop... bop...». ¡Pero lo mejor para un chico de mi edad —ocho años— son los columpios! ¡Me encantan! Deberían lubricar un poco las cadenas de los columpios para que no rechinen, pero igual a mí eso no me molesta. Me siento y empujo el suelo con los pies, levanto las piernas todo lo que puedo para volar cada vez más alto. Cuando mi trasero se desprende del columpio, abro las manos, despego como un astronauta y alunizo a algunos metros de distancia. ¡Me encanta!

Una de esas tardes, mientras me balanceaba, un hombre que estaba sentado en un banco me llama para que me acerque: —Te gusta este parque, ¿no? Suelo verte jugar por aquí. Te diviertes mucho, ¿eh? Ven, siéntate aquí un rato».

Es el guarda del parque. Tiene un rostro escuálido con dientes torcidos, los dedos amarillos de nicotina y unos viejos y sucios jeans. Pero me gusta que me preste atención, porque estoy siempre solo.

De repente, de una manera inexplicable, me dan ganas de vomitar y salgo corriendo a casa a toda velocidad. Llego jadeando y el dolor de estómago finalmente desaparece. Mi malestar me avergüenza, pero no se lo cuento a nadie. De todas maneras, no hay nada que contar.

Al día siguiente, al pasar por ese mismo parque, en cuanto oigo el chirrido metálico de las cadenas de los columpios mi respiración se interrumpe y me entran mareos: otra vez las náuseas. A partir de aquel día, me olvido del arenero, las piñas y los columpios. No iré más al parque.

Me quedo sin mi lugar de juego, no tengo amigos y en la escuela me maltratan, lo que hace que mi soledad se vuelva insoportable. Busco una solución. Voy a empezar a trabajar, eso es, «a trabajar duro como mi papá». Corto el césped de los vecinos, reparto publicidades de puerta en puerta y también el diario.

Una mañana, cuando paso a buscar el dinero para la suscripción, me abre la puerta una mujer en bata. Dejando entrever su camisón, me pregunta ronroneando como una gata:

—Buenos días, jovencito. ¿En qué te puedo ayudar?

—Es por el dinero del diario, por favor.

—Ah, sí, por supuesto. Debes tener sed, hace tanto calor. Entra un poco, te voy a dar un vaso de agua.

Sus palabras se deslizan sobre sus labios como la lengua bífida de una serpiente. Mis músculos se tensan, no puedo mirarla. Entonces fijo la vista en los pompones rosas de sus pantuflas. Se acerca más a mí tocándome el hombro y nuevamente me invita a pasar. Se me erizan los pelos mientras un cubo de hielo me recorre la columna vertebral.

—So... Solo el dinero, por favor.

Es todo lo que logro decir, tartamudeando. Finalmente, ella vuelva a entrar, toma su cartera y me da lo que me debe. Aliviado, termino de juntar el dinero intentando olvidar el malestar de la situación.

Algunas semanas más tarde, cuando me veo obligado a volver a esta casa, me invade una sensación de angustia. Esta vez, la mujer, que se había mostrado poco pudorosa la vez anterior, me recibe completamente vestida, fría y distante. No me invita a pasar ni me ofrece un vaso de agua. Qué alivio. De repente, detrás de ella, diviso una silueta inquietante en el pasillo. Es un hombre robusto, bajo y con barba de chivo. Le faltan un par de cuernos y tendría el aspecto de un verdadero sátiro. Dios santo, ¡pero si es mi maestro! El mismo que me denigraba en clase llamándome Giardini.

Durante las semanas siguientes, dejo de repartir periódicos. No lo entiendo, mi vida se cierra mientras un torbellino se abre para hundirme en las tinieblas.

Félix y su guitarra

«¡RRRIIINNNGGGG!», suena la campana que anuncia el recreo de mediodía. Tengo doce años, es mi último año de escuela primaria y, en lugar de jugar en el patio, de ahora en adelante prefiero exiliarme en la biblioteca de la escuela, una sala minúscula con solo algunos estantes de libros polvorientos y discos de vinilo. Me evado leyendo historietas de Tintín, del simpático osito Pechi con su boina de marinero, y sobre todo de Noddy, esa marioneta con el gorro azul terminado en un cascabel que tanto me divierte.

Sentado sobre una vieja alfombra gris, enfrascado en mi lectura, me invade un escalofrío al sentir que me observan un par de ojos. Dudando, me volteo, y me encuentro cara a cara con un joven que me regala una sonrisa amplia y amigable. Jamás había visto a aquel hombre antes. Con la guitarra colgada de la espalda, el pelo ondulado, la mirada amistosa y ese rostro tan sonriente y generoso, su imagen resplandece en la portada de un disco. Se llama Félix Leclerc y es un cantautor y poeta quebequense, pero eso no tiene mucha importancia, es la primera vez que alguien me sonríe en la vida y veo en él la posibilidad de encontrar un amigo. Levanto el álbum con cuidado, lo aprieto contra mi pecho y noto que mi corazón se calienta. Se lo pido prestado a la bibliotecaria, envuelvo a mi nuevo amigo meticulosamente y me lo llevo abrazado hasta mi casa.

A escondidas, en el sótano, escucho su voz cálida y profunda cantar «Le P'tit Bonheur»[1]. En aquel instante, siento que algo se libera en

---

1 La pequeña felicidad *(N. del T.)*.

mí, como un sentimiento nuevo: ¡me identifico con lo que dice! En la canción, Félix cuenta cómo lo abandona la felicidad y que tiene que cambiar constantemente de una acera a la otra para esquivar su dolor. «Es lo que hago todos los días: cambiar de acera. ¡Es mi canción, es mi vida!». Me da la impresión de que es la primera vez que alguien me entiende.

Después de esconder el disco de vinilo en mi cuarto, me dirijo hacia la cocina para merendar algo y me encuentro con Batman y el Guasón peleándose en el suelo. Intento abrirme camino, pero es demasiado tarde, me han descubierto. Ambos levantan la cabeza y me gritan:

—¡Eh! ¿Qué quieres, pedazo de mierda? ¡Sal de aquí!

Me quedo duro. Me miran fijo: el olor a sangre los atrae y yo soy su presa. De repente, con los ojos enloquecidos y las garras afiladas, se abalanzan sobre mí.

—¡Paren! ¡Paren!

Al retroceder, pierdo el equilibrio y apoyo una mano sobre el mueble de la cocina, el contacto con el metal frío de un cuchillo de untar me sorprende. Sin inmutarme, lo empuño y lo lanzo a los pies de mis hermanos a modo de advertencia. El chasquido del metal los desconcierta y se quedan inmóviles ante mi gesto de rebelión. Tal vez es el espíritu de Félix que me da la valentía necesaria, porque es la primera vez que me defiendo: ¡quiero que paren de hacerme daño! Pero mis predadores se vuelven más hambrientos y pierden el control. Se echan sobre mí para darme el golpe de gracia.

—¡Te vamos a matar, perro sarnoso!

Esta vez agarro una silla y la lanzo gritando con todas mis fuerzas:

—¡BAAAAAAAAAASTA!

Silencio. Tal vez es por el grito, la silla o porque me defiendo, pero, en cualquier caso, mis hermanos paran. Me salvé de las garras de las fieras. ¡Y para siempre!

Gané la batalla, pero de ahora en adelante nuestra relación se fractura. Seguirán actuando de manera violenta, pero no conmigo, solo entre ellos. Mi familia me asigna un nuevo papel: el Silencioso. El que no ve, no habla, ni pide nada. Es el precio que me toca pagar para que me dejen tranquilo y lo afronto con tristeza. Pierdo todo vínculo con mis hermanos.

Algunos meses más tarde, pierdo a mi padre cuando se muda al término del divorcio.

Cada vez más aislado, busco refugio en los superhéroes de mi colección de cómics estadounidenses. Imagino que Batman, Superman y el Hombre Araña vienen a rescatarme, pero me identifico sobre todo con antihéroes como Metamorfo, la Cosa del Pantano o los X-Men, que también son rechazados por la sociedad. Mientras espero que me salven, mi única familia se compone de miembros que pertenecen a series de televisión: Fonzie, el rebelde de chaqueta de cuero al mejor estilo James Dean en la serie Días felices, se convierte en mi hermano mayor; Bill, de *Mis adorables vecinos*, en un tío bondadoso; y tío Martin, de *Mi marciano favorito*, en un hermanito gracioso y despreocupado. Yo vendría a ser el torpe Gilligan, de *La isla de Gilligan*, el marinero que todos rechazan. Confío en ellos, me protegen y, sobre todo, me hacen reír.

Pero descubro a mi verdadero *alter ego* por la noche, cuando me atormentan horribles pesadillas. En la serie televisiva *El prisionero*, tras ser secuestrado, un hombre se despierta en una misteriosa aldea surrealista. Deshumanizado y bajo constante vigilancia, su única identidad es el número seis. «¡No soy un número!», grita desesperado. Al igual que él, estoy perdido dentro de una vieja mansión oscura y polvorienta, intento escaparme, pero es en vano, todos los pasillos desembocan en trampas que se abren y las paredes terminan encerrándome. Es un laberinto sin salida y yo un prisionero que se asfixia en su interior.

Otras noches, soy un vagabundo que duerme en la calle sobre cajas de cartón sucias y rotas, lleno de pis de perro. Pero en mi peor pesadilla estoy atrapado dentro de un ascensor enloquecido. En la penumbra, siento que se sacude de un lado para el otro y mi cuerpo se golpea contra las frías paredes de metal. Aterrado, veo cómo el ascensor se precipita en caída libre y termina estrellándose. Y cómo quedo todo cubierto de sangre. Me despierto sobresaltado, transpirando y temblando entre las sábanas húmedas.

Ya no me animo a cerrar los ojos. Sin embargo, a pesar de todo, termino sucumbiendo al cansancio, con las luces prendidas y la única compañía de mi radio. Necesito oír alguna voz para asegurarme de que existo, porque me entran dudas. No estoy seguro de estar vivo, sobre todo de noche: «¿Habrá un lugar en el mundo para mí? ¿Realmente fueron estos dos desconocidos divorciados quienes me concibieron sin amor?». No tengo ningún origen, ninguna razón para vivir ni esperanza de amar. Estas palabras me envuelven como una ardiente ola de lava volcánica que me calcina el alma.

«¿Qué es la vida, la muerte, la no existencia? ¿Qué es la eternidad? ¿Y después? ¿Qué hay después?».¡El dolor es tan atroz que me catapulta fuera de la cama, en plena agonía, retorciéndome de calambres, con diarrea y vómitos a medida que me voy borrando de la realidad! De inmediato, enciendo todas las luces, doy vueltas frenéticamente, salto, araño las paredes, pateo mi cama y me golpeo la cabeza con los puños. «¡NECESITO SENSACIONES! ¡CUALQUIER COSA! ¡TENGO QUE SENTIR ALGO!». Le quito la pantalla a la lámpara de mi mesita de noche y fijo la mirada directamente en la bombilla; su resplandor me quema la retina y me devuelve a mi cuerpo. Los temblores disminuyen a medida que mi estómago se alivia. Vuelvo a existir.

De pronto, oigo una risa demoníaca. «¿Me estoy volviendo loco?». Viene de la radio, de un tema del álbum *The Dark Side of the Moon*, de la banda de rock Pink Floyd. Esa risa me calma, y entiendo por qué: porque es la mía. Esa que llevo en el fondo de mis tinieblas y que nunca expresé. Al día siguiente, voy directo a comprarme ese álbum y uno de Supertramp, *Crime of the Century*. En la tapa se ven dos manos detrás de unos barrotes. «Soy yo, el número seis». En ese álbum descubro la canción *Asylum*. Su letra me alivia, no soy el único que teme que lo encierren en la celda acolchonada de un manicomio.

Gracias a la música aprendo a expresar nuevas emociones: el miedo, la desesperación y la tristeza. Me compro una casetera y empiezo a hacer mis propios compilados para llenar el vacío que me absorbe. Durante el día, mi *walkman* me salva de la indiferencia de la gente y durante la noche me recuerda que estoy vivo. Cuando no hay nadie en casa, voy a la sala de estar y me pongo a tocar el piano. Descubro la magia de los acordes y de las escalas y compongo mis primeras creaciones de oído para luego grabarlas.

«¿Encontraré algún día mi propia voz?».

Donde hay humo...

—¡G_{uy! ¡Mete la cabeza en el fregadero!}

Mi mamá me fuerza para que me arrodille sobre una silla de la cocina. Tengo quince años, no me lavo más el pelo y ya no quiero ducharme, odio las duchas. Solo acepto tomar un baño. No tengo ningún ritual de higiene por la mañana o por la noche. Y no me lavo los dientes. De hecho, evito ir al dentista a toda costa, a tal punto que no voy nunca. Pero la cosa es urgente hoy, y mamá me lleva: acabo de escupir un pedazo de diente de color marrón amarillento.

—No hay nada que hacer, tiene más de treinta caries y los daños son demasiado graves. Tiene que ir a ver a un cirujano —nos anuncia el dentista, rendido.

Me dan cuatro turnos, uno para cada cuarto de la boca. Sentado en la silla del cirujano durante la tortura de la operación, escucho *Can't Get It Out Of My Head* de Electric Light Orchestra en mi *walkman*. Al igual que mis dientes, todo mi mundo muere. Escuchar música es la única manera que encontré para soportar el tratamiento.

Ahora asisto a la escuela Notre-Dame, una institución privada únicamente para varones. Tengo que ponerme saco, corbata y camisa de poliéster; transpiro y tengo un olor agrio porque la ropa me da mucho calor —al menos mi hedor me hace sentir que existo. Los trajes de baño y las duchas de la piscina me dan pavor a causa de mi sobrepeso y porque no veo casi nada sin mis gafas. A su vez, odio los deportes de equipo porque me rechazan constantemente: «¡A ese no lo queremos, es para ustedes!». Solo me queda la lucha grecorromana, para la cual adquirí cierta experiencia con mis hermanos.

Intento pasar desapercibido en los pasillos de la escuela, pero me llueven insultos del tipo «gallina», «pollito mojado», «cagón», entre tantos otros sobrenombres, y mis compañeros de clase e incluso de toda la escuela me bombardean con bolitas de papel que recibo como proyectiles asesinos.

¡Es demasiado! Desesperado por las constantes agresiones, voy a ver a mi mamá en llanto:

—¡Por favor, mamá, haz algo! ¡No quiero ir más a la escuela, no puedo, no puedo más!

Me caen lágrimas por las mejillas a medida que le cuento todo a la cabecera de su cama.

—¡Ve a ver al consejero escolar! —es la única solución que me da.

Soy un chico obediente, así que voy a su oficina e intento explicarle la intimidación constante a la que me someten. El hombre alza una ceja y me mira con desdeño:

—Pero vamos, muchacho, ¡tienes que hacerte hombre! ¡Defiéndete!

Decepcionado con semejante respuesta, vuelvo al aula con el ánimo caído. Al bajar las escaleras, siento un golpe brutal en la espalda.

—¡Ja, ja, ja, gordo gallina! ¿Perdiste una pluma?

Me volteo y recibo otro puñetazo del Draco Malfoy de la escuela: Francis, el malvado villano rubio de ojos azules. Me ataca y, sin darme tregua, me lanza un insulto tras otro. Pero esta vez me siento como Rocky en el cuadrilátero: los ojos me arden de rabia, la cara se me hincha y enrojece, lo agarro de la solapa de su saco y lo aplasto contra la pared. Se defiende. Con más rabia aún, lo empujo de nuevo, de manera más violenta incluso y le grito a la cara:

—¡PARA! ¡PARA!

Pálido como una sábana, los ojos hinchados y boquiabierto, jadea como un pez fuera del agua. Yo tiemblo, pero él tiembla todavía más. Se desploma y acepta la derrota bajando la mirada. ¡Victoria! Una suave brisa cálida me invade y por primera vez experimento una emoción desconocida: la serenidad.

Seguimos caminando en la misma dirección y yo me disculpo por haber usado la fuerza.

—Sabes, ni siquiera había pensado en defenderme, fue idea del consejero.

Sus ojos se encienden de nuevo y se clavan en mí, y ¡paf! Me arroja contra la pared. Se terminó, perdí. Mi corazón se vuelve a cerrar con violencia y se oculta más aún. Sin recursos, sin apoyo, solo me queda tirarme debajo del próximo autobús para huir de tanto sufrimiento. Me contengo y esta vez el vehículo pasa de largo: «Hoy no, tal vez mañana».

Después de refugiarme en el trabajo como papá, ahora adopto otra de sus soluciones: el cigarrillo. Desde el divorcio, nos suele llevar —a los varones— a comer afuera, y con el dinero que me da me compro mi primer paquete de cigarrillos. A escondidas, enciendo mi primer cigarrillo detrás de la escuela. Al principio me ahogo y no paro de toser. Pero como por arte de magia, de repente ya no siento nada. «¡¡¡No siento nada!!!». Sí, ya no hay más dolor, ni vergüenza, ni deseos, nada, desaparece todo.

A partir de ese momento, como me ven fumar, los demás dejan de acosarme: ahora soy un chico *cool*. A la hora de almorzar, me activo y juego a las cartas en la sala de juegos, sigo el estilo de vida de la clase dominante de la escuela. Francis, el tirano de la escalera, pertenece a esta jerarquía. Sus ojos se abren de par en par al verme con un cigarrillo en la boca. Con desdeño y bravura le pregunto:

—¿Qué? ¿Qué te pasa? ¿Quieres uno?

Milagro, me invita a su mesa a jugar una partida de cartas con otros brutos de su calaña.

En casa, escondo mi paquete de cigarrillos para preservar mi imagen de «buen chico silencioso». En cambio, de la puerta del sótano sube otro tipo de humo. Mis hermanos han hecho de este espacio común su oscura guarida secreta, y los ritmos pesados de «Iron Man» de Black Sabbath, «Stairway to Heaven» de Led Zeppelin y «Red» de King Crimson hacen temblar las paredes de toda la casa. El aroma a hierba que se escapa de la pieza y sube a la planta baja los delata. Cuando mamá les pide explicaciones, estallan los gritos y los portazos. La negación y la mentira son las reglas de nuestra familia.

Yo también pruebo esta hierba mágica. «¿Y si pudiera hacer desaparecer mi soledad?». Inhalo, retengo el humo y estallo en una tos volcánica. Mi habitación empieza a dar vueltas, las luces del techo se transforman en fuegos artificiales y la música me perfora los tímpanos. Mis ojos mareados se voltean hacia la izquierda una y otra vez, las paredes bailan, pierdo el equilibrio y me desplomo sobre la cama. «¡Arriba! ¡Arriba! ¡Me tengo que levantar!». Salgo corriendo, pero no siento las piernas, me voy de cabeza contra el suelo. Las entrañas se me suben a la garganta y en un último esfuerzo me arrastro hasta el baño. Me paso la noche vomitando. No hay nada que hacer, mi cuerpo rechaza la droga.

Solo me queda el cigarrillo para anestesiarme, y el trabajo, el trabajo, siempre el trabajo.

«Número 6, no hay manera de escaparse».

El hombre de los dientes torcidos

Es un verano caluroso, soleado, y las ramas de los árboles generosamente cargadas de hojas verdes se mecen en la brisa ligera. A los dieciséis años, consigo un primer empleo de verano en los vestuarios de la piscina municipal exterior. Me enorgullece haber encontrado este trabajo, aunque es una nueva experiencia que me da miedo porque no sé hablarles a los bañistas. Por suerte, lo único que tengo que hacer es entregarles un canasto para que guarden su ropa, a cambio de una ficha que recuperan al final cuando me lo devuelven. No me exigen llevar traje de baño y me puedo esconder detrás de un mostrador.

Mi lugar de trabajo es oscuro, húmedo y huele mal, pero a pesar de eso estoy a gusto porque me permite ganar algo de dinero. Me siento cómodo hasta que llegan los jóvenes. El ritual es siempre igual, un grupo de adolescentes viene al mostrador con una sola cosa en mente: molestar.

—¡Eh, gordo lechón, dame un canasto! ¡Cómo apesta tu chiquero!

Me rodean como una jauría de lobos con los colmillos afilados, miden mis debilidades y luego lanzan sus ataques. Además de insultarme, agitan sus toallas mojadas y, a modo de látigos, las sacuden violentamente en mi dirección. Aunque sean mucho más chicos que yo, no logro responderles ni defenderme. Me siento impotente. Estoy atrapado en el vestuario, no puedo evitarlos ni desaparecer, sus ojos y su aliento carroñero me aterrorizan. Finalmente, después de un rato, terminan aburriéndose y desaparecen. Pero yo sé que al otro día volverán, y dos días después, y la semana siguiente. Miro el suelo y mis tinieblas se transforman en un abismo sin fondo. No puedo hacer nada.

Con la llegada del otoño y sus primeras heladas, ahora trabajo en el vestuario de la pista de patinaje municipal. Mi única compañía son los calcetines mojados y apestosos y las botas de invierno cubiertas de barro y nieve derretida. Los buitres no dejan de acecharme y siguen afilando sus garras delante de mí: me insultan, me arrojan envoltorios de chicles y otras porquerías. A modo de réplica, enciendo mi reproductor de casetes y escucho la armónica cautivante de «School» y también la canción «Dreamer», ambas del grupo Supertramp. Yo también me evado en el mundo de los sueños.

En la pared del lado opuesto de la gran sala hay un largo mostrador de comida rápida, donde disfruto degustando *hot dogs* con cebolla cruda y ensalada y tomando Julep de naranja, una bebida local. Al lado de las humeantes salchichas, los panes se cocinan al vapor hasta transformarse en una masa blanca y esponjosa que se derrite en mi boca. Tras varios meses en el vestuario, me promueven a un puesto de ayudante para servir a los clientes de la cafetería. Tengo que ocuparme de todo: cortar la cebolla, cambiar las bombonas de refrescos, preparar el café y llenar el puesto con chicles y tabletas de chocolate. Como no hay caja registradora, anoto todas las ventas a mano. A la hora del cierre, limpio todo meticulosamente y hago las cuentas.

Me gustan estas nuevas responsabilidades y mis primeros contactos con los clientes son agradables. Aunque mis predadores aún intentan acosarme, ahora son ellos los que salen perdiendo porque yo me niego directamente a atenderlos. Entre nosotros se instala un armisticio tácito, se sella un acuerdo de guerra fría en el recinto de la pista de patinaje.

El hombre de los dientes torcidos, el guarda del parque que se me había acercado ocho años atrás, también se refugia del frío. Ahora trabaja como conserje. Al fin y al cabo, resulta ser una persona muy agradable y a menudo se acerca al mostrador a charlar conmigo. Todo marcha bien en mi rutina hasta que una noche viene a verme después del cierre. Yo estoy ocupado limpiando la cocina, haciendo cuentas y llenando la hoja de ingresos cuando viene y golpea violentamente la persiana metálica del mostrador que me separa de él.

—¡Déjame entrar, tengo hambre!

—No se puede, está cerrado.

Sube el tono y se pone muy insistente, luego va detrás y empieza a golpear la puerta de servicio.

—¡Vamos, tengo hambre!

Entreabro la puerta, dubitativo, y le explico amablemente:

—Lo siento, estoy haciendo la caja.

—Vamos, déjame entrar.

Fuerza la puerta y avanza hasta el mostrador.

—Solo quiero comprar algo para picar.

Impotente, lo sigo mientras balbucea como una cotorra. Le advierto enseguida:

—Tienes que salir ya, ahora mismo.

Abre el envoltorio de una minitarta haciendo comentarios provocadores. Come un bocado y luego me estampa el resto en la cara.

—¡Vamos, pero si sabes que te gusta!

Horrorizado y sin palabras, retrocedo con la cara llena de pedazos de masa y jalea. En silencio, me lavo el rostro en el fregadero. Él se ríe, le parece muy gracioso y sigue provocándome:

—¿Y? Delicioso, ¿no?

Al ver que no le sigo la corriente, arroja algunas monedas sobre la jalea dispersada en el suelo y se retira.

Aturdido como si me hubieran golpeado con un garrote, me tambaleo hasta la puerta para asegurarme de que está correctamente cerrada. Barro los restos de comida y vuelvo a mi informe de ingresos. «¿Qué pasa? ¿Por qué no me cierran los números? Cuatro billetes de veinte dólares en lugar de cinco, me debo haber equivocado». Verifico de nuevo, vuelvo a calcular y cierro el sobre con los ingresos. Pliego mi delantal y echo un último vistazo a mi alrededor para asegurarme de que está todo limpio. Antes de apagar las luces me asalta una duda, algo me da miedo.

Me siento tan vacío como la cafetería desierta.

A la semana siguiente, pido ver a mi jefe.

—Quiero renunciar, ya no soporto más a los chicos, se pelean todo el tiempo.

Mi jefe no sospecha que miento y me responde con tono acusador:

—¡Los números de las ventas no concuerdan, faltan veinte dólares!

—Yo había anotado que había cinco billetes de veinte dólares, pero después de volver a calcular tres veces solo había cuatro. El conserje pasó por acá y entró cuando ya había cerrado.

Evito mencionarle el incidente de la tarta porque sé que son amigos, los he visto bromeando juntos en varias ocasiones.

Mi jefe esboza una sonrisa socarrona, como si estuviera al tanto de algo.

—La próxima cuenta mejor, y no dejes que los chicos te molesten.

Salgo de su oficina con la cabeza gacha y en silencio. Renuncio definitivamente a mi puesto en la cafetería, prefiero volver a la piscina en cuanto abra de nuevo sus puertas.

Al tipo de los dientes torcidos no volví a dirigirle la palabra.

Alguien a quien amar

Ya tengo dieciocho años y estoy viviendo muchos cambios: la casa de familia se vendió, ahora vivo solo con mamá y por fin se terminó el infierno de la secundaria. Descubro una sensación de libertad cuando empiezo a estudiar bellas artes en el instituto mixto privado Jean-de-Brébeuf.

Allí todo es diferente: hay profesores apasionados, nuevos amigos coloridos y, sobre todo, chicas en las clases. Sus largas cabelleras *hippies* me hipnotizan, así como su perfume de sándalo, sus joyas caseras hechas con estaño y sus largas faldas indias color tierra. Gracias a sus sonrisas y a su buen humor, por primera vez me siento seguro.

—¡Bienvenidos a la primera clase!

Claude, un hombre pequeño de cabello castaño y rizado, nos presenta el círculo de caballetes.

—La pintura es una exploración de la expresión personal a través de los colores y me gustaría que exploten este espacio mágico contando su propia historia.

Alzo el pincel y lo estudio con los dedos, me sorprende la rigidez de sus pelos naturales de color *beige*.

—Como me gustaría aprovechar esta primera clase para conocerlos, el primer tema será libre. Les voy a pedir simplemente que elijan una emoción y que la exploren.

Nunca antes nadie se había preocupado por lo que sentía. Con la mente y el corazón ausentes, recuerdo la letra de la canción «Un musicien parmi tant d'autres»[2] del grupo quebequense Harmonium, que sugiere que deberíamos escuchar a todos los chicos. A mí nunca nadie me escuchó, así que mi mensaje con el pincel será breve: el lienzo queda en blanco, no tengo nada que decir.

Después empieza la clase de Historia del Arte. La profesora es menuda y regordeta y tiene el pelo corto y canoso. Se llama Bernadette, o «Belle-Nadette», como la llamaré poco después. Es una exmonja y tiene una voz cálida y suave como el terciopelo. Los mosaicos azules cobran vida a través de sus palabras y sus ojos azules se iluminan. Bernadette es la tía que nunca tuve.

También nos da clases con modelos humanos. Hasta entonces, no había visto nunca una mujer desnuda. ¡Me quedo duro! Dubitativo, le confío mi malestar:

—No estoy seguro de que pueda hacer «eso».

—Te vas a salir muy bien, Guy, ¡no te preocupes! —me dice con dulzura para tranquilizarme.

***

Mi despertar sexual había ocurrido el año anterior, en 1976, mientras Montreal acogía los Juegos Olímpicos. Unos parientes que nunca había visto están de paso por la ciudad para asistir a las competencias. Estamos amontonados en un estadio al aire libre. El cielo está completamente despejado y nos estamos asando literalmente bajo los rayos del sol. Más abajo, en el óvalo, los ciclistas desfilan a la velocidad de la luz: «¡Go, go, go!» —grita fuerte la multitud. A mi derecha está sentada una joven prima de pelo largo y moreno, y yo la miro con una sonrisa ausente.

—Miren a esos dos, podrían formar una buena pareja, comenta en ese momento el tío desconocido guiñando el ojo y con una sonrisa picarona.

---

2 Un músico entre tantos otros (*N. del T.*).

«¿Una pareja de qué? ¿Es una amenaza? ¿Se supone que tengo que hacer algo?». Mi corazón latía más rápido que el de los ciclistas. No entendía qué quería decir.

Algunas semanas más tarde, sin previo aviso, mis hormonas se activan por primera vez ante la presencia cautivante de Cassandra. Ella trabaja en la recepción de la piscina. Sus largas mechas doradas y sedosas caen sobre su espalda y sus ojos castaños se le iluminan cuando ríe. Intento observarla desde mi vestuario, pero desvío la mirada en cuando se voltea en mi dirección. «Si tan solo pudiera hablarle». Como si fuera una señal, en ese preciso instante suena en mi reproductor la canción «The First Cut Is The Deepest» de Rod Stewart y yo siento que me invade un malestar desconocido: el deseo.

Desde su mostrador, Cassandra me llama:

—¡Eh, Guy! Tengo que pedirte un favor. Sabes inglés, ¿no? ¿Me puedes traducir esta canción?

Mi corazón se sobresalta cuando me tiende la letra de «I'm Not in Love», una canción del grupo 10cc. Ausente, fijo la mirada en la hoja con un único anhelo: perderme en sus ojos. Mi excitación alcanza su paroxismo cuando el aroma a lavanda de su perfume me hace arder de deseo.

—Eh... sí... por supuesto, Cassandra.

Está al lado mío y con solo tender el brazo podría acariciar su largo cabello angelical.

—Si me das... me das... si... el... tu número de teléfono, te lo puedo traducir más tarde, tal vez... si te parece.

—¡De acuerdo!

Después escribe una serie de siete números en la hoja, que ahora vale oro para mí.

Al final del verano, todavía tengo demasiado miedo como para atreverme a llamarla. Disco el número cientos de veces, pero siempre termino colgando.

La temporada termina y la piscina va a cerrar. Esta vez dejo que suene el teléfono.

—Hola, Cassandra, habla Guy... del vestuario... de la piscina.

—Ah, sí, hola.

Silencio. Espero. ¿Qué puedo decir?

—¿Por qué me llamas?

Silencio otra vez.

—¿Guy? ¿Estás ahí?

Las palabras me asfixian, cómo quisiera hablarle de amor.

—Bueno, este... pensaba que... tal vez... ¿te gustaría que nos veamos?

—¿Qué tienes en mente?

Solo pensaba en salir a caminar juntos por el parque, de la mano, como en la película *Love Story*.

—No sé... eh... tal vez... en el parque...

Nunca pude terminar la frase.

—¿Estás ahí? ¿Guy? ¿Hola? Bueno, me tengo que ir. ¡Chau!

Cuelga. Me quedo con el auricular en la mano mientras mi alma se pierde en el tono lúgubre del teléfono. Dejo de respirar. ¿Será por la humedad canicular de esta asfixiante noche de agosto? Me subo a mi bicicleta y salgo disparado hacia la cima del parque central de la ciudad, al monte Royal.

Desesperado, me siento sobre la baranda metálica del mirador, no puedo más. Busco mi hilo de Ariadna en la alfombra multicolor que tejen las luces de las calles y los faroles.

«No estoy hecho para este mundo, no hay lugar para mí».

Estoy a punto de tirarme.

«Tal vez si me dejo llevar...».

Abro la mano, mis dedos se deslizan. ¡Tomo vuelo! ¡Soy libre!

...

Pero enseguida vuelvo a aferrarme.

«Ni eso puedo hacer, qué patético que soy».

Prendo un cigarrillo para dejar atrás otro día de dolor.

Los días se transforman en semanas y el verano va cediendo su lugar a una multitud de tonalidades rojizas y anaranjadas. Temprano por la mañana, bien calentito bajo la manta de franela de mi cama, observo por la ventana la belleza de los árboles en este cambio de estación. «Me estoy meando, tengo que levantarme». En ese momento, siento algo duro entre mis piernas por primera vez. Mis manos se abren paso hasta mi erección y se entretienen un buen rato con su reconfortante calor. Es algo relajante. A medida que muevo los dedos, la piel cede en una mezcla de dolor y de placer. Una onda eléctrica y voluptuosa se desplaza lentamente a lo largo de mi columna vertebral, me abrasa los hombros y se extiende hasta mis piernas. De repente, un volcán entra en erupción y todo mi cuerpo convulsiona de placer.

«¡Ahhhhhh!».

Horrorizado, noto que una sustancia viscosa y blanquecina se me pega a los dedos. Me da tanto asco que entro en pánico y me refriego las manos frenéticamente. «¡Fuera, fuera, fuera!». Avergonzado, me dirijo al baño y me froto con una toalla tan fuerte como puedo. «Me tengo que deshacer de esta cosa, de este repugnante olor a queso podrido». Me dan ganas de vomitar.

Al volver a mi habitación, tiro el piyama manchado bajo la cama y me escondo aterrorizado entre las sábanas heladas. «Debe ser eso, esa cosa, el sexo. Es un asco, ¡soy horrible!».

Durante los siguientes meses, mis hormonas me fuerzan a superar la sensación de asco. Resultado: me desprecio y me siento culpable por el placer que me procura esa cosa.

«¡Sería mejor que me la cortara!».

***

Belle-Nadette invita a la modelo a ubicarse en el estrado. Debe tener poco más de cuarenta años. Se instala con gracia, abre su bata, se la saca, la pliega meticulosamente y adopta una primera pose. Aterrado, me escondo detrás de mi caballete y observo a los demás alumnos diciéndome que solo tengo que imitarlos. Levantan el pulgar en dirección a la tarima, calculan y trazan las primeras líneas sobre el papel.

—Visualicen al cuerpo como un todo —nos enseña Belle-Nadette—, busquen el movimiento central y déjense guiar.

Intento no mirar demasiado el cuerpo desnudo que tengo delante, pero veo sus pezones, su estómago y más abajo ese misterioso vello púbico negro. Estoy paralizado: «¡No puedo dibujar ESO!». Belle-Nadette se me acerca en puntas de pie y me murmura al oído con dulzura:

—Relájate, Guy, lo estás haciendo bien.

Son las primeras palabras de aliento que recibo de parte de un profesor. Levanto delicadamente mi carboncillo, inspiro profundamente y me animo a trazar una primera línea. En mi *walkman*, el grupo Queen implora *Please, find me somebody to love* a medida que una mujer desnuda va apareciendo en mi hoja. «¡Sí, por favor! ¡Encuéntrenme alguien a quien amar!».

Catherine

Semana a semana, diferentes modelos suben al estrado y comienzo a superar mi malestar frente a los cuerpos desnudos. Pero me invade un sentimiento nuevo que me es imposible evitar: ¡el fuego del amor! Me enamoro perdidamente de mis compañeras; vivo amores castos y etéreos que jamás logro confesarles porque mi sexualidad me repugna, es lo que más me avergüenza en la vida. Cada pasión me desgarra el alma y busco amor con desesperación.

Se avecinan las vacaciones de Navidad y tengo miedo de perderme para siempre la oportunidad de experimentar amor. Es viernes, terminó la última clase y ya se fueron todos, excepto Catherine. La había observado desde el comienzo de la sesión: un rostro salpicado de delicadas pecas, el pelo largo y castaño encuadrando esos lindos ojos verdes y los pómulos salientes sobre una sonrisa radiante. Su belleza la hace brillar y yo me pierdo en su luminiscencia. «Pero ¿cómo podría, un pobre diablo como yo, tan vulgar, ser digno de semejante ángel?».

Sentado a su lado en el mismo banco, por fin me animo a dirigirle la palabra:

—Catherine, este... ¿qué tienes planeado para las fiestas?

Intento escuchar su respuesta, pero mi corazón late con tanto frenesí que apenas oigo lo que dice. Fijo la mirada en mis zapatillas, no me animo a levantar la cabeza y sin más abro la boca y le declaro:

—¡Te quiero!

Mi amor se declaró como un rayo que rasga el cielo: oí mi propia voz decir palabras que no conocía. Me quedo paralizado, completamente duro, no me puedo mover.

—Gracias por el cumplido, Guy. Es muy dulce de tu parte. ¿Qué te gustaría hacer en este momento?

Me dejo caer, me encojo como un feto y desaparezco entre las baldosas del piso.

Ella se inclina y me envuelve en un abrazo.

—¿Eso lo que quieres?

Estoy en estado de shock, no logro respirar.

Nunca nadie antes me había tocado, mucho menos una mujer.

Dejo mi cuerpo.

No existo más.

Ya no oigo nada.

«¿Me está hablando?».

Después de un rato, se aleja suavemente y desaparece.

Como un autómata, agarro mi mochila, me levanto y voy hasta mi casa caminando.

Al llegar, tomo el picaporte con la mano, lo giro, entreabro la puerta y me detengo: mi familia nunca fue un lugar seguro. Vuelvo a cerrar y me voy. Durante horas, las calles oscuras y llenas de nieve no me llevan a ninguna parte, floto sin dirección, sin objetivo, sin deseo.

De repente, se me ocurre contactar a Louis, un compañero de clase. ¿Por qué? Lo ignoro. No tengo su dirección ni su número de teléfono, y sé que ni siquiera vive en Montreal. De hecho, tengo que atravesar un puente interminable para ir hasta la ribera sur del río Saint-Laurent. «¿Hay una pasarela para los peatones por lo menos?».

Sobre el río, la rampa del puente Jacques-Cartier tiembla bajo mis pies y los autos pasan a toda velocidad. Llego sano y salvo del otro lado, entro en una cabina telefónica abandonada y descubro un viejo anuario en mal estado. Paso las páginas estropeadas en busca de su apellido. Por suerte hay uno solo. Meto una moneda y disco. Suena una, dos, tres veces. Uno de sus padres responde.

—Sí, Louis está aquí, ¿quieres hablarle?

Asiento con la cabeza hasta que logro confirmarles que sí en voz alta, después me pasan con él.

—Amigo, ¿qué haces por aquí? ¿Quieres venir? Te vamos a buscar.

Louis y sus padres me reciben afectuosamente y me ofrecen algo de cenar sin hacerme preguntas. Tomamos cerveza juntos, fumamos cigarrillos y escuchamos discos de Jacques Brel. Cantamos «Au suivant»[3], que trata de unos soldados que están de permiso y van a un burdel y «J'arrive»[4], que habla del último viaje, el de la muerte. Esta canción me recorre las entrañas... «yo estoy emprendiendo mi último viaje».

Pasada la medianoche, sus padres se van a acostar. Louis y yo nos quedamos escuchando música. Suavemente, a eso de las cuatro de la mañana, siento que vuelvo a integrar mi propio cuerpo y me duermo.

El sol del invierno ilumina el blanco inmaculado de la nieve y su reflejo enceguecedor me despierta. Aún acostado sobre un colchón en el suelo, tomo un cigarrillo, rompo el filtro y lo enciendo. Mi primera inhalación me taja la garganta, parece que me hubiera tragado una hoja de afeitar. Toso como si se me salieran los pulmones y Louis se despierta. La segunda bocanada recubre mis heridas como un suave terciopelo; el efecto anestésico de la nicotina me apacigua. Louis ya está levantado y me ofrece un expreso desde la cocina. Por fin le puedo contar todo.

—Se trata de Catherine.

Me escucha sin hacerme preguntas. Sus padres vienen a la mesa con nosotros. Desayunamos y seguimos charlando. Estoy maravillado, no sabía que había familias que podían reírse y compartir buenos

---

3 El siguiente *(N. del T.)*.
4 Estoy llegando *(N. del T.)*

momentos juntos. Me acompañan hasta el metro y me dan un último abrazo, sin adivinar que acaban de salvarme la vida.

Durante las noches siguientes voy al barrio latino de Montreal, al café Le Funambule. Me siento seguro ante la mirada anónima de los transeúntes nocturnos.

Del viejo continente, Montreal, antigua colonia francesa, heredó la tradición del café bistró con el «shhhhhhht» de las cafeteras exprés, el aroma a avellanas de los granos tostados y su deliciosa pastelería hojaldrada y repleta de crema. La cafeína, los cigarrillos y la música jazz me alivian. El grupo quebequense Uzeb explora nuevos horizontes mientras el ritmo endiablado de Dave Brubeck y su «Take Five» contrasta con el piano envolvente y melancólico del *Köln Concert* de Keith Jarrett.

Doy sorbos a mi tazón de café con leche y observo los dibujos rococó que forma el humo de mi cigarrillo. Abro mi cuaderno de bocetos y con mi carboncillo plasmo algunas de esas volutas en el papel.

«¿Soy solo esto? ¿Humo y cenizas?».

Se me ocurren una serie de palabras, cierta inspiración, un poema.

¿Qué es mi vida
si hablamos de amor?
¿Qué es mi vida
si hablamos de la belleza?
¿Qué es mi vida
si hablamos de la vida?
¿Qué es mi vida
si ni siquiera puedo vivirla?

Mi cuaderno de bocetos se transforma en un diario íntimo, cada palabra es como un tronco para la balsa que me ayuda a navegar en un océano de soledad. Doy rienda suelta a mis sueños de amor, me desangro por Catherine y denuncio a gritos los delirios de la sociedad: me rebelo contra la violencia del apartheid en Sudáfrica, me horrorizo ante las fotos de Kim Phuc, esa niña de siete años que corre desnuda para huir de las bombas de napalm de la guerra de Vietnam, y también del monje budista Thich Quang Duc inmolándose a lo bonzo en las calles de Saigón. A los nueve años, al ver a Neil Armstrong caminando por la Luna, ya me preguntaba: «¿Cómo puede ser que manden personas a la Luna mientras la mitad de nuestro planeta se muere de hambre?».

Cuatro de la mañana. Ahora naufrago en mi isla desierta, arrojo botellas al mar. «Por favor, díganme qué modelo debo seguir». Margaret Thatcher y Ronald Reagan dirigen el navío conservador, los Sex Pistols son piratas que contraatacan con la bola de cañón de «God save the Queen» y Pink Floyd nos invita a derribar muros con el álbum *The Wall*.

«¡No entiendo, no entiendo!». Gandhi predica la no violencia en la India, asesinan a Martin Luther King Jr. y al ex Beatle pacifista John Lennon y Nelson Mandela sigue pudriéndose en la cárcel. ¡Los *hippies* hablaban del amor universal con su *Flower Power* y ahora ya no queda nadie! ¿Dónde está el amor? ¿Por qué tanta violencia?».

En mi desesperación, solo encuentro consuelo en la visión utopista de Gene Roddenberry en la ciencia ficción de *Star Trek* y en el poder positivo de «la Fuerza» en *La guerra de las galaxias*. Pero finalmente es la novela *Forastero en tierra extraña*, de Robert A. Heinlein, que me proporciona un modelo con la historia de Valentine Michael Smith, un hombre que viene de otro planeta. Este personaje propone una idea no posesiva y universal del amor llamada «Grok». Vive en empatía total con todas las emociones, buenas o malas, ya sean suyas o de los demás.

«Sí, eso es, ya no soy el número 6 que intenta escaparse: ¡soy ese extranjero que viene de otro mundo a transmitir un mensaje de amor!».

Cinco de la mañana. Sentado delante de un paquete de cigarrillos vacío y un tazón de café seco, observo los primeros rayos rojizos del alba. El canto de los pájaros matinales me hace volver a tierra firme. Dejo mi isla desierta para amarrar en un puerto nuevo, con la esperanza de que en esta vida pronto yo también pueda «groquear».

Victoria

Después de terminar mi primer año de estudios de arte en 1979, empiezo un segundo año en Concordia, una universidad de habla inglesa del centro de Montreal. Los talleres se dan en cuatro pisos diferentes, y allí descubro la dinámica de una nueva diversidad de idiomas, edades y culturas provenientes de Europa y de Medio Oriente. Los profesores dan muchos consejos y los estudiantes conforman un grupo extremadamente heterogéneo y original, que va de personas tímidas y silenciosas —como yo— a punks resplandecientes con *piercings* en la nariz. Perdido en esta jungla, durante los talleres logro neutralizar mi ansiedad con mi *walkman*, mis cigarrillos y vino.

Poco después descubro que me apasiona el trabajo con arcilla. Ese contacto frío y resbaloso me proporciona un primer placer sensorial que me ancla en la realidad. Además, la técnica de la escultura me permite expresar mi mundo interior.

Durante los talleres, mediante una estructura de alambre, empiezo a modelar un personaje de cincuenta centímetros de alto: un hombre desnudo, sin sexo, sentado sobre sus rodillas. Después de terminar este modelo, empiezo uno nuevo y luego decido hacer toda una serie.

Tras nueve meses de trabajo expongo *¡Victoria!*, mi primera obra importante: un conjunto de cinco personajes que simbolizan el paso de la derrota a la victoria como una metamorfosis. Cada estatuilla está moldeada en cemento negro y el conjunto alcanza un metro de ancho. El primer personaje está tumbado en el suelo, deformado, vencido y agonizando, con la cabeza de costado a modo de súplica. El segundo está de rodillas, encorvado, con los brazos vueltos hacia atrás en señal de resignación; implora y está al borde de la desesperación. El tercero se ubica en el medio; a partir de esta posición se puede ir tanto hacia la desesperación como hacia la victoria. Está arrodillado, tiene piernas fuertes y un torso musculoso; la cabeza inclinada hacia abajo puede indicar que va a levantarse o a abandonar, su indecisión lo paraliza. Los dos últimos hombres forman una unidad: el cuarto, con rostro valiente y una rodilla suspendida para levantarse, se apoya en la espalda del quinto, que está de pie, fuerte y orgulloso, y avanzando la pierna izquierda camina con los brazos en alto gritando *¡Victoria!*

Sin embargo, ninguno de ellos tiene brazos y sus rostros son planos, no tienen boca ni ojos. El cuerpo transforma el dolor en una fuerza positiva, pero es incapaz de reaccionar y de denunciar los abusos. Como Francis Ford Coppola con su película *Apocalypse Now*, señalo lo impotentes que nos encontramos frente a la violencia. En cambio, agrego que pese a nuestro sufrimiento se puede salir triunfante.

Al terminar el año escolar, mi profesor, John Ivor Smith, nos informa que habrá un concurso para exponer cuatro obras de arte de manera pública y permanente en el parque Rembrandt de la ciudad de Côte-Saint-Luc. La consigna estipula que la instalación tiene que integrarse en un conjunto de nuevos edificios de departamentos. Como el detective de la serie *Columbo* en la escena de algún crimen, salgo a analizar el lugar.

Las residencias son todas de hormigón y tienen balcones largos y rectangulares. Imagino a cientos de niños jugando en el recinto de esta geometría prefabricada. «¡Si los chicos también tuvieran una forma geométrica, se integrarían perfectamente!». La proposición que presento consiste en un coloso de aspecto geométrico y —excelente noticia— ¡salgo seleccionado junto a otros dos participantes!

Bañado en sudor bajo mi visera protectora de metal, me paso todo el verano soldando barras y alambrados con un arco eléctrico. En cuanto termino de armar la sólida estructura de tres metros de alto, la cubro de hormigón mediante la técnica del ferrocemento —incluso publico un artículo sobre este procedimiento— y por último termino con una capa de yeso blanco. El día de la inauguración, la multitud recibe un mensaje claro y fuerte en el parque: *El Guerrero*.

Como si fuera el sexto personaje de la serie *¡Victoria!*, mi coloso, protegido por su armadura, camina avanzando la pierna derecha. Los brazos están bien presentes, a un lado de su cuerpo, pero la cabeza, que no es más que un pequeño cubo, aún no tiene rostro.

«¡Tal vez no tenga manos para cambiar el mundo, ni boca para denunciar la violencia, pero tengo mi *grok* de amor sellado en mi interior para seguir avanzando!». Con estas dos esculturas, ahora me toca a mí gritar victoria, ¡siento que me estoy convirtiendo en un artista profesional!

Durante mi segundo año, me enamoro de la cerámica porque me muestra una nueva faceta de mi vida: ¡un Guy divertido! Había logrado sobrevivir a los ataques de mis hermanos sumergiéndome en el humor del *Monty Python's Flying Circus*. Este programa de televisión británico proponía una serie de *sketches* que duraban entre diez segundos y algunos minutos y pasaban de un tono ridículo hasta el absurdo más irreverente. En mi casa, miraba religiosamente cada programa.

Ahora me toca a mí crear obras lúdicas, como el *Dalífono:* un tocadiscos de terracota sobre el cual se puede ver un disco derritiéndose, y el icónico *Ice Cream Sunday*, una copa helada de los años 1950 con un gran vaso cubierto de crema batida y coronado con una cereza. Cuando levantamos la tapa se puede ver una pequeña aldea con una iglesia y su campanario en forma de flecha. Le sigue *El baño tostado*[5], que consiste en una tostadora hiperrealista, cubierta de oro

---

5 El nombre original de la obra es «Le Grille-Bain», juego de palabras entre «grille-pain» (tostadora) y «bain» (baño) *(N. del T.)*.

auténtico, junto a la cual coloco un pequeño personaje tomando un baño. Está todo hecho con arcilla, ¡me encanta!

Llevo el humor todavía más lejos al instalar en una cama de una plaza, con sábanas y almohadas, cuatro gigantescas herramientas que usamos en el taller de cerámica, pero del tamaño de una persona. La obra se titula *Bola & Caolín & Talco & Silicio*, un guiño a la película estadounidense *Bob y Carol y Ted y Alice*, que aborda las relaciones abiertas en las parejas. Me regocijo haciendo juegos de palabras y calambures.

El taller se convierte en mi segundo hogar, paso días enteros trabajando allí. Tengo todo lo que necesito: radio, cigarrillos, café en granos y sandwichs en el refrigerador. Me quedo esculpiendo hasta tarde y los fines de semana. A veces salgo de la universidad avanzada la noche y me sorprendo al ver tanta gente en las calles. Luego recuerdo: «¡Claro, hoy es viernes!». Pierdo completamente la noción del tiempo.

Mi arduo trabajo da sus frutos cuando una redactora me propone que escriba una serie de artículos para la revista *Le céramiste*. Durante los siguientes años, me seleccionan para representar a la universidad en la exposición nacional *84 CLAY EH?* en Calgary, Alberta. Allí presento una pieza inmensa que mide un metro y medio por dos metros y que titulo *Escena de Baño*: una amplia representación detallada del suelo de un baño con baldosas, un jabón rosa gigante, espuma, y una toalla de algodón con gotitas de agua brillantes. Está todo hecho de arcilla y pesa más de cien kilos, hacen falta tres pesadas cajas de madera para despacharlo al oeste de Canadá.

La escultura y la cerámica me proporcionan medios para expresarme, pero aún no logro «decir nada» mediante el dibujo y la pintura. En un gran lienzo pinto con acrílico un enorme libro sobre el cual se lee la palabra **BOOK** en grandes letras negras. Está ahí, se afirma, anónimo, como mi guerrero, sin revelar nada. En cuanto al dibujo, realizo primeros planos realistas de objetos de la vida cotidiana —lápices, naipes, alimentos— como si hiciera esta pregunta: «¿Qué es lo mínimo que debe mostrar un objeto para conservar su identidad?». Estos objetos son mis avatares, y yo me pregunto: «¿Dónde está Guy?».

El tamaño de los primeros planos se transforma en una obsesión, el formato se vuelve cada vez desmesurado, ¡hasta alcanzar cuatro metros de ancho! De tanto buscar, ejercito mis brazos dibujando figuras emblemáticas con pastel al óleo y encuentro una primera respuesta con el roquero Buddy Holly y el bailarín Arthur Murray. «¡Sí, la música me hace sentir completo!».

Soy demasiado tímido para formar una banda, así que termino haciendo de *disk jockey* para la radio estudiantil. Animo mi primer programa pasando música *rockabilly* de los años 1950 y 1960 junto a mi amigo Nils, un punk sueco con *piercings* por todos lados y una cresta multicolor en forma de sierra que me hace descubrir grupos anarquistas y experimentales.

El placer de la música por fin me da algo para expresar en un primer autorretrato: ¡la alegría! No lo hago en formato pequeño: es un rostro redondo como un balón de tres metros de alto y solo lleva matices de gris. Por fin veo mi rostro en el papel, bello como un ángel; debo tener unos seis años y esbozo una sonrisa tímida. «¡Ahí está la boca que no tenían mis esculturas!».

Al exponerlo en el *hall* de entrada de la sala de arte de mi primera exposición personal, me afirmo con un mensaje claro: «¡EXISTO!».

Primer beso

¡Existo! Ahora existo. Siento que volví a nacer gracias a mis talleres de arte, y ahora quiero sentir lo mismo con el amor: es entonces cuando me seduce el encanto hipnótico de Sasha.

Tiene el pelo corto y moreno y yo me pierdo en la profundidad de sus ojos castaños. Con un simple gesto, puede pasar de una conversación intensa con el ceño fruncido a una carcajada comparable a un chorro de agua. «Sasha, estás bromeando, ¿no?», suelo preguntarle, confundido.

Una tarde, después de clases, nos quedamos charlando en un pequeño sofá de los pasillos ya desiertos de la universidad. Hablamos de arte, música, libros, nuestras palabras van y vienen hasta que cruzamos miradas y nuestros ojos se quedan inmóviles. Silencio. Mi mano avanza delicadamente para acariciar su pelo mientras ella se acurruca entre mis brazos y apoya su mejilla contra la mía. Después de un momento infinito, nuestras caras se enfrentan, su cálido aliento me embriaga, hasta que la pulpa de sus labios se une con los míos. Experimento una dulzura infinita: es mi primer beso.

El tiempo se para.

…

Luego, el tictac constante del reloj de pared nos recuerda lo tarde que es.

—Voy a tomar el autobús, Guy, tengo que volver a casa.

Vamos juntos a la parada, tomados de la mano, mientras empieza a nevar. Un último beso antes de separarnos, un último abrazo, un beso más, después se va. Los copos de nieve bailan en el cielo de Montreal y yo floto sobre las nubes.

Durante las semanas siguientes, volvemos varias veces a nuestro «escondite». No podemos vernos de noche porque ella vive con sus padres en las afueras de la ciudad. Después llegan las fiestas y su familia está encantada en invitarme a pasar el almuerzo de Navidad con ellos.

—Un placer conocerte, Guy.

Me siento feliz, por fin tengo una relación con una familia.

Después de las fiestas, me resulta extraño que Sasha no haya vuelto a clases: «¿dónde estará?».

Preocupado, llamo a sus padres.

—Sasha no puede atender el teléfono por ahora, pero le diré que la has llamado.

Intento averiguar algo más, pero es en vano, sus padres me evitan. Yo insisto hasta que terminan diciéndome la verdad.

—Sasha sufre de depresión, está internada.

¡Se me viene el mundo abajo!

Cuando voy a visitarla al hospital, tiene una mirada fría y vacía. Está tan apagada como el verde pálido de las paredes. Por culpa de una fuerte medicación, su sonrisa hipnótica se ha esfumado completamente y tiene las cejas constantemente fruncidas y la mirada amenazante, incluso a veces aterradora. Me pregunta varias veces:

—Están por llegar, tú lo sabes, ¿los has visto? Estoy seguro de que ya están aquí, ¡vienen a buscarme!

Intento tranquilizarla, pero ya no me mira, nuestros ojos ya no se cruzan ni se estrechan nuestras manos. Nuestra relación se ha hecho trizas, para siempre, mi primer amor se funde como la nieve al sol y se desparrama por el piso sucio de un hospital psiquiátrico.

Los copos de nieve ya no bailarán para nosotros.

Como si se estuviera vengando, al año siguiente, el invierno es mucho más intenso y glacial: las ventanas tiemblan ante la furia de las tormentas.

Un fin de semana mamá se va y me deja el departamento para mí solo. Decido invitar a Nan a cenar. La conozco del taller de pintura. Fuera, su auto está desapareciendo bajo una montaña de nieve, pero eso no parece preocuparle.

Se la ve cómoda en el salón, me propone que pongamos almohadones en el suelo para mirar una peli en la tele. Es bajita, dulce y regordeta, y me habla de nuestra diferencia de edad —doce años más grande que yo— y de por qué decidió volver a la universidad.

—Mis padres no querían que estudiara arte, así que después de haber trabajado durante varios años, me dieron ganas de reencontrarme con mis pasiones. ¿Sabes a qué me refiero?

Ni bien pronuncia estas palabras, se vuelve hacia mí y empieza a acariciarme. ¿Qué debo hacer? No lo sé. Estoy nervioso y al mismo tiempo hace tanto tiempo que espero que alguien me toque… Estoy confundido. No tengo ninguna experiencia sexual, no sé cómo reaccionar. Su mano se desliza hasta el cierre de mi pantalón, abre la cremallera y luego me lo baja. Apretando su cuerpo firmemente contra el mío, me pregunta:

—¿Vamos a tu cama?

En pocos minutos estamos completamente desnudos. Toma mi sexo en erección con sus propias manos y lo mete entre sus muslos. Gime y se balancea de atrás hacia adelante. Oigo cómo goza, pero apenas me atrevo a moverme. Sus movimientos se aceleran e intento seguirla. «Sí, así… no… sí… no…». Hasta que, muy a mi pesar, termino eyaculando. ¡Por fin logro experimentar placer y de repente todo se termina y ella se precipita fuera de la cama!

—¡Cuidado con las sábanas! —grita. Luego corre al baño para lavarse lo antes posible.

Entendí: «el sexo es sucio, yo soy sucio y no tiene que quedar ningún rastro de nuestra relación, ningún olor».

Durante las semanas siguientes, nos lavamos, hacemos el amor, nos lavamos y aprendo a no sentir nunca nada, ni pasión ni tampoco nada íntimo. Entre ella y yo, no quedan dudas: comemos, hacemos el amor y no nos decimos nada. Dos desconocidos que actúan como desconocidos. Nuestra relación se apaga luego de unos meses y me confirma lo que yo ya intuía: «soy un ser sucio, malvado y vergonzoso».

Ahora lo sé con certeza: «nací solo y me voy a morir solo».

Cerbero

Empiezo mi último año de universidad con confianza gracias al éxito de mis exposiciones, pero con el corazón destrozado por lo sucedido con Sasha y Nan. Ahora trabajo en la tienda de materiales de arte de la universidad, lo cual me permite conocer a nuevas personas a pesar de todo; Suzie, una compañera, será un primer bálsamo para mis penas.

Es alta, esbelta y graciosa como una bailarina rusa del ballet Bolshói y tiene unos delicados y encantadores hoyuelos que iluminan su sonrisa. Su larga y suave cabellera color café y su tez angelical parecen salidas de los retratos más hermosos de Modigliani. Le encanta cantar la canción «People» de Barbra Streisand con su dulce y melodiosa voz: ¡sí, las personas que precisan de otras personas siempre son las más felices! Paso horas conversando con ella de música, arte y películas cómicas. Pero, sobre todas las cosas, lo que más me atrae de ella es su humor. En la tienda, recreamos *sketches* del programa Monty Python: «es un loro muerto, ha estirado la pata...». Estoy rendido ante su encanto, pero, naturalmente, no me atrevo a pedirle que salga conmigo. «¿Es consciente al menos de que existo?».

Pasan los meses y de repente ya hace un año entero que trabajamos juntos sin que ella tenga la más mínima idea de lo que siento. La noche de mi cumpleaños me invita a tomar *borsch*, una sopa de remolacha eslava, a Le Prague, el café polaco del barrio. Estamos sentados cara a cara, muy cerca el uno del otro, y yo me pierdo en el océano de sus ojos. En esta atmósfera exótica, me transporto a otro universo y alcanzo una felicidad perfecta. El tiempo queda detenido. ¡Todo es perfecto!

Pero la verdad es que, en realidad, no lo es; de hecho, es todo lo contrario, estoy viviendo la peor pesadilla de mi vida: dos amigas de la facultad, de quienes yo había estado perdida y secretamente enamorado, me habían preparado una cena de cumpleaños en aquel preciso momento. Desgarrado en medio de semejante dicha, oigo un demonio susurrarme al oído: «Te están esperando, Guy, pero no las llames, si no vas a perder a Suzie para siempre. ¡La amas, es tu sueño!». Desde mi otro hombro, un ángel me sermonea: «Guy, si pecas, ella no te amará nunca; sé el buen chico que has sido siempre y vete inmediatamente». Me estoy quemando vivo en la hoguera de mi inquisición.

Al terminar de cenar, Suzie me besa suavemente los labios, mi corazón explota e implosiona simultáneamente. Floto sobre una nube paradisíaca mientras mi alma se calcina entre las brasas del infierno. Nos despedimos y yo me derrumbo. «Tengo tanta necesidad de amor... pero soy un ser sucio y está mal que me atreva a amar. Tengo miedo. Al otro día, llamo a mis dos amigas y me disculpo, avergonzado:

—Me pasó algo a último momento.

No puedo decirles la verdad. No quedan dudas: soy un ser horrible, despreciable y me odio.

Sin embargo, el dulce beso del restaurante polaco da lugar a una segunda cita, luego a una tercera y, finalmente, nos enamoramos y nos ponemos de novios.

Por fin comparto mi vida con una mujer, y es hermosa, divertida y cariñosa. Cuando estoy recostado en sus brazos, no me atrevo a moverme ni un milímetro, temo despertarme de un sueño surrealista. Durante un año, vivimos un maravilloso cuento de hadas y ahora que ya no trabaja en la tienda planeamos irnos a vivir juntos. Todo es maravilloso... hasta que Cerbero se manifiesta.

Una noche, estamos imprimiendo fotos en el cuarto oscuro de la universidad y nos ponemos a charlar acerca de una película muy perturbadora que habíamos visto el día anterior. Se trata de un documental que denuncia los asesinatos de prostitutas y narra las violaciones e incestos que sufrieron varias de ellas durante su infancia. Embargada por la emoción, tanto en el cine como en aquel instante, Suzie llora y yo la abrazo para consolarla.

—Y tú, Guy, ¿qué sientes?

—Yo... Yo...

Me ahogo, empiezo a temblar. No puedo quedarme más en ese cuarto. Aterrado, me precipito hacia el pasillo.

—¿Qué pasa? ¿Dónde vas?

No puedo decirle nada, tengo un nudo en la garganta.

Me escapo a toda prisa, me siento tan mal que me voy a desmayar, me asfixio.

Suzie corre detrás de mí y sigue preguntándome:

—Pero, Guy, ¿qué te pasa? ¡Espérame!

Corro desesperado. Ella me sigue de cerca.

Acelero, abro la puerta que da a las escaleras, subo los escalones de dos en dos tan rápido como puedo. Ella está ahí, detrás de mí, siguiéndome los pasos.

Al llegar al último piso, abro la puerta y la cierro violentamente para esconderme. Puedo divisar la cara preocupada de Suzie a través del alambrado de la puerta.

Arremete contra el picaporte y tira.

Lo sujeto con firmeza.

Me suplica que abra.

Me niego y pateo la puerta como un demonio salido del infierno, gritando a todo pulmón:

—¡VETE! ¡VETE!

La cara de Suzie se desfigura ante tan horrorosa actitud.

Rompe en llanto ante la impotencia, duda, me mira detenidamente en busca de una última esperanza; luego suelta el picaporte, da media vuelta y desaparece.

Lo nuestro se terminó para siempre.

Me deshago en lágrimas, estoy condenado a vivir en mi abismo en compañía de un monstruo con los ojos inyectados en sangre.

En aquel instante, un recuerdo de infancia me vuelve a la memoria.

«Tengo diez años y todavía soy la víctima preferida de mis hermanos. Es verano, hace calor y toda la familia está de vacaciones en el campo. Estoy jugando tranquilo sobre el césped cuando uno de mis hermanos me ataca y me roba la pelota.

—¡Eh, es mía! ¡Devuélvemela!

Me aferro, pero él me empuja con violencia y nos estrellamos contra el suelo. Él me aplasta y yo me quedo sin aliento. Me pone las rodillas contra el pecho y me insulta:

—¡Pendejo de mierda, bobalicón, bebito! ¡Dame eso, imbécil!

Estoy atrapado bajo su peso y me asfixio, cuando de repente un rugido gutural surge de mis entrañas:

—¡RRRRRAHHHHHHHHHH!

Como un Cerbero que se deshace de sus cadenas, pierdo el control, lo embisto y lo derribo en una lluvia de puñetazos sin fin. Alguien viene a rescatar a mi hermano y me toma de los hombros. Mi furia se esfuma tan rápido como apareció.

Estoy en estado de shock, aterrorizado, y me juro que nunca jamás voy a dejar que ese monstruo vuelva a ver la luz del día. Lo sepulto en las catacumbas del olvido, lo oculto para siempre».

Pero no era más que una ilusión, porque siempre había estado presente: fue él quien quería que me desprenda de la baranda del mirador, quien llenaba mis noches de pesadillas que me impedían dormir y me hacía atravesar puentes dejando a un lado mi cuerpo. Ahora, este guardián del infierno acababa de despedazar el amor de mi vida con sus mandíbulas. Como Orfeo al volver la vista atrás, había visto el rostro de Eurídice por el alambrado de la puerta y la había perdido para siempre.

Entonces empieza mi descenso al abismo. Lloro durante meses. Todo lo que me recuerda su presencia hace que me derrumbe en lágrimas. No puedo dejarla ir. Joe Cocker canta *«You are so beautiful»* y yo grito de dolor, ya no duermo, ni siquiera la radio logra consolarme.

Tengo náuseas y un nudo en el estómago acompañado de un dolor de cabeza incesante. Corro hasta el baño —me da fobia la idea de vomitar en público, me parece la peor humillación y me moriría de vergüenza si me pasara. Para ir a la universidad, tengo que tomar un pequeño autobús, pero en cuanto el conductor cierra las puertas del vehículo entro en pánico y grito «¡Pare! ¡Pare!», y me precipito hacia la salida. Mi vida es una pesadilla con los ojos abiertos. En mi desesperación, decido pedir ayuda al servicio de salud de los estudiantes.

Nancy, la psicóloga de la universidad, me escucha con atención en una pequeña oficina contigua a la biblioteca. Finalmente, me diagnostica que tengo ataques de pánico vinculados a la separación.

—No es que te falte alguna parte. Estás entero, Guy.

Me muestra un libro, pero yo no le creo.

—Es imposible, me falta algo, no soy nada, y sin Suzie soy todavía menos que nada. Llevo un vacío dentro de mí, un abismo profundo que nadie se imagina. Y no estoy solo; hay un monstruo de ojos sangrientos y puede que se escape de nuevo. Tengo miedo.

Salgo de su oficina decepcionado y vuelvo a la biblioteca para refugiarme como lo hacía durante la primaria. Noddy ya no me sirve de nada, pero en el mostrador veo un libro que me atrae por su título: *Ayudarse a sí mismo*, del montrealés Lucien Auger. Lo meto en mi mochila y vuelvo al taller. Allí, me refugio en el trabajo para olvidar, me mantengo despierto tomando un café tras otro y me anestesio con vino y cigarrillos. Alice Cooper me escucha a través de mi *walkman* y me responde con la canción «The Quiet Room».

Yo también me pregunto si no estoy en un manicomio, y si no sería mejor cortarme las venas para huir del Cerbero de mi infierno.

¡AMANTE ACRIBILLADO
EN LOS SUBURBIOS!

Termino la universidad con un vacío en el pecho, un segundo diploma en el bolsillo, y una amiga que se fue al extranjero me pide que le cuide su departamento. Cobro el salario mínimo como diseñador de vitrinas de tiendas para una pequeña e incipiente empresa y, además, soy el primer y único empleado. En el sótano húmedo de la casa de la tía del jefe, diseño la decoración de tiendas de moda, zapatos e incluso de *sex shops.*

Es una cueva con un techo realmente bajo y está pésimamente iluminada por tubos fluorescentes que zumban y parpadean como si estuvieran a punto de exhalar el último suspiro. Pero lo peor es la soledad de semejante aislamiento. Por la noche, apenas si me queda energía para atracarme con barritas de pescado, papas fritas de bolsa con sabor a crema agria y cerveza. Echado frente al televisor, sueño con visitar museos de fama internacional y seguir mis estudios en Europa. El sonido abrupto del teléfono me expulsa del Louvre de París justo cuando admiraba la *Gioconda* de Leonardo da Vinci.

—Guy, ¿quieres venir? Vamos a ir al cine.

Una amiga me invita a acompañarla a un festival de cortometrajes estudiantiles de la universidad.

Al llegar a la sala de espectáculos, me doy cuenta de que no está sola.

—Sophie, te presento a Guy, un amigo artista de la universidad.

Es así como me presentan a una encantadora joven de pelo castaño rizado y ojos celestes con una sonrisa amplia y radiante. Estudia contabilidad y lleva un traje sobrio. Aunque vengamos de dos mundos diferentes, las artes y los números, terminamos viéndonos con frecuencia. Más tarde, un hermoso día de verano, sus padres me invitan a comer una parrillada a su casa, en los suburbios de la ciudad. Me dan una cálida bienvenida en el jardín como si fuera... ¡su futuro yerno! El padre de Sophie me ofrece una cerveza bien fría que yo acepto con alegría.

—Por favor, Guy, haz de cuenta que estás en tu propia casa.

Sophie y yo la pasamos bien juntos, la relación es simple y agradable. Esta vez de veras siento que voy a poder vivir una hermosa historia de amor. Un fin de semana, sus padres se van de viaje y ella me invita a su casa. Yo acepto sin dudarlo.

Por fin estamos solos, es la primera noche que compartimos nuestra intimidad. Estamos a mediados de julio y es una noche especialmente calurosa y húmeda; las puertas del salón están abiertas de par en par y el canto de los grillos resuena armoniosamente. Una brisa ligera hace bailar las cortinas y acaricia suavemente nuestros cuerpos desnudos. Libres como dos querubines, nos relajamos y saboreamos inocentemente unas galletas con pepitas de chocolate y dos vasos de leche. Por primera vez me atrevo a pensar que la sexualidad podría ser algo hermoso y atractivo. Vibro de emoción, nuestro amor es real y va a durar. Somos felices, todo es perfecto, intemporal. Pura delicia.

De repente se escucha un ruido que viene de la entrada: ¡están abriendo la puerta!

¡Qué horror, son sus padres! Están volviendo y todo está a punto de irse al demonio.

Sophie salta del sofá y grita:

—¡NO ENTREN! ¡NO ENTREN!

Su madre corre enloquecida hasta el salón.

—¡¿Qué pasa?!

Nos ve completamente desnudos y se pone a gritar, horrorizada. Su papá, detrás de ella, alza un puño señalándome y vocifera amenazas de muerte:

—¡HIJO DE PUTA! ¡TE VOY A MATAR!

¡Nuestra ropa está en el piso de arriba y sus padres bloquean la escalera, no hay manera de ir a buscarla!

—¡ERES HOMBRE MUERTO, SINVERGÜENZA!

Su padre se abalanza para golpearme. Sophie —que sigue desnuda— intenta detenerlo con todas sus fuerzas.

Estupefacto ante semejante escena surrealista, intento hacer que su padre entre en razón.

—Somos adultos, podemos hablar.

¡No quiere escuchar nada!

Tiene el rostro colorado, los ojos se le salen de las órbitas, está a punto de explotar. Su esposa lo toma por la espalda, me libera el paso, y luego me grita:

—¡SAL! ¡SAL INMEDIATAMENTE DE AQUÍ, DESGRACIADO!

Logro esquivar al padre, voy a buscar mi ropa y me doy a la fuga en medio de la noche para salvarme el pellejo. La luna llena, con su mirada imperturbable, observa mi calvario.

«¡Pero están todos locos! Somos adultos los dos, ¡ya no somos adolescentes!».

Logro vestirme como puedo mientras corro indecentemente y me tropiezo con los enanos de jardín. Pronto el calor se vuelve insoportable y mi cuerpo chorrea sudor. En mi fuga, busco la sombra de los faroles y voy saltando pequeñas cercas; me ahogo de tanto correr y, en cuanto me alejo un poco, me detengo un instante para recuperar el aliento.

Estoy perdido en los suburbios y me siento como en una película de serie B del tipo *Una noche en la ópera* de los hermanos Marx mezclada con Jason de *Martes 13*. Imagino mi foto en la tapa de una de esas revistas de chismes de supermercado —mi cuerpo tendido sobre un charco de sangre escarlata—, con este título en grande: ¡AMANTE ACRIBILLADO EN LOS SUBURBIOS! «¿Así va a terminar mi vida?».

Al cabo de una corrida interminable, llego a una gran carretera. A lo lejos, diviso un autobús que se acerca y le hago señas gritando:

—¡PARE! ¡PARE!

Por suerte, el conductor me ve y frena abruptamente haciendo chirriar los neumáticos.

Subo y le agradezco mucho por el gesto.

—Tienes suerte, muchacho, llevo retraso y es mi último recorrido, no tenía la intención de detenerme.

Agotado, sin poder reponerme aún de mis emociones, me desplomo en el primer asiento. Miro la oscuridad de la noche para asegurarme de que estoy a salvo. «¡No hay nadie!». Puedo respirar de nuevo.

Al otro día, Sophie me cuenta por teléfono que su padre había salido a perseguirme en coche armado con un largo cuchillo de cocina para degollarme. Avergonzado, sediento de sangre y con las manos vacías, ni bien volvió arremetió a cuchilladas contra el colchón de Sophie. Fue así como el filo de un cuchillo de carnicero cortó definitivamente nuestra relación.

«Primero me doy cuenta de que llevo un Cerbero en mi interior, y ahora me topo con Jack el Destripador en los suburbios. ¿Será que la vida está llena de monstruos? ¡Yo solo quiero amar! ¿Estoy pidiendo demasiado? ¿Por qué todo lo que toco se transforma en mierda?».

Mi abismo se abre y me hundo cada vez más. En la radio suena la guitarra melancólica de «The thrill is gone» de B. B. King y no puedo hacer más que identificarme con la letra:

«¿Yo también estaré condenado a vivir solo?».

Mack the Night

Desmoralizado ante tantos fracasos, me pongo a analizar el gran autorretrato que hice en blanco y negro. «¿Por qué usé solo tonos de gris? ¿Dónde están los colores de mi vida?».En vano, busco respuestas en los libros de arte y termino encontrándolas en las fantásticas obras maestras de los más grandes artistas: Van Gogh, Gauguin, Da Vinci. Son todos europeos; tengo que ir a verlos sí o sí, y están todos en los museos del Viejo Continente.

Basta de diapositivas, reproducciones y documentales, ¡tengo que ir!

Pum-pum-pum-pum... mi corazón se acelera, mis uñas arañan los apoyabrazos y el avión se desintegra al despegar, ¡es espeluznante! Al menos eso es lo que imagino. Para combatir el pánico, escucho a los Rolling Stones en mi *walkman, Mick Jagger me dice: You can't always get what you want*[6]. Sí, tal vez, pero al menos me doy alas para ir a buscar lo que realmente necesito: explorar Europa y sus museos durante dos meses y encontrar un lugar donde estudiar arte contemporáneo.

En cuanto aterrizo en Inglaterra, todo sucede a una velocidad infernal: viajo en aerodeslizador, en tren, en barco. Nada puede detenerme, no paro de avanzar. Trepo montañas nevadas en Suiza y me pierdo en cuevas inundadas de murciélagos en Grecia. Duermo en castillos, campanarios de iglesias y en el piso helado de los vagones de los trenes. «Pretty Woman», de Ray Orbison, suena en las radios

---

6 No siempre puedes conseguir lo que quieres (N. del T.).

de todos los países que visito a medida que descubro platos exóticos y disfruto de la música folklórica de nuevas culturas. Incluso logro hacerme amigos en los albergues juveniles donde me hospedo. ¡Qué alegría tan inmensa!

Pero lo más mágico es la inspiración que me invade: cada camino, cada sendero, cada piedra, todo está repleto de historia. El arte está en todas partes. En la majestuosa ciudad de Florencia, Italia, me maravillo ante las pinturas y las esculturas magistrales de las iglesias católicas. En Venecia, mis ojos se extasían ante los mosaicos bizantinos dorados de la basílica de San Marcos, los frescos vibrantes y multicolores de Giotto, en Asís, y el magistral rosetón de vidrio de la catedral de Chartres, en Francia. ¡Qué gloria, qué belleza, qué delicia para los ojos! Sin contar las innumerables obras del museo del Louvre de París y de los maestros ceramistas de Sèvres y de Faenza, ciudad que dio nombre a la loza de fayenza. En Nápoles, me arrodillo y froto la tierra con los dedos, estupefacto al constatar que es del mismo color que los tubos de pintura Amarillo Nápoles. El arte y la vida son realmente indisociables en Europa.

Los profesores de arte y los alfareros con quienes me cruzo se muestran admirativos ante las fotos de mis cerámicas.

—Nunca habíamos visto obras tan originales, ¿de veras están hechas con arcilla?

En Florencia, incluso me proponen un puesto de profesor en un taller de cerámica. «¡Por favor, Guy, acepta!». Estoy a punto de cumplir mi sueño: vivir de mi arte y quedarme aquí para siempre. Pero esta oferta fantástica me da miedo. Termino rechazándola con la excusa de que ya tengo mi vuelo de vuelta. ¡Pero sin embargo me prometo que volveré!

Ya van ocho semanas explorando el Viejo Continente y me encanta el estilo de vida que llevo: duermo en los trenes, como en los parques y conozco gente nueva. Me fui de Montreal en busca de las obras de los grandes maestros y una vez aquí termino descubriendo una nueva manera de vivir la vida con sencillez. «¿Cómo voy a sentirme al volver al molde de la sociedad?».

En Zúrich, escribo en mi diario lo siguiente:

> *En la vida, cada uno tiene sus recuerdos, algunos buenos, otros no tanto. Hay algunos que podemos revivirlos, sentirlos de nuevo; de otros, solo nos queda una imagen, sin palabras ni sonidos. El tiempo los borra, solo sobreviven en nosotros. Nuestro pasado, por más fantástico que sea, se va destiñendo y deshilachando con el paso de los años. Los grandes momentos se reducen, los huecos se rellenan. No deberíamos vivir en el pasado, pero tampoco deberíamos dejarlo ir. Soy todo lo que fui.*
>
> *10 de octubre de 1984.*

Al volver a Montreal, dejo de trabajar definitivamente en aquel sótano húmedo y vuelvo a la tienda de material de arte de la universidad. Allí conozco a Douglas y con él comparto un departamento en el cual instalo mi primer taller. Tengo un sinfín de ideas en mente, sobre todo gracias a la pasión de los retratos de los grandes maestros flamencos que me dejó el viaje: Rembrandt, Rubens, Frans Hals; y los colores vivos de los impresionistas: Monet, Manet y Van Gogh.

Pincel en mano, empiezo a pintar retratos de amigos, pero solo a partir de fotos —soy demasiado tímido como para pedirles que posen delante de mí. Para desarrollar mi técnica, primero hago pinturas monocromáticas de acrílico sobre papel. Después, al entrar en confianza, adopto la técnica del óleo sobre lienzo: me encanta su aroma, sus colores profundos y la riqueza de su transparencia.

Supero una etapa importante cuando finalmente pinto un nuevo autorretrato. Esta vez lo hago a todo color e incorporo una reproducción de una cerámica que vi en Faenza. Se acabaron las escalas de grises, mi vida resplandece como un arcoíris. «¡Aquí está Guy! ¡Y ahora tiene cosas que decir!».

En busca de nuevos temas, con mi cámara de fotos exploro el centro de Montreal, pero en vez de inmortalizar detalles arquitecturales como en Europa, mi mirada se centra en el destino triste de las personas sin hogar. Durante años soñé que era un vagabundo, que dormía en la calle, entre cartones, abandonado; así que, para mí, esas personas sin techo son como mis propios hermanos y hermanas. Decido devolverles toda su dignidad inmortalizándolos mediante retratos de cuerpo entero.

Me empiezan a interesar temas más personales, así que me pongo a hojear álbumes de fotos de mi adolescencia. Al «buen chico silencioso» que yo era le perturbaba la relación que mantenía con mis familiares; ahora, gracias a lo que me enseñó el libro de Lucien Auger, puedo afirmar con estoicismo: «Ellos son ellos, y yo soy yo». Elijo una foto de una escena en la sala de estar. Sentada en medio del sofá, mamá está inclinada sobre una mesa para completar un rompecabezas y, a ambos lados de ella, se puede ver a mis hermanos con la mirada perdida. Cada uno está absorto en su propio universo y puede adivinarse un pesado silencio en el ambiente. Los colores están tan desteñidos como el amor.

Me planteo un desafío más grande: pintar algo relacionado con el compromiso social, como en la escultura *¡Victoria!* Tras pasar meses esbozando modelos y composiciones, logro plasmar abiertamente mi desencanto por la sociedad mediante un gran lienzo al óleo de un metro cincuenta por dos metros: *Mack the Night*.

La pintura muestra una escena nocturna: en la penumbra de un callejón, se puede ver a un hombre arrodillado sobre una mujer. Está acostada en el piso, inconsciente; acaba de ser violada y tiene la ropa rasgada. Su agresor está a punto de clavarle un cuchillo luminoso en el corazón. Un transeúnte es testigo del inminente asesinato; está parado a unos pocos metros, con las manos en los bolsillos. Observa, pasivo, y cruza la mirada con el asesino. Un poco más lejos, en la acera de enfrente, una multitud espera para entrar en un salón de espectáculos. La escena ocurre a algunos metros de la calle principal del centro de la ciudad y los colores de las luces de neón se reflejan sobre los charcos de lluvia del asfalto. El tiempo está suspendido.

«¿Cuál será el desenlace?».

Esa es la pregunta que tiene que responder el público.

«¿Con quién se puede identificar? ¿Con el violador? ¡Seguro que no! ¿Entonces con la víctima? ¿O estará en medio de la multitud? ¿O bien será la persona que observa la escena del crimen? ¿Qué va a hacer?».

Frente a este cuadro, el público se encuentra en una postura activa y tiene que decidir cómo termina la historia.

Quiero denunciar que todos somos testigos de la violencia de la sociedad, pero que no actuamos en consecuencia. Peor aún, la violencia se comercializa bajo la forma de entretenimiento. «¿Soy el único que piensa así? No lo sé». Mientras tanto, escucho la canción «Sunday Bloody Sunday» del grupo de rock irlandés U2. «¿Estaremos realmente en guerra como lo anuncia su álbum *War*?».

Ángeles al rescate

Expongo mis nuevas pinturas y logro vender algunas, pero aún sueño con volver a Europa, tal y como me lo había prometido en Florencia. Después de mucha reflexión, decido inscribirme en la Rijksakademie van Beeldende Kunsten, la Academia Nacional de Bellas Artes de Ámsterdam, en los Países Bajos. Me fascina la belleza mágica de los retratos del siglo de oro neerlandés, ¡y por supuesto Vincent Van Gogh! Por su mirada intensa e hipnótica, su pasión y su empatía por esos *Campesinos comiendo patatas*. ¡Por todas esas cosas siento su llamada y la necesidad de responderle!

Decidido a viajar a Holanda, empiezo a tomar clases nocturnas de neerlandés. El azar quiere que el profesor sea el padre del ángel más delicado y encantador que mi corazón haya admirado jamás: Wanda. Tiene rasgos típicamente holandeses, silueta esbelta, pelo largo rubio y plateado y una sonrisa que ilumina su dulce rostro. Ya me había fijado en ella cuando trabajaba en la tienda de material de arte de la universidad. Cada vez que entraba quedaba fascinado ante su belleza. Como la «Madeleine» de Jacques Brel, era de otro mundo y estaba más allá de mis esperanzas.

Nunca me había atrevido a hablarle, jamás. Entonces, cuando su padre me preguntó: «Ah, debes conocer a mi hija, Wanda», casi me desmayo de alegría. Por fin iba a poder conocerla. Luego de varias salidas al cine, nos convertimos en buenos amigos.

Todo parece ponerse ir por el buen camino y aprovecho para enviarle un claro mensaje al universo: «¡Quiero llegar a Ámsterdam!».

Como si me hubiera escuchado, acude a mí un nuevo mensajero celestial.

Es sábado, una de esas mañanas frescas de primavera que dan ganas de quedarse en la cama todo el día, cuando de repente Douglas me llama desde su habitación:

—¡Guy! ¿Has visto el periódico? Esta tarde se inaugura una exposición de pintura holandesa en el museo.

«¡No! ¿Cómo me pude haber perdido semejante anuncio?». Al ser tímido, no me siento cómodo en reuniones sociales y me aterran las inauguraciones; pero, como es mi sueño, me digo que lo mejor que podría hacer es asistir. A toda velocidad y sin pensar, meto el anuncio en una bolsa de plástico que traje de la tienda el día anterior, la cual lleva impresa la siguiente palabra en grandes letras rojas: «TALENS». Se trata del logo de una empresa neerlandesa de material arte. Me subo a mi bicicleta y me voy a toda prisa al museo de arte contemporáneo.

Al llegar, me doy cuenta de que mis clases nocturnas de holandés comienzan a dar frutos porque logro entender algunas palabras. «¡Si tan solo pudiera hablar con los artistas!». Pero estoy demasiado nervioso como para presentarme delante de ellos. Voy y vengo durante una hora y luego, agotado y deprimido, me siento en un rincón. Desanimado, avergonzado por mi cobardía, mi mirada se pierde en el piso de madera. «¿Por qué siempre termino solo entre las multitudes?».

Luego, casi enseguida, ¡ocurre un milagro!: alguien ve mi bolsa y hace un comentario a sus amigos en neerlandés. Inmediatamente, levanto la cabeza y respondo con naturalidad:

—*Ya, een Talens zaak.* (Sí, una bolsa Talens).

Boquiabierto, mi interlocutor abre los ojos de par en par y me tiende la mano con una gran sonrisa:

—Hola, me llamo Emo. ¿Por qué hablas neerlandés?

Le cuento con entusiasmo que sueño con ir a estudiar a Ámsterdam.

—¡Qué coincidencia! ¡Yo doy clases ahí!

¡Me quedo sin voz!

Conversamos un rato sobre mis planes de estudio. ¡Qué felicidad! Pero la reunión está por terminar y es hora de que los artistas se retiren. Para mi gran sorpresa, Emo me invita a comer con ellos:

—Guy, ¿quieres venir al restaurante con nosotros?

Me da la dirección del lugar, me saluda y vuelve con sus amigos. Le devuelvo el saludo y me dirijo hacia mi bicicleta, desorientado ante semejante proposición. Cómo me gustaría tener el coraje suficiente para ir a su encuentro, pero el miedo me paraliza. ¿Quién soy yo para hacer algo así? ¿Cómo podría atreverme? No me van a querer, estoy seguro, ¡nadie me quiere!

Voy dando saltos en mi bicicleta, pedaleo tan rápido como puedo y cruzo de un carril al otro sin preocuparme por el tránsito que avanza en sentido contrario. Zigzagueo a toda velocidad entre los excrementos de las palomas, me gustaría desaparecer y olvidarme de todo.

«Si pedaleo más rápido, no voy a sentir nada».

Al llegar al centro, no me animo a ir con ellos y termino refugiándome en una cadena de comida rápida. Miro mi triste *hot dog* mientras en mi cabeza estalla una tormenta.

«Debería ir, pero… ¿puedo hacerlo? ¿Me atreveré? ¿Cómo voy a hacer? ¡Estoy seguro de que me van a odiar!».

Siento que mi vida se escurre entre mis dedos como arena. Me estoy muriendo.

«No valgo absolutamente nada».

Totalmente desesperado, rompo en llanto… y al mismo tiempo oigo una voz:

«¿Quieres ir?».

…

«¿Quién dijo eso?».

Me volteo, pero no veo a nadie.

«¿Quieres ir?», repite.

La misteriosa voz suena suave y segura.

…

Me quedo en silencio, atónito.

«¿Quieres ir o no?».

Esta vez no era la voz del ángel ni del pequeño diablo susurrándome al oído, no, era una nueva voz. Provenía de lo más profundo de mi interior e hizo aparición en el momento más desgarrador de mi vida.

¡Era mi propia voz!

A la espera de una respuesta, vuelve el silencio y tras unos largos minutos termino estallando:

—¡SÍ! ¡SÍ! ¡Quiero ir!

¡Después de 28 años confinado al silencio, por fin descubro mi propia voz! Ahora me invaden lágrimas de alivio, por fin me enfrento a mi verdad.

Salgo del *fast-food* a toda prisa, busco un cajero automático, retiro un billete de veinte dólares y voy corriendo a reunirme con Emo y sus amigos. Todos me reciben con una sonrisa, están contentos de verme. Hablamos, bebemos, la pasamos muy bien. Se presentan uno a uno; varios de ellos también enseñan en la Academia.

Estoy tan emocionado que tomo hasta embriagarme, lo cual me da suficiente coraje para invitar a Emo a que venga el día siguiente a ver mis obras. Como me habían otorgado una beca para un taller de una escuela de cerámica, había podido exponer mis nuevas esculturas en su hermosa y soleada galería, y también había aprovechado para exponer mis dibujos en las paredes.

—¡Guau! Son geniales, ¡qué originalidad, cuántos colores! ¡Gracias por haberme mostrado tus obras!

Mi trabajo lo impresiona y decide respaldar mi candidatura para ingresar a la Academia. Nos damos un último abrazo y le agradezco de todo corazón. ¡Siento que tengo un ángel de la guarda! ¡No lo puedo creer!

Algunos meses más tarde, en los últimos días del verano, siento que mi sueño se desvanece, aún no he recibido ninguna noticia. Finalmente, un delgado sobre con el escudo de la Academia Nacional de Bellas Artes aparece mágicamente en mi buzón. Controlo mi ansiedad y lo abro meticulosamente para no estropearlo. Desaparece el universo y en la Tierra solo quedamos esta hoja y yo.

La leo una, dos, incluso tres veces: ¡me aceptaron!

«¡Sí, sí, sí, SÍ, SÍ! ¡SÍ! ¡ME ACEPTARON!».

Grito de alegría, salto y bailo sobre la cama.

¡Releo la carta varias veces y me doy cuenta de que además el Ministerio de Cultura neerlandés me otorga una beca!

¡Increíble! ¡Qué alegría!

Entono «We are the Champions», el himno de la victoria del grupo Queen.

«¡Sí! ¡Soy yo el campeón!».

Mi corazón estalla literalmente y resplandece de alegría.

¡Lo logré! ¡Por fin lo logré!

Mi sueño se vuelve realidad.

¡Ámsterdam, allá voy!

Libro 2

Revelaciones

Libre como un pájaro

—¿Qué haces aquí? ¡Vete! ¡No te queremos aquí!

Es lo primero que oigo al caminar por los largos pasillos de la estación de tren.

Un joven espantajo, de pelo pajoso y ropa harapienta, se me acerca como si estuviera ahuyentando cuervos. A pesar del desafío que significó el largo viaje, el traslado en tren y la neblina mental que me generan las seis horas de desfase horario, estoy demasiado feliz con mi nueva vida como para preocuparme.

—¡Vine a estudiar arte y va a ser genial!

Una amplia sonrisa se dibuja en mi cara mientras continúo caminando alegremente. ¡Nada podrá detenerme!

Al salir de la *Centraal Station*, me quedo perplejo ante la belleza de Ámsterdam: grandes barcazas navegando por los canales, árboles a lo largo de los muelles y gaviotas, patos y palomas que revolotean sobre nuestras cabezas, es magnífico. Realmente se merece el apodo de «Venecia del Norte».

«¡TTRAA TTRAA TTRAA TTRAAAA! ¡Apártense!».

¡Un ciempiés gigante me extrae de mi admiración y logro esquivar su trayectoria a último momento! Pronto descubro que explorar las calles de Ámsterdam puede ser una aventura peligrosa. El primer obstáculo consiste en evitar los tranvías-insectos que circulan a un ritmo vertiginoso, y el segundo, a las manadas de rubios altos de ojos claros con el pelo al viento que zigzaguean a toda velocidad cabalgando sobre sus dos ruedas. No es que los ciclistas sean imprudentes; es su territorio, ¡y es muy probable que ya hayan salido del vientre de sus madres equipados con neumáticos!

Llego al albergue juvenil, hago el *check-in*, me libero de mi pesada y exagerada mochila y enseguida vuelvo a salir. Del otro lado de la avenida, veo obreros algo extraños; están arrodillados bajo las baldosas de la acera. No se ve ni hormigón, ni pavimento, ni grava, solo una arena dorada repleta de diminutos moluscos blancos. Una buena porción del territorio neerlandés se encuentra bajo el nivel del mar del Norte; por eso, uno percibe que el océano está a pocos kilómetros de distancia. Como cantaba la magnífica voz de Jacques Brel, ¡estoy en «*El país llano*»!

En cuanto salimos de la agitación de las avenidas principales, comparables a las de las grandes ciudades norteamericanas, podemos disfrutar de un paisaje fabuloso, adornado con cornisas que acarician las nubes. En casi todas las esquinas hay un *Brown Café* donde degustar un *Koffie verkeerd* —un «café mal hecho» como me gusta llamarlo—, que vendría a ser el equivalente de mi tazón de café con leche. Es en esos barrios donde descubro a su vez mi primer puesto de patatas fritas belgas, ¡una verdadera delicia! Me paro a degustar un cono de *Patat met* dorado acompañado de una generosa cantidad de salsa de ajo. *¡Lekker!* ¡Es delicioso!

Con el estómago bien lleno, me siento en un banco a la sombra, al borde de un canal. En el agua se reflejan los árboles en plena floración. Me imagino al pintor Mondriaan, precursor del arte abstracto, inspirado ante el entrelazamiento de las ramas alargadas. A mi vez, saco un cuaderno de bocetos y unas barras de carboncillo, abro una página en blanco, intacta, y empiezo a plasmar mi nueva vida.

Un anciano, con la barba y el pelo canosos y un sombrero de paja, se sienta a mi lado y señala mis bocetos.

—Qué bien, te gusta dibujar, ¿no?

Como mi vocabulario se limita a diálogos simples, asiento cordialmente y vuelvo a sumergirme en mi canal. Una cálida y suave brisa de otoño juega con mi pelo largo y bohemio, me siento libre como un pájaro que se baña en el azul ultramarino del cielo.

Por fin estoy en casa.

El secreto del taller

El lunes por la mañana, salgo temprano del albergue con gran excitación para presentarme en mi nueva escuela, la Academia Nacional de Bellas Artes de Ámsterdam. ¡Qué privilegio! La misma institución centenaria donde estudió el reconocido artista holandés Piet Mondriaan. ¡Ahora voy a recorrer los mismos pasillos y seguir sus pasos literalmente!

En silencio, admiro las inmensas puertas verdes de la entrada principal, saboreo el momento: «Lo logré, de veras lo logré. ¡Realmente estoy aquí!».

Toco el timbre. ¡No sucede nada!

Toco de nuevo, y luego «BBBZZZZZZZZZZZZZ», se oye un zumbido sordo e interminable. ¡Entro!

—*Hoe kan ik u helpen?*

Anna, una mujer alta, rubia, bronceada y abrigada con bufandas multicolores, me saluda con una sonrisa curiosa.

—¡Ah, has llegado! ¡Al final no sabíamos si ibas a venir!

Es una verdadera bromista con un sentido del humor bastante impredecible; nunca sé si ella o Jan —el empleado de mantenimiento— se burlan de mí cuando hacen comentarios de este tipo. A lo largo de los próximos tres años, Anna será como una madrina bondadosa para mí y se ocupará de transmitirme las cartas y llamados telefónicos de Canadá, que tanto me hacen falta.

Luego viene una alemana alta, de rostro rectangular y rulos marrón oscuro: Hannah, del departamento de dibujo. Va al grano y me explica brevemente las reglas de la Academia, y después me entrega las llaves de mi futuro taller.

—Es aquí, justo en la esquina.

Situado en el último piso de una antigua fábrica llamada «VANA», mi estudio es un gran espacio abierto con un viejo parqué de madera gastada y paredes de ladrillos rojos y polvorientos. Al estar pegado a otro espacio de trabajo, tengo que construir una pared que delimite la separación. A mí me viene bien porque planeo instalar una litera para dormir a escondidas. Oficialmente, no está autorizado, pero me doy cuenta de que la administración hace la vista gorda mientras no se sepa. Sin embargo, las autoridades me inspiran tanto temor que pasarán meses antes de que reúna el coraje suficiente para instalarme allí.

Durante la primera semana, voy del albergue a mi taller con la bicicleta que me prestó Jan hasta que conozco a Charlie. Viene de Estados Unidos, así que puedo conversar con él sin problemas. Con las mejores intenciones, me propone un trato:

—Necesito a alguien que me ayude con mi galería del Jordaan, el antiguo barrio judío. Puedes dormir ahí a cambio, si quieres.

Me da la llave. ¡Guau! Me despido con gusto de mis ruidosos compañeros y de sus calcetines olorosos —que me recuerdan los del vestuario de la pista de patinaje municipal— para ir a mi nuevo pequeño espacio privado. «¡Por fin solo, tranquilo y en paz!». Después de pasar mi primera noche entre los cuadros del pequeño depósito, me despierto con unas ronchas dolorosas en los tobillos que me pican espantosamente. «¡MIERDA, HAY CHINCHES!». ¡No estoy tan solo al fin y al cabo!

La construcción de la pared avanza a buen ritmo y además logro hacerme de un pequeño refrigerador y una cocina eléctrica por unos pocos billetes, ¡la suerte me sonríe! En los pasillos de la escuela conozco a Wim, un exestudiante que ha puesto en alquiler una habitación de la casa donde vive con su esposa y sus hijos. ¡Excelente! Acepto con alegría y me alejo aliviado de mis diminutos torturadores.

Ahora vivo al norte del río Ámstel, así que tengo que ir detrás de la Estación Central para cruzar en transbordador. Es sencillamente mágico embarcarme con la bicicleta y dejarme mecer por el movimiento del agua, ¡mi elemento favorito! Por la mañana, me instalo en el puente del barco con los primeros rayos del sol. El aire fresco me llena los pulmones y me despabila. Por la noche, la humedad glacial me hiela los huesos y el ruido de la embarcación me prepara para pasar una buena noche de descanso. Inmortalizo el trayecto mediante el dibujo de un hombre que se estremece ante las olas; bajo una luz intensa, sus ojos cansados se llenan de lágrimas.

En mi nueva habitación, ¡descubro desconcertado que me libré de las chinches pero que ahora debo enfrentarme a unos mosquitos kamikazes! Como el Barón Rojo, el legendario aviador alemán, les cierro el paso y hago que se aplasten contra las paredes; ¡las salpicaduras de sangre escarlata son las pruebas de cada una de mis victorias!

En cuanto termino la pared de mi taller, pongo un pequeño colchón detrás de un compartimento secreto y me mudo a mi nuevo espacio. Como no tengo acceso al cuadro de distribución, me arriesgo a conectar los cables sin cortar la electricidad: las luces parpadean y saltan chispas. ¡Lo logré! Aún sigo temblando mientras me dispongo a pasar mi primera noche allí el día anterior a mi cumpleaños. Al despertar, me preparo un almuerzo maravilloso con una lata de carne asada de la marca Spam, un manjar digno de los Monty Python, para celebrar el final de los mosquitos y las chinches, mis veintiocho años y, por último, ¡mi primer hogar!

Vivir en el taller tiene sus ventajas, pero hay que pensar en ir al baño. Al final del pasillo hay un retrete viejo y oxidado y, en el edificio central, en el departamento de cerámica, una ducha. Por las noches, cuando los talleres están vacíos, me escabullo como una rata miedosa para tomar una ducha rápida. «¡Corre, Guy, corre!». Con el tiempo descubro que la clandestinidad también tiene tristes consecuencias que no me esperaba: sin teléfono ni timbre, el aislamiento empieza a hacérseme muy duro.

Finalmente, me decido a gastar dinero en algo para mí y me compro una radio de onda corta. Sintonizo la cadena inglesa BBC World Service y encuentro un amigo en la serie de radio semanal *Letter from America* de Alistair Cooke. Escucho religiosamente su voz cálida y relajante mientras realiza comentarios políticos y poéticos con una pizca de humor. Si tengo algo de suerte, al mover el dial minuciosamente, como si estuviera robando una caja fuerte, logro oír las noticias de Canada International entre el crepitar de las interferencias y la nostalgia que me embarga.

Al día siguiente, como Aladino y su lámpara mágica, mi propio genio se me aparece en el mercado de pulgas de Waterlooplein cuando consigo... ¡un tocadiscos! En Concerto, una tienda de libros y discos usados de la Utrechtsestraat[7], encuentro a mi fiel compañero con su gorrito de marinero — ya no se llama Pechi sino Beertje Pol. Además, en una caja encuentro el álbum *Crime of the Century* de Supertrump. Escucho con nostalgia el fantasmal solo de armónica del tema «School»: mi primer reflejo para aliviar mis ansias de conexión. También descubro el álbum *Blue* de Joni Mitchell y escucho una y otra vez la nostálgica «California». Su voz dulce, cálida y tierna me reconforta mientras lloro de soledad.

Para romper con mi aislamiento, decido invitar a todos los estudiantes de la escuela a una gran fiesta de cumpleaños. Nunca había tenido una fiesta en mi honor, ¡ni mucho menos una organizada por mí mismo! Pego afiches en todas las carteleras de la Academia y recibo a decenas de estudiantes en mi taller. La gente fuma, bebe y conversa con entusiasmo en medio del ruido, excepto yo. Me escondo en la seguridad de mi puesto de *disc-jockey* detrás de mi tocadiscos, como en la radio. No sé cómo mezclarme con los demás, pero al menos es un primer intento de intercambio social y me hace bien ver a toda esa gente reunida.

---

7 Calle de Ámsterdam. *Straat* significa calle en neerlandés *(N. del T.)*.

Pero mi mejor regalo de cumpleaños es lo que descubro por casualidad en el cuarto de atrás de la galería de arte de la Academia: un gran piano de cola en impecable estado, todo negro y reluciente. En mi infancia, solía instalarme en el salón para tocar nuestro viejo piano vertical. Fue mi primer refugio para expresar mi soledad y el amor que tanto necesitaba. Tanto mis hermanos como mi hermana habían tomado lecciones, pero cuando me llegó el turno a mí, se acabó, ¡no más clases! Sin embargo, era yo quien solía tocar con más frecuencia, para improvisar y componer.

Ahora retomo aquel placer día y noche, pero me preocupa el bloqueo que sufre mi producción artística. Hannah, con gran sabiduría, me propone no pensar en eso:

—Si es lo que te sucede, que así sea. Tu creación volverá en el momento oportuno.

Y tiene razón. La música era algo que estaba necesitando y me reservo para mí mismo este íntimo reencuentro.

Mi creación renace enseguida y toma una nueva dirección para gran sorpresa de mis profesores. La música, Ámsterdam y mi nueva vida secreta aparecen en mis dibujos: *Pechi navega por los canales y Pechi visita el museo Van Gogh*. Hasta Caramel hace su reaparición en forma de gato negro mientras toco el piano, no solo sobre el papel sino también con sus ronroneos y su peluda presencia, en el cuarto de atrás de la galería.

¡En Europa la vida y el arte son realmente indisociables!

All that jazz

Más allá de los museos, Ámsterdam es una capital cultural alucinante para la danza, el teatro y la música. Mi timidez aún me impide involucrarme de manera activa, así que prefiero perderme en el anonimato de la muchedumbre de las calles animadas. Así me siento más seguro.

Asisto con frecuencia a los conciertos gratuitos de música clásica que ofrece el conservatorio Sweelinck tanto como a los espectáculos al aire libre del Vondelpark. El Día de la Reina las calles se convierten en un escenario a cielo abierto con el *crooner* André Hazes en el barrio del Jordaan. Los transeúntes cantan y bailan, cerveza en mano, al ritmo de su instrumento favorito: el acordeón. Pero lo que más destaca es el famoso Melkweg —«Vía Láctea» en neerlandés—, el epicentro de la revolución cultural. Esta institución cuenta con una galería de arte, un restaurante y salas donde actúan los grandes ídolos del pop.

Una noche por fin me animo a entrar; es un concierto de Cheb Khaled, una de las figuras que encabeza el *raï*, un movimiento argelino. Me abro paso hasta el medio de la pista de baile y salto ante la llamada de los ululeos árabes. Una botella de alcohol fuerte circula por la sala, me la pasan y me tomo un buen trago. El aire húmedo y caliente está lleno de humo. ¡Me invade una encantadora alegría de vivir!

Al igual que en el café Funambule, sigo alimentando mi amor por el jazz en el Café Alto. De la fachada de este ilustre edificio pende un imponente saxofón dorado de tres metros y en cuanto franqueamos la puerta hay que atravesar una especie de estrecha y larga caja de zapatos: de un lado, la barra; del otro, una simple hilera de mesas. Me abro camino a través de la humareda y admiro fotos de grandes nombres del jazz como Miles Davis, Dizzy Gillespie, Chet Baker y John Coltrane. ¡Todos tocaron en este lugar!

Al fondo del local, los músicos se instalan en un diminuto escenario tan estrecho que solo cabe un piano, una batería y un contrabajo. Me siento en la mesa más cercana y los escucho tocar un tema tras otro. Son asombrosos, juegan con las escalas, suben y bajan como los ciclistas en los Juegos Olímpicos, luego cambian repentinamente de tonalidad y de armonía sin previo aviso. Estoy extasiado ante semejantes proezas.

Hay un clima íntimo y me pido una *kleintje,* un pequeño vaso de cerveza de barril. Saco mi sobre de tabaco de liar de la marca Drum, mi cuaderno de bocetos y mis carboncillos y me pongo a inmortalizar a los músicos que tocan delante de mis ojos; tengo la impresión de formar parte de la banda. ¡Qué felicidad!

Durante el día, me evado en medio de la naturaleza del Vondelpark, uno de los grandes espacios verdes del centro de la ciudad, que está a unos pocos pasos de mi taller. Está entrelazado de vías para ciclistas y también posee estanques y praderas con vacas, cabras y ovejas. Allí encuentro mi lugar de predilección: la terraza exterior del Filmmuseums's Café, el museo del cine. Mi mesa favorita se encuentra bajo un árbol, cerca de un farol. Me siento, pido un café «mal hecho» en un gran vaso y saboreo la galletita de especias que lo acompaña. Desde allí, miro la gente pasar, los ciclistas y los patos que chapotean en el estanque y graznan bajo las ramas colgantes de un generoso sauce llorón. Como un buda, reflexiono durante horas; la calma, la brisa, la gente, todo eso me alimenta.

Escribo día y noche, a menudo pasada la medianoche: entre cafés y galletas, me enciendo un cigarrillo y abro mi diario íntimo. Allí transcribo todo lo que vivo, mis miedos, mis esperanzas, y a veces soy testigo de las batallas que se libran entre el ángel y el demonio que llevo dentro. Cuanto más me expreso, más violento y vicioso es el combate.

También escribo cartas a mis amigos de Canadá, y sucede algo especial: cara a cara, raras son las ocasiones en que me atrevo a compartir mis sentimientos con ellos, pero al escribir descubro un nuevo espacio íntimo para expresarme. Para mi sorpresa, algunos reaccionan bien e incluso se muestran muy abiertos en sus respuestas. Me siento apoyado gracias a la empatía que me manifiestan. En cambio, otros dejan de responderme y, muy a mi pesar, desaparecen para siempre.

Un día voy al museo a ver la película *Un ángel en mi mesa* de la directora Jane Campion y quedo profundamente conmocionado. La historia se basa en la vida de la escritora Janet Frame y retrata cómo sufre el rechazo, su internación en un manicomio y la lobotomía que evitó a último momento gracias a la escritura. Vuelvo a ver la película varias veces y a cada proyección se me llenan los ojos de lágrimas. La entiendo y me identifico como si fuera mi propia historia. Me recuerda a Ana Frank, que escribió su diario en su escondite en plena ocupación alemana: ¡a ella escribir también la ayudaba a resistir!

Después de la escritura, la lectura se convierte en una nueva mina de oro para mí. De pequeño, leía muy pocos libros; mi gramática era tan mala que necesitaba clases particulares para aprobar los exámenes de francés. Mi ataque de ansiedad me impulsó a pedir prestado un primer libro, *Ayudarse a sí mismo*, del montrealés Lucien Auger, que me salvó del suicidio gracias a su enfoque basado en el estoicismo. Paso horas en la librería American Book Center de la Kalverstraat descubriendo joyas como la obra de R. D. Laing, Gregory Bateson o Paul Watzlawick. Estos autores me invitan a repensar mis relaciones interpersonales con los conceptos del «doble vínculo» y las «teorías de las interacciones». Thomas Szasz y sus libros *El mito de la enfermedad mental* y *La fabricación de la locura* me hacen sentir que, pese a todo, mi mente está sana.

Cuando no estoy en mi taller ni en la piscina local, voy al parque por la mañana y me sumerjo en el estudio de estos autores hasta avanzada la noche. Es mi pasión. Gracias a ellos, logro descifrar la censura en que me criaron, esa especie de neolengua orwelliana. Termino aprendiendo un nuevo vocabulario que me permite identificar mis emociones: abandono, rechazo, control, intento nombrar por primera vez las heridas de mi infancia.

Después de cuestionar la educación de mi familia, me concentro en mis fracasos amorosos. Descubro que la sexualidad no solo puede ser positiva y agradable, sino que también es esencial para la riqueza de la pareja. ¡Estoy desconcertado! El deseo me genera tanta culpa, tanta vergüenza y tanto miedo que apenas si puedo aceptarlo, pero mi voz interior es rotunda: «Soy yo el responsable, sí, y quiero aprender a aceptar mi deseo y sobre todo a expresarlo».

Decidido, voy a buscar respuestas al barrio más sexual de Ámsterdam, al famoso Red Light District.

Alerta roja en el callejón

En el barrio de las luces rojas, el Red Light District, contiguo al puerto y a la estación de tren, la prostitución se ejerce de manera legal. Constituye una verdadera atracción turística con su laberinto de callecitas, algunas bien iluminadas y otras más oscuras y desiertas, más bien intimidantes.

Me abro paso por los primeros callejones de apenas dos metros de ancho y sigo a la multitud de turistas curiosos constituida de hombres y mujeres de todas las edades y a los grupos de adolescentes ruidosos que avanzan tomando cerveza. Primera parada: una hilera de *sex shops*. Las vitrinas ofrecen una sorprendente variedad de vibradores, esposas y juguetes rosados con diamantes brillantes. En las paredes se exponen revistas de mujeres y hombres desnudos, escenas de orgías con máscaras y otras cosas que no logro identificar y que contrastan con los primeros planos anatómicos y quirúrgicos de otras. La violencia de algunas tapas me hiere como un puñal. En ese momento, siento como si me estuviera adentrando en el infierno, el sudor baja por mis sienes, quiero volver sobre mis pasos, pero la corriente humana me retiene y finalmente me encuentro frente a las famosas «luces rojas».

A lo largo de la acera, se suceden las puertas de vidrio detrás de las cuales espera una joven: nínfulas andróginas con cuerpos filiformes o bailarinas con barrigas carnosas y encorsetadas dentro de una lencería tres talles más pequeña. Algunas se pasan la lengua sobre sus pulposos labios color sangre mientras que otras acarician e inflan el pecho lánguidamente; la mayoría serpentea convulsivamente al ritmo de una música ausente. La regla de la zona roja parece ser que las sirenas no pueden abrir la puerta; tienen que encantar al cliente para que esta tienda el brazo y gire el picaporte. De vez en cuando la muchedumbre estalla en vítores, como si un torero acabara de atravesar al animal con su espada: ¡alguien acaba de abrir una puerta!

Por mi parte, frente a esta gran corrida humana, me ahogo de vergüenza y apenas si me atrevo a desviar la mirada. Me siento mareado, me falta el aire. La culpa me sumerge y busco desesperado una manera de salir a flote.

«Un poco más, Guy, puedes soportarlo».

Mi voz interior me alienta e intenta consolarme. Me incita a buscar un rincón más tranquilo donde un animador de circo pregona a toda voz: «¡Vengan a ver el mejor espectáculo de sexo del planeta! ¡Sexo real en directo! ¡Entren, entren! ¡Solo diez florines!».

Me acerco a la entrada y me topo con el centelleo de unas gigantescas luces de neón en forma de senos, penes y flamencos rosados. Debajo, fotos de cuerpos desnudos en posiciones acrobáticas adornan el Templo de los Mil Placeres. Es demasiado para mí, estoy en estado de shock, paralizado: «¿Qué mundo es este? ¿Debería estar en medio de esta multitud? ¿Esto es lo que soy realmente?».

Me quiero escapar, pero la marea de gente me encierra y no me deja salir.

La tienda de al lado consiste en una serie de pequeñas puertas individuales pintadas de negro: un oasis de tranquilidad en medio de un océano de excesiva estimulación. Su aspecto me recuerda las salas de videojuegos donde por veinticinco centavos solía defender el planeta contra los misiles extraterrestres; eso me basta para buscar refugio dentro y recuperar el aliento. Unas cabinas diminutas, tan pequeñas como armarios de escobas, se suceden a lo largo de un largo pasillo sin decorar: solo cabe una persona en cada cubículo. «Vine hasta aquí, tengo que hacer algo al menos, y este lugar parece inofensivo».

Entro en una de las cabinas. Está todo pintado de negro. Me encuentro solo delante de una pequeña pantalla. Me siento y leo las instrucciones: «Inserte una moneda para ver diez minutos de uno de los tres canales disponibles». Obedezco y espero nervioso.

«¿Qué va a pasar?».

Es como una explosión: en la pantalla veo cómo torturan a una mujer desnuda con unas largas agujas mientras la sujetan a una cama de metal. Mantienen sus miembros ceñidos con cuerdas y vierten una cera roja y ardiente sobre sus senos y su vulva. Hombres y mujeres desnudos, con máscaras de cuero, le pegan latigazos y giran alrededor como buitres al acecho de carroña. Gritos, carne que arde, aire podrido, todo eso me salta a la cara y me desfigura. Siento que una guillotina me rebana el alma y me pulveriza el corazón. Estoy paralizado, mis entrañas envenenadas rechazan semejante podredumbre. ¡Voy a vomitar!

—¡TENGO QUE HUIR DE ESTE INFIERNO!

Apenas siento las piernas al salir, me tropiezo, me levanto y me vuelvo a tropezar mientras me pierdo en la multitud. Esta vez, la manada de curiosos no logra retenerme y me refugio en la Estación Central. El espantajo ya no está ahí, pero no me puedo sacar de la cabeza las imágenes horrorosas del barrio rojo.

«¡No, no, no, no! ¡Eso no! ¡No es eso lo que busco! Busco amor y unión, lo que deseo no tiene nada que ver con lo que acabo de ver. ¿Por qué? ¿Por qué siento tanta vergüenza, tanto asco y tanta culpa si lo único que quiero son relaciones dulces, llenas de pasión y de ternura? Tengo amor para dar y siento que merezco ser amado».

Miro los rieles del tranvía y me detengo a observar todo el camino que recorrí para llegar hasta aquí. Atravesé el océano y visité tantos lugares, y ahora escalo la montaña de odio de mi sexualidad. La levanto, la estrujo entre mis manos y la lanzo al lugar sombrío del que acabo de escaparme.

«Toma, quédate con eso, Red Light. ¡Yo ya no lo necesito!».

Subo a la bici con un gran alivio en el corazón y más convencido que nunca: «Lo que deseo es algo hermoso, ¡y ahora tengo luz verde para amar!».

Vincent

Ahora que abrí mi corazón a nuevas relaciones, noto que los estudiantes extranjeros, los *buitenlanders*, se acercan naturalmente los unos a los otros. ¿Será porque pasamos por los mismos desafíos para venir a estudiar a los Países Bajos? A lo mejor por eso trabo amistad con Olav, ¡un verdadero yeti de las nevadas montañas noruegas! Mide dos metros de altura, tiene el cabello revuelto y salvajemente rizado y la fortaleza de los fiordos que escala en sus construcciones murales. Dotado de un temperamento reivindicativo, frunce constantemente el entrecejo y estalla en una carcajada explosiva sin previo aviso. Nunca me canso de oír su voz grave y cavernosa repitiendo su frase preferida: «Oh, qué mal que me siento, ¡tomé demasiado anoche!». Para quitarse la borrachera, se unta las encías con tabaco *snus* mezclado con polvo de vidrio «para que absorba mejor», me asegura antes de eclipsarse.

También me gusta la honestidad y la franqueza tajante de los demás escandinavos, como la noruega Ingwill, con sus comentarios contundentes, o el finlandés Pekka, que analiza y reconstruye la sociedad con una agudeza y una sensibilidad notables. Su respeto y su amistad me conmueven profundamente.

En un registro completamente diferente, comencemos por reunir todas las artes creativas sobre un torno de alfarero, démosles forma de diosa regordeta de estilo prehistórico, cubrámosla con un temperamento latino explosivo y sirvamos todo eso junto a un plato *gourmet* con vino tinto y velas: así emerge Eva, la bomba catalana. Sus discusiones son intelectuales, apasionadas, a veces incluso agitadas, pero siempre basadas en el amor.

Estos artistas, grandes amigos y confidentes, se convierten en mis compañeros de lucha. Sin embargo, nuestro vínculo peligra porque los tutores ya no aprueban el enfoque artístico de Olav: deberá irse en algunos meses. Eva también está por dejarnos porque pronto terminará el tercer año del programa de estudios. Por mi parte, tampoco estoy fuera de peligro porque han comenzado a cuestionar mi creación artística.

Al llegar, los dibujos que se inspiraban en mi vida cotidiana, con Pechi, el transbordador, los músicos de jazz y los platos que preparaba con mi cocina eléctrica sorprendieron a mis profesores. Muy a su pesar, observan que mi proceso creativo se vuelve complejo cuando les presento mi primera escultura en forma de instalación: *El pequeño teatro*.

Un día, volviendo del Vondelpark, me encuentro con un viejo teatro de marionetas abandonado en una acera junto a otros desechos. Mide unos dos metros, pero aun así logro transportarlo con mi bicicleta y llevarlo hasta el taller. La pintura roja y negra está descascarada y le faltan algunos tornillos, ¡pero todavía se mantiene en pie! Noto con sorpresa que los costados son módulos reciclados a partir de una cuna y siento el amor profundo del papá que se empeñó en construirlo para sus hijos. Paso horas imaginando las fantásticas historias a las que habrán dado vida entre esas cortinitas floridas.

Para mi primera exposición, ubico el teatro dentro de un corralito de madera natural que también encontré en la calle. En su interior se esconde un reproductor de casetes que deja oír la música de un organillo de calle típico de los Países Bajos. Es apenas perceptible y solo puede oírse si se está a una distancia muy escasa del teatro. El conjunto está rodeado de unos proyectores de tungsteno montados sobre pies que irradian una luz enceguecedora.

Vacío, abandonado y detrás de unos barrotes que protegen tanto como aprisionan, este pequeño teatro luce muy triste, y solo un rumor de música presagia que aún podría esconder valiosos recuerdos. Las lámparas sugieren una consigna urgente: que prestemos atención a las historias perdidas de nuestra infancia o que ignoramos desde hace mucho tiempo.

Esta instalación es un llamado para que escuchemos nuestro interior y me resulta conmovedora, pero para los profesores es demasiado.

—Guy, vemos que eres un estudiante serio, trabajas muy duro y produces muchas obras, pero no entendemos lo que haces, debes estar confundido. No podrás continuar el programa el año próximo.

¡No lo puedo creer! ¡Me están echando! No entienden ni mi enfoque ni mi trabajo. Si vuelvo a Canadá, todos mis sueños y mis logros se harán trizas. Estoy condenado a muerte, ¡no caben dudas! Pero no me atrevo a desafiar su autoridad. La desesperación me invade y no sé qué hacer.

Por suerte, un grupo de compañeros planea visitar a unos amigos que viven en Berlín Este en los próximos días. Necesito escaparme de esta pesadilla, así que decido unirme al viaje.

Al llegar a Alemania, me llama la atención que para entrar a Berlín Este tengamos que atravesar una segunda frontera dentro de un mismo país: ¡el famoso *Checkpoint Charlie*! Soldados con cascos y ametralladoras me introducen en un universo que nunca hubiera podido imaginar. Había visto películas basadas en la Segunda Guerra Mundial, con Hitler y su diminuto bigote, y también la serie de televisión *Los héroes de Hogan*, siempre con sus buenas bromas, pero ver esos fusiles apuntándonos era algo surrealista. Vuelvo a ser el número 6 de mis pesadillas.

Subo a un tranvía obsoleto y me sorprende que no haya ningún agente a bordo, solo una simple caja con un rollo de boletos: el pasajero paga, corta y él mismo controla su paso. Las calles son tristes, silenciosas, y las vitrinas de las tiendas están desprovistas de luces de neón o de música a todo volumen. Encuentro una papelería y me compro un nuevo diario con tapa rosa que solo me cuesta unas pocas monedas. Así podré transcribir mi introducción a este universo comunista anónimo.

Llegamos a lo de nuestros amigos. Subo los escalones polvorientos de un viejo edificio con un techo de yeso cuya pintura se cae a pedazos. Antje y Rahman, una pareja de veinteañeros, nos recibe calurosamente en su pequeño departamento de tres ambientes. En el rincón de la sala de estar hay un balde lleno de carbón de un negro intenso apoyado contra un hogar de cerámica verde esmeralda. Su vida parece tan gris como el fino polvo que recubre los muebles y las paredes.

Con toda bondad, nos ofrecen café, galletas y nos cuentan sobre su vida y su sueño de visitar París algún día. Me cuesta digerir la realidad orwelliana en la que viven: pocos productos alimenticios, hacer cola en las tiendas y, sobre todo, tener prohibido cruzar la frontera para ir al oeste de Europa. Yo tenía un muro mental que me limitaba, pero para mis anfitriones se trataba literalmente de un muro material, una prisión que reducía su universo. ¡Era una locura!

Al cabo de tres días, volvemos a pasar por la aduana, agotados. Vivir en este continente es como sumergirse literalmente en la Historia en tiempo real.

«Clic-clac, clic-clac, clic-clac», intento conciliar el sueño entre el ritmo regular del tren y los vagones que se mecen. Pasada la medianoche, mis amigos hace rato que se encuentran en brazos de Morfeo. Yo aún no puedo dormir porque la luz es demasiado brillante y me irrita los ojos. Además, hay demasiados pasajeros. Huele a rancio, como dentro de un viejo taxi, y hay un apestoso olor a sudor humano que asfixia. Enciendo mi *walkman* y abro mi nuevo diario en la primera página para plasmar todas mis emociones.

Berlín, ciudad escindida, ciudad que simboliza la política que destruye cualquier señal de inteligencia sobre la tierra.

Encuentro agradable con Antje y Rahman. Hablar con estos prisioneros y escuchar lo que dicen sobre su país: querer conocer París y tener prohibido hacerlo; querer conocer el mundo y estar limitado a lo que se nos concede. ¿A quién le pertenece el planeta? ¿A una ideología?

Yo viajo de un lado a otro: Grecia, Londres, París, Canadá; no veo fronteras, solo océanos y distancias. Ver la libertad del otro lado a través de los pórticos; ver las luces de la ciudad; ver los semáforos a solo algunas cuadras, pero más lejos que los océanos, más lejos que los polos, entre la Luna y la estrella del Norte.

¿Cuántos de ellos se habrán inventado un cohete para evadirse? ¿Cuántos habrán cavado su propia tumba para terminar con los límites?

Ver Berlín y confrontarme a la locura del ser humano que habita esta tierra.

Yo paseo y veo el muro, pero entender las consecuencias es otra cosa. Estoy contento de haber conocido a Antje y a Rahman, pude sentir la prisión en la que viven. Para mí es tan fácil tomar un tren para ir a París, pero para ellos no existe esa posibilidad.

Cuando vi el muro, me dio la misma impresión que cuando estaba de un lado del océano y pensaba en Europa o en Norteamérica. No podía ver el continente opuesto, pero sabía que podía ir. Aquí, en Berlín Este, el muro lo veo, lo siento, lo vivo, pero los otros continentes no porque no puedo visitarlos. Tan cerca y sin embargo mucho más lejos que todos los océanos.

> *Cuando el norteamericano Lloyd se volvió primero y nosotros nos quedamos en el este, sentí, viví su partida, la muerte, la esperanza y la locura de la situación de nuestros anfitriones: «Él puede atravesar la puerta, pero yo no. Él se va a la otra dimensión, al mundo que yo no veo. Él vive allí y yo me quedo prisionero en la ciudad, en la vida».*
>
> *Sí, puedo experimentar lo que viven, pero yo vivo mi vida.*
>
> *No se puede ser prisionero siempre.*
>
> *10 de abril de 1988*

Cierro mi diario y observo el recorrido de las gotitas de lluvia que bajan por la ventanilla, mis dedos dibujan su camino. «¿Cómo puede ser que Antje y Rahman vivan en semejante prisión?». Quiero denunciar a gritos la injusticia de su mundo, la de Mandela y el apartheid en Sudáfrica, el Ku Klux Klan en Estados Unidos y el destino de los pueblos originarios en América. Atravesé literalmente el *Checkpoint Charlie* para vivir del otro lado. «¿Cómo es posible que las personas se maltraten unas a otras de manera tan inhumana? ¿El mundo se ha vuelto loco?».

En mis auriculares, Don McLean me sopla una respuesta con su canción «Vincent». Vincent Van Gogh me transporta con la intensidad de sus colores, el poder de sus pinceladas y su pasión. Él luchó por sus convicciones y hoy yo estoy aquí, vencido. Vencido por la locura de Berlín Este, vencido por la locura de la Academia. Mi cuerpo tiembla y sollozo frente a Antje, Rahman y también Vincent.

Escucho la canción una y otra vez hasta que las pilas exhalan su último suspiro. Agotado, mis lágrimas se secan mientras mi reflejo fantasmal me observa desde la ventanilla lluviosa, como si Vincent me preguntara: «Y tú, ¿qué piensas hacer ahora?».

Esta voz dulce y firme también es la mía, la que oí por primera vez en Canadá: «¿Qué piensas? ¿Los profesores están locos o eres tú el loco?».

Vincent guarda silencio y espera mi respuesta. Finalmente, como si un faro iluminara la noche, le respondo:

«¡No estoy loco! ¡Sé lo que hago! ¡Los locos son ellos!».

Vincent levanta la cabeza y asiente: «Has entendido, Guy. Ahora, ¡a luchar!».

Destellos de vida

Organizo una exposición cronológica de mis obras para mostrar la secuencia de mi evolución. Un solo profesor, Emo, mi ángel de la guarda, viene a verla. Mi enfoque es muy contemporáneo, lo cual irrita a los defensores de las técnicas tradicionales de la pintura, el dibujo y la escultura. Al perder el apoyo de mis profesores, me oriento hacia otros departamentos. Klaas Hoek, el jefe del sector gráfico, es más sensible a mis perspectivas experimentales y me propone que me una a su grupo. Sin taller y oficialmente expulsado de la Academia, estoy obligado a reescribirme como si nunca antes hubiera puesto un pie en su interior.

Tras meses de estrés e incertidumbre, logro que me vuelvan a admitir para continuar mis estudios. Me asignan otro taller y un nuevo equipo de profesores que pronto se convierten en buenos amigos. Esto también implica un nuevo lugar secreto donde dormir. Mi diminuto espacio de trabajo se encuentra ahora en un rincón abandonado del tercer piso de otro edificio, «la dependencia», y afortunadamente cuenta con un baño abandonado lo suficientemente grande para que quepa mi cocina eléctrica y mi pequeño refrigerador. Además, hay un lavabo con agua corriente que aún funciona, ¡es perfecto!

Escondo mi cama en el desván, una buhardilla que ocupa una parte del techo, en medio de cadáveres blancos de ratones. Sin embargo, allí arriba me asfixio, el sol resulta agobiante. Como no puedo soportar semejante calor, luego de unos días me mudo al rellano de una escalera. Allí instalado, temo que la vieja madera del parqué se derrumbe bajo mi peso. A pesar de estos contratiempos, estoy listo para empezar mi segundo año.

¡Y qué explosión!

El taller, que no mide más que la vigésima parte del anterior, es tan pequeño que mi trabajo se transforma radicalmente. Me inicio en la fotografía y exploro instalaciones *in situ*, el equivalente de la escenografía para el teatro. A diferencia de la escultura tradicional, las obran se «instalan» literalmente en un espacio. Para evocar mis emociones, mi enfoque se basa en elegir objetos de la vida cotidiana, como muebles; *El pequeño Teatro* fue mi primera producción.

Luego recibo una noticia excitante: salgo seleccionado para crear tres instalaciones *in situ* en un antiguo cuartel militar abandonado. Cámara en mano, voy en busca de los fantasmas de aquel lugar, donde la grava llena el espacio y los grafitis y *pin-ups* cubren las tristes paredes de las antiguas oficinas. Percibo la desolación, el sacrificio y los sueños perdidos. Esos serán mis temas.

La primera de las tres obras que presento es una nueva versión del *Pequeño Teatro*. Ya no se encuentra dentro del corralito, ahora se esconde en un rincón sombrío y sucio, abatido como un niño aterrado. Las luces lo sorprenden en la oscuridad y lo señalan. Imposible escapar.

La segunda instalación se titula *Eise's Room*, en honor a Eise Eisinga, un neerlandés del siglo XVIII, aficionado a la astronomía, cuya casa había visitado en la ciudad de Franeker, en la provincia de Frisia. Se trata de un cardador de lana que transformó su salón en un verdadero planetario incorporando incluso un movimiento mecánico. Luego invitó a sus vecinos —que estaban atemorizados por la alineación de los planetas de 1774— para enseñarles nociones de astronomía y asegurarles que no era el fin del mundo. Es el planetario más antiguo del mundo en funcionamiento.

Transformé entonces una pequeña sala en forma de cubo en un observatorio existencial: paredes blancas inmaculadas, parqué recién encerado, un pequeño lavabo en un rincón, ventanas de un solo lado cubiertas con una cortina de encaje y, en el centro de la pieza, una cama reglamentaria del ejército. Si nos recostamos en ella, podemos observar que el techo está pintado con varios círculos concéntricos coloridos que simbolizan un sistema solar. De hecho, la noche anterior al estreno, yo mismo duermo allí.

«¿Dónde estoy yo dentro de este universo?» es la pregunta que se puede hacer el público.

La tercera proposición, *In memoriam*, presenta una experiencia de inmersión dentro de otro universo. Penetramos en una pieza rectangular completamente negra de veinte metros de largo por cuatro metros de ancho y de alto. El suelo está cubierto de grava y unos «scroch, scroch, scroch» fantasmales resuenan bajo nuestros pies mientras caminamos. A la izquierda hay una hilera de altas ventanas pintadas de negro con algunos vidrios rotos. Una corriente de aire hace ondular extrañamente los cristales semitraslúcidos: la sala tiene vida propia y respira como un enorme pulmón.

Al fondo de la pieza, oculta bajo una litera, divisamos una pequeña y vacilante llama: una antigua lámpara de aceite cuelga de la pared. Alumbra un texto escrito a mano directamente sobre el ladrillo con un lápiz de grafito, y que se puede leer gracias al reflejo metálico de la mina: *Ter herinnering aan de dromen verloren in het gevecht voor eigen identiteit* («En memoria de los sueños perdidos en la lucha por su propia identidad»).

Como los jóvenes que se alistan en el servicio militar por obligación, a muchos de nosotros nos han forzado a abandonar los sueños de nuestra juventud. La pequeña llama simboliza el destello de esperanza que aún persiste en nuestro corazón. El hecho de que la instalación se ubicara en un antiguo cuartel militar abandonado se ajustaba muy bien a mi situación: yo también vivía una guerra interior y sobrevivía en las trincheras del anonimato. No resulta extraño que el tema «Suicide is painless»[8] de la serie de televisión *M*A*S*H*,

---

8 El suicidio no duele *(N. del T.)*.

que trataba sobre la guerra de Corea, fuera como la banda sonora de mi vida.

Sin darme cuenta, estaba quitando capas y capas de abusos y los ilustraba con los vidrios rotos y el suelo de grava. Sepultado en mi abismo de soledad, el dolor era tan intenso que las ideas en torno al suicidio se volvían omnipresentes, como el vacío y la oscuridad de la sala. La grata sorpresa es que el resplandor de la lámpara me había devuelto ese destello de vida.

Mis obras me liberan de mi infancia: con Pechi, había recuperado su imagen; en el *Pequeño Teatro*, escuché su voz distante; y ahora la llama de *In Memoriam* representa un primer embrión. Por su parte, el texto *En memoria de los sueños perdidos* señala que había perdido mis sueños. Gracias a esta instalación, empezaba a diferenciar lo que realmente era yo —la pequeña llama—, y lo que no era —es decir, los vidrios rotos, la grava y el vacío de la sala.

Esta dualidad («yo vs. no-yo») me habita y se convierte en el tema de mi primera videoinstalación: Recuerdo cuando. En ella, me filmo apoyado contra una pared blanca y me dirijo directamente al espectador. Le cuento cuatro recuerdos de mi infancia, todo en un solo plano continuo. Comparto el primer recuerdo con gran entusiasmo y alegría, radiante y risueño y, ni bien termino, parezco completamente vacío, como una marioneta a la que le hubieran cortado los hilos. Cuento el segundo recuerdo, luego silencio; el tercero, silencio; y finalmente el último seguido de más silencio y la imagen que desaparece. Todos los nombres y los lazos familiares son reemplazados por «él» y «ella», lo cual los hace impersonales.

Durante siete minutos, el público mira a este extraño títere que se enciende y se apaga, ajeno al vacío que separa cada una de sus historias. ¿Cuál de estos extremos representa su verdadera identidad? ¿La emoción exacerbada o la ausencia y la desconexión? ¿Ni uno ni el otro, o bien los dos?

Durante la presentación en la gran sala de exposición de la Academia, completo la instalación con cuatro grandes rostros sonrientes de tres metros de alto cada uno: un autorretrato de cuando era niño, similar al que hice en la universidad con barras de pastel, y los tres restantes, de adulto, que podrían asociarse a las historias del video. Están dibujados con lápiz directamente sobre la pared, uno al lado del otro a lo largo de doce metros. Ubico la pantalla dentro de un carro y reproduzco el video una y otra vez ininterrumpidamente.

Les confirmo a mis profesores que no dudo en utilizar anécdotas personales, pero no con un objetivo autobiográfico sino con una perspectiva universal. Invito a los espectadores a cuestionar sus sentimientos para que identifiquen su propia herencia familiar y cultural. «¿Somos conscientes de todos los diálogos interiores que se vinculan con la construcción de nuestra identidad personal? ¿Quién eres realmente?».

Muy a mi pesar, solo algunos profesores acceden a conversar al respecto, los demás tutores lo encuentran demasiado personal o lo perciben como una ofensa a su poder. «No hay que cuestionar la autoridad», me recuerdan. «Es algo típico aquí», me aseguran los estudiantes neerlandeses.

—Sabes, en la escuela primaria nos dicen: «la vida es como un campo de trigo, no seas la espiga que sobresale, ¡si no te cortarán la cabeza!».

Mi búsqueda artística sigue incomodando y, por suerte, en lugar de expulsarme para «quitarme la palabra», simplemente se abstienen de volver a visitar mi taller.

Los muros se derrumban

Aprovecho las vacaciones de la universidad para explorar las ciudades de Róterdam, Haarlem y Groninga y admiro las extensas llanuras del campo y la riqueza artística de los Países Bajos. Al visitar la sala de cuadros de un museo de arte medieval, una diosa se me aparece misteriosamente. Nuestras miradas se cruzan un instante, pero esta hechicera de suave rostro, cabello dorado y pecas me lanza un conjuro. Como soy demasiado tímido, bajo los ojos y fijo la mirada en los recipientes de orfebrería. Ella desaparece. Me voy de las galerías dejando mi reflejo en las vitrinas: «¿Esa muchacha era real o la soñé? ¿Salió de uno de los lienzos?».

Pasan las semanas y vuelve a materializarse, como por arte de magia, en los pasillos de la Academia: Erika, una nueva estudiante con su sonrisa hechicera, aparece cuando estoy empezando mi tercer año. En su presencia, mi corazón se acelera y su perfume me embriaga, literalmente. Aunque esté en otra sala o en un pasillo cercano, puedo saborear su presencia incluso antes de verla.

—¿Qué perfume llevas? Huele increíblemente rico.

—Ninguno.

Mi cuerpo está tan en armonía con sus feromonas naturales que se extasía de pasión, como en la novela *El perfume* de Patrick Süskind, en la cual Grenouille crea una poción capaz de inspirar amor en los seres humanos. ¡Más, más! Me embriago con su indescriptible aroma y la bebo.

Inesperadamente, un viernes por la tarde, en nuestro pequeño estudio, intercambiamos un simple beso que enciende una intensa llama entre nosotros. Nuestros cuerpos arden y durante tres días nos abandonamos a una pasión sulfurosa que une nuestros sexos en un amor lascivo. «¡Me desea! ¡Alguien me desea realmente y no tengo nada por qué preocuparme!». Por primera vez no me siento ni sucio ni avergonzado: me siento deseado, bello y expreso mi amor con total libertad.

Erika me revela que pronto será su aniversario de bodas con su primer amor, y además me confía que yo soy la única otra persona con quien ha estado. Siento que me acaricia con sus palabras, ¿cómo puede desearme si ya es tan feliz? «Tal vez al fin y al cabo valgo algo». Solo así podría amarme alguien.

Un domingo por la noche estamos desnudos sobre nuestra ardiente alfombra anaranjada y llega la hora de que Erika vuelva al cuadro del que salió. Vuelve a ponerse sus alas de ángel, me da un último beso en la oreja, una brasa perfumada de amor. «Alguien me quiere, me desea, ¡es realmente maravilloso!». Cómo me gustaría seguirla entre las nubes.

Los días se hacen eternos y pasa una semana sin que tenga noticias de ella. Finalmente, me la cruzo en un café del mercado Albert Cuyp degustando un *Appelgebak met slagroom*, una tarta de manzanas con una montaña de crema batida. Palpito de excitación y, mejor aún, al sentarme a su lado experimento algo nuevo: me siento seguro. Mi confianza es tanta que me atrevo a confesarle algo que nunca le dije a nadie:

—Me siento tan solo.

Hice una abertura en el muro; una ola de emociones que ignoraba hasta entonces me sumerge y derrama sus lágrimas.

—Guy, no nos vamos a poder ver de nuevo...

Eso es todo lo que me responde.

...

«Pero...».

...

Me quedo... sin voz.

Escucho lo que dice, mi cabeza entiende: «es lógico, está casada». Pero el muro que protegía mi corazón, y que acababa de abrirse, ahora se derrumba violentamente sobre mí: una avalancha de ásperos ladrillos de bordes afilados me desangra el alma.

Como un perfume que se evapora, Erika se volatiliza. Deja de existir.

En aquel instante, a 650 kilómetros de mi corazón, el muro de Berlín Este se derrumba y los fuegos artificiales celebran la reunificación de Alemania. Mientras tanto, aquí, en un pequeño café de Ámsterdam, un muro se desploma y yo muero en silencio, sepultado bajo los escombros.

Al volver a mi taller, el dolor es insoportable. En mi clandestinidad, solo, sin teléfono ni timbre, el alcohol es lo único que me ayuda a olvidar, y mi diario me sirve de testigo:

¡Mi vida es un desastre! ¡Siempre me sorprende que tenga la energía suficiente para continuar!

Me sentía tan mal que, ebrio y deprimido como estaba, me hubiese suicidado si hubiera tenido un arma, ¡hubiera sido tan rápido y fácil! ¿Qué sentido tiene? Estoy perdiendo el control de mi vida más que nunca.

Descubrí algo muy importante sobre mí mismo: soy una persona muy, muy, muy, muy, muy sola y triste, pero hoy no es ese el asunto.

El tema es que estoy perdiendo el control. ¿Por qué?

Estaba diciendo que descubrí mi soledad.

En fin, quiero decir, por fin me di cuenta, la acepté.

Soy una persona muy sensible, y el mundo me asustó, pero esto, esto también me asusta. Me escondí, construí un gran muro a mi alrededor para esconderme, para protegerme, y si sigo vivo es gracias a él.

Pero nunca había visto estos muros, esta prisión, este muro de seguridad. No sabía que existía.

Lo que pasó es que nunca logré abrirme, y me sentí solo, cada vez más solo. Solo con mi existencia. Jamás logré comunicarme con mis novias, con mi familia, con mis amigos. Nunca se lo dije a nadie. En cualquier caso, Erika se entregó a mí, totalmente, y ahora se fue. Por ella, por su amor, por su cariño, por su confianza, quité un ladrillo del muro y lloré, se lo dije.

El mundo no explotó; ella tampoco se rio, pero se fue.

De modo que ahora, al igual que en Berlín, el muro se derrumba. Todos los sistemas, estructuras, comportamientos y conceptos que formaban mi muro ahora han desaparecido.

A lo que voy es que si un hombre pierde su trabajo, o su familia, o su amor, o lo que sea que lo mantenía en vida, se suicida.

A ese punto he llegado.

Mi estructura, mi falsa vida, mi prisión, se han desvanecido. Sin embargo, tengo mi filosofía, mi arte, mis amigos y una vida rica. Por supuesto, el muro también era yo, no lo niego, pero el sentimiento de no estar en ningún lado aún persiste. ¡Mierda! ¡Por Dios! Veamos, ¿qué puedo hacer? Estoy solo en la cama, y eso es malo.

Ahora, más que sentirme vivo, siento dolor. Mis depresiones no duran tanto como antes, pero son más desgarradoras, me hacen más daño. Antes, me encontraba en un estado general mediante el cual evitaba sentir nada, o solo sentía como a través de una bruma espesa, por eso nunca sentía el verdadero dolor. Pero ahora sí.

Cuando estoy con un amigo, me siento tan feliz.

Cuando estoy solo, me siento tan solo.

Dura menos, pero es más profundo. Y cuando sufro profundamente, tengo miedo. Porque nunca he sido muy estable. La vida siempre ha sido abstracta para mí.

Y ya ni siquiera me queda esa estructura teatral para resistir. De modo que ahora soy todavía más inestable, me pregunto si tengo suficiente energía para no ir más allá de los límites, para no perder el control, para no hacerme desaparecer.

Pasan dos semanas y me encuentro en una fiesta en lo de unos amigos. Mi cuerpo está sentado en el sofá, sujeto una cerveza en una mano y un cigarrillo en la otra, las conversaciones resuenan como pelotitas de ping-pong en mi mente vacía. Ya nada tiene sentido. Me volteo y, con una voz monótona, me dirijo a mi vecino:

—Si tuviera una escopeta, me mataría.

Se queda boquiabierto.

—¿Qué...? ¿Qué? Pero... Guy, si sonríes todo el tiempo, pareces tan feliz —tartamudea, totalmente incrédulo. Por favor, Guy, cuéntanos qué te pasa.

Mi cuerpo se había hecho cargo de mí y había pedido ayuda en voz alta. La realidad no implosionó, no se rieron ni se escaparon. Al contrario, estaba ensangrentado y aplastado bajo una tonelada de ladrillos y ellos me desenterraron con la paciencia y la bondad de un equipo de rescate.

Con el correr de los días, poco antes de Pascuas, mis amigos me hacen descubrir algo que hasta ese momento me era totalmente desconocido: la escucha, la ayuda mutua y la compasión. Maria, Erwin, Paula, Suzan, Rein Jeille, todos ellos se preocupan por mí, me apoyan y me acompañan. Con ellos nace algo que nunca antes había conocido: ¡una familia! «¡Mi verdadera familia está aquí, en Ámsterdam!».

En Canadá, el arte me hizo renacer interiormente a través de mi autorretrato, ¡así declaré que existía! Y aquí, en los Países Bajos, ¡vuelvo a renacer dentro de una primera familia que me quiere!

Y es entonces que se me cae encima un nuevo ladrillo: estoy terminando mis estudios y me voy a ver obligado a irme del país, ¡tendré que dejar a mi familia! Atormentado, les pido consejos a los demás estudiantes extranjeros y me sugieren que solicite una visa de residente. «Es imposible, ¿quién soy yo para pedir algo así? ¡Si no valgo nada!».

Estoy desesperado y no sé qué hacer. Pese al miedo que mi inspiran las autoridades, no me queda otra alternativa que conseguirme un abogado.

Juntos trabajamos para obtener las autorizaciones necesarias, pero me bloqueo detrás de mis muros de miedo: «¿Cómo voy a hacer para demostrarles mi valor si estoy convencido de que no valgo nada? Además, no tengo dinero y las figuras de autoridad me generan pavor porque siempre tengo la impresión de haber hecho algo mal y que me van a castigar». La verdad es que desde hace tres años vivo con el estrés de esconderme como un criminal en mi taller.

Al cabo de unos días, me invade el pánico y le anuncio a mi abogado que abandono mi solicitud de residencia.

—¿Por qué?

Desconcertado ante mi actitud, se lo ve visiblemente decepcionado, pero no puedo decirle la verdadera razón: «tengo demasiado miedo». Entonces abandono mis sueños, mi familia, y me resigno a hundirme en mi abismo.

Fabrico una gran caja —que parece un ataúd— para transportar mis tres años de creaciones a Canadá. Por la noche me asaltan pesadillas: estoy en una casa en ruinas con todas mis obras de arte, entro en pánico y me arranco los pelos porque tuve que abandonar unas esculturas y además perdí mi vuelo. Otras noches, la casa me aplasta al derrumbarse como un castillo de cartas. Me despierto angustiado, luego me alivia saber que solo fue un sueño, pero la angustia resurge pronto cuando vuelvo a la realidad: me tengo que ir del país.

En mi desesperación, reflexiono acerca de todo lo que logré hacer aquí. «Pude hacer mis propias exposiciones, tal vez pueda hacer lo mismo en Canadá». Pero voy a tener que desarrollar nuevas propuestas para las galerías y también para obtener subvenciones. ¿Sobre qué temática puedo trabajar?

Mi última gran instalación, el video *Recuerdo cuando*, abordaba la cuestión de la identidad y la familia. Tengo mi familia acá, una familia que quiero, y también tengo una familia en Canadá. ¿Quiénes son? Eso es, sí, ¡lo tengo! ¡Eureka! Mi tema será la familia, y me voy a basar en la siguiente pregunta: ¿hay una identidad familiar típicamente canadiense? ¿Cómo moldea nuestra identidad individual?».

Mi nuevo proyecto se titulará *The Family Show*, y decido presentarlo a diferentes galerías de todo el país. Grito de alegría al recibir una primera carta de aceptación del Centro de Arte Neutral Ground de la provincia de Saskatchewan:

—¡Sí! ¡Lo logré, funcionó! ¡Yo sabía que no estaba confundido!

Los profesores de la Academia me habían rechazado tanto a mí como a mi propia familia, ¡pero esta carta era una prueba de la validez de mi arte! Más tarde, una segunda prueba: ¡me otorgan una beca del Consejo de Artes de Canadá! ¡Es mi consagración, me siento como un verdadero artista profesional!

«Por ahora tengo que dejar a mi familia, no tengo otra alternativa, pero acabo de ganar una primera batalla en Canadá. ¡¡¡Ahora estoy listo!!!».

The Family Show I:
Regina, 1991

—¡Cuidado, sean prudentes! El cielo está azul y despejado, ¡pero no se dejen engañar! Advertencia: con la fuerza del viento, se esperan fuertes heladas. ¡Cúbranse bien o se les va a despegar la piel!

El locutor no está bromeando: ¡tengo la nariz tan congelada que se me cae sobre la acera cubierta de nieve! Hace 40 ºC bajo cero y anuncian importantes nevadas. Regina, la capital de la provincia de Saskatchewan, es más fría que un glaciar.

Ya van tres semanas que vivo en semejante congelador. Acelero el paso con precaución hasta llegar a la casa donde me hospedo.

Mi litera está instalada en un rincón del salón de un socio de la galería. He dormido en tantas camas improvisadas desde que volví al país: primero en el sótano de mi mamá, después en los sofás de varios amigos y ahora en este colchón de espuma. A cada lado, las ventanas tiemblan frente a la dura tormenta de nieve mientras que en la televisión son los estallidos de la «Tormenta del desierto» los que me hacen temblar. Sigo en directo las huellas verdes de la lluvia de misiles que destruyen los barrios de la ciudad de Bagdad, en Irak. Tengo miedo, las imágenes me aterran y me llenan de tristeza. «¿Cómo pueden estar viviendo algo así esas personas? Debe ser horroroso, no lo entiendo, ¿qué le pasa a la humanidad? ¿Yo intento conciliar el sueño mientras el mundo se cae a pedazos?».

Desde que llegué, exploro el Ejército de Salvación, un depósito de mobiliario de segunda mano, en busca de muebles con los cuales se identifique la comunidad rural donde voy a exponer mis instalaciones. Es una idea que se basa en lo que hice con el Pequeño teatro y también en Archie Bunker, el personaje de la serie televisiva *Mi familia*. Archie, el rey de la casa, defiende fervorosamente su sillón: su trono. Nadie más puede sentarse en él, ni su mujer Edith, ¡ni mucho menos su yerno *Meathead*! ¡Su sillón es su *alter ego*!

Para mi exposición en la galería Neutral Ground, necesito recrear «escenas de la vida cotidiana», como las cenas en familia, las proyecciones de diapositivas o la intimidad de las habitaciones. Completo la instalación incorporando sonidos y modificando la iluminación con el objetivo de suscitar recuerdos de familia en los espectadores.

El día anterior a la inauguración, salgo de la estación de radio de habla francesa de la ciudad después de una entrevista y me dirijo a la galería de arte, donde me espera otro periodista. El sol radiante me inunda la cara, el aire fresco me espabila y el azul opalino del cielo resplandece. *Walkman* en mano y auriculares en los oídos, bailo sobre la acera helada al ritmo alegre de «Coeur de loup»9, una canción de Philippe Lafontaine. Después del estrés de las preparaciones, me doy cuenta de lo que acabo de lograr.

—¡GUAU, no lo puedo creer, lo logré! ¡Casi me suicido en Holanda y ahora estoy por inaugurar mi primera exposición individual en Canadá!

Nunca sentí tanta gloria en toda mi vida. Escribo lo siguiente en mi diario:

---

9 Corazón de lobo *(N. del T.)*.

> *Mañana, 7 de febrero de 1991, es el gran día, el día para el que trabajé toda mi vida, un día con el que jamás había soñado. Es como una victoria, como si ya no necesitara sobrevivir, porque estoy ganando el combate de toda una vida: el combate por ser alguien, por existir, por tener una identidad.*
>
> *Sobrevivir, hasta ahora, significaba negar quién era porque no tenía derecho a ser, a expresarme, a tener miedo o a estar solo. Ahora, apoyo mis pies, me levanto y me digo que soy dueño de mí mismo.*
>
> *Rompo la maldición de mi familia y esta victoria es mía: voy a sumergirme en ella para disfrutar de la alegría y del placer. Puede que siga estando solo, pero ahora soy dueño de mí mismo. Mañana es mi día, y es el primer día del resto de mi vida.*
>
> *Regina, 6 de febrero de 1991*

En la inauguración de la exposición sirven abundante vino y bocadillos y pasteles caseros que prepararon los miembros de la galería. Estoy conmovido ante semejante recibimiento y me acerco al público para escuchar sus impresiones.

En la entrada se encuentra la primera instalación: *Trampa para conversación*. Seis sillas rodean una gran mesa antigua de madera y encima se pueden ver dos enormes parlantes enfrentados. Sobre cada silla hay una casetera que reproduce una voz. De lejos, las conversaciones parecen armoniosas, pero de cerca la disonancia es evidente: todas las voces hablan al mismo tiempo y nadie escucha. Está todo inmerso en la penumbra, solo hay una simple luz. La apariencia de comunicación es ilusoria, estéril.

—Sí, en nuestra casa era igual —me dicen algunos antes de compartir sus historias conmigo. Para otros era diferente:

—No, no, en casa podíamos hablar durante horas en la mesa, era nuestra hora preferida. Ahora me imagino cómo debe ser en las familias que no comparten ese momento. ¡Debe ser horrible!

—¡Gracias por contarme sus recuerdos! ¡Muchas gracias!

Les estrechaba la mano realmente complacido, porque era exactamente el tipo de reacción que esperaba. Lo importante no es mi historia, sino lograr que el espectador evoque sus propios recuerdos.

La segunda instalación, *Going to bed: to bed or not to bed*, está ubicada del otro lado de la galería. Me hace acordar a *Bola & Caolín & Talco & Silicio*, la primera obra en la cual utilicé una cama, pero esta vez reemplacé el humor por la angustia. En la oscuridad, una cama de una plaza, muy sencilla, y a su lado un pequeño escritorio y una lámpara apagada. La sábana, la colcha, la almohada, está todo bien limpio y muy ordenado. Todo parece perfecto, excepto la luz blanca: viene de debajo de la cama.

En general tenemos miedo de los «monstruos que se esconden debajo de la cama», pero esta vez invertí los papeles: ahora que la luz está debajo de la cama la realidad se vuelve aterradora.

—Y si Mefistófeles no se esconde allí, ¿entonces dónde está?

La tercera, *Memorabilia*, parece el estante de una tienda: una serie de diez juguetes, cada uno con una etiqueta de cartón. En lugar de comunicar el precio, aparece un simple comentario típico de los padres sobre el comportamiento de sus hijos redactado con una máquina de escribir: «es tan educado», «nunca nos da problemas», «es un chico tan bueno»... ¿Con qué etiqueta se identifican ustedes?

Había seleccionado mis propios juguetes de infancia mientras hurgaba dentro de las cajas con recuerdos que había en lo de mamá. Fue entonces cuando tuve la agradable sorpresa de encontrar unos carruseles llenos de diapositivas de las fiestas de fin de año: estamos los cuatro hermanos, de dos a seis años, bajo el árbol de Navidad, sonriendo felices al abrir nuestros regalos con sus envoltorios multicolores. Utilicé estas fotos para recrear nuevas diapositivas haciendo primeros planos de nuestras inocentes caras de felicidad. También me sirvió de inspiración para escribir un poema, «Si tan solo», que se convirtió en la obra más personal de la exhibición.

Sobre un estante de metal, tres proyectores de diapositivas apuntan a una sola pantalla. Cada cinco segundos se van alternando tres rostros, tres palabras, de nuevo tres rostros, tres palabras, y así hasta completar el poema:

Si tan solo
Me hubieras dado la oportunidad
De ser yo mismo
Te hubiera podido mostrar
Cuánto te quería

¿Por qué?
¿Por qué te daba tanto miedo
Perderme
Por haberme dado la oportunidad
De ser yo mismo?

Completo mi exposición dando mis primeras conferencias: «Las teorías de la interacción», «Las mitologías del arte contemporáneo» y «Guy Giard, artista social». Con mis documentos a mano y un abrigado suéter de lana, me concentro en mis apuntes para que no se note tanto lo nervioso que estoy. Pese a mi falta de espontaneidad, me encanta la experiencia y el público me agradece con sus aplausos. Los socios de la galería me filman, así que aprovecho para registrar mis instalaciones en video. Además, me confirman tres exposiciones más de mi *Family Show* en otras provincias del país. Y toco el cielo con las manos cuando la galería Eric Hoffman de Ámsterdam me propone hacer una exposición individual para el verano siguiente.

Me siento en la cima, mi vida profesional está en pleno ascenso y voy a volver a ver a mi familia adoptiva, ¡no lo puedo creer! De inmediato, envío una carta a Sylvia y a Michael, dos amigos que me habían invitado a quedarme en su casa, para anunciarles la buena noticia.

Conmovido por tantas emociones, me enfrento al frío glacial como si fuera un esquimal para ir a relajarme al bar del lujoso Grand Hôtel Saskatchewan. Bebo cerveza, fumo, leo el periódico, me pierdo entre las flores marrones y naranjas de la alfombra. En un rincón, un trío de músicos con camisas leñadoras cantan a grito pelado: «I never promised you a rose garden». ¿De veras? Finalmente, una pausa hace callar sus etílicas quejas. De pronto una mujer se levanta, toma su vaso y se acerca a mi mesa.

—Buenas noches, ¿podría sentarme a su lado?

Michelle tiene los ojos oscuros, el pelo negro azabache y el rostro redondo, rasgos típicos de los descendientes de pueblos originarios.

—Acabo de llegar a la ciudad y no conozco a nadie. Me gustaría estar con alguien que me haga compañía.

Fue adoptada por una familia blanca en el este del país y es la primera vez que viene a visitar parientes de su familia de origen. Con entusiasmo pero insegura, me pregunta si podría acompañarla a su primer encuentro al día siguiente.

¡Qué invitación más maravillosa! Siempre me había sentido atraído por las culturas autóctonas, sobre todo después de la «Crisis de Oka» del verano anterior. Me había quedado horrorizado ante las portadas de los periódicos de Ámsterdam: «Canadá: apedrean autos con mujeres y niños. Los indígenas de Kahnawake evacúan a sus mujeres, niños y ancianos para protegerlos. ¡Setenta y cinco autos parten y son recibidos por una multitud furiosa que les lanza piedras y lástima a varias personas!». Es algo inhumano, y sucedió a solo algunos kilómetros de donde me crie, en Montreal. Me partió el corazón, y de alguna manera me sentía en deuda con ellos.

—Sí, por supuesto. ¡Será un gran placer!

Le agradezco la invitación y vuelvo a la casa donde me hospedo; su proposición me ha conmovido tanto que ya no siento el frío polar.

«Mi vida está cambiando exponencialmente: las entrevistas, la inauguración, las conferencias, ¡y ahora la posibilidad de conocer a una familia indígena en su propia casa!». Admiro los diamantes celestes al levantar la cabeza, cada estrella me recuerda a los ángeles que me voy cruzando en mi camino. Cierro los ojos y pido un deseo cantando como la pequeña huérfana Annie: ¡Sí! ¡Mañana el sol alumbrará un mundo mejor!

El aire helado de la madrugada me pica la nariz mientras caminamos juntos hacia el departamento de su prima Georgina. Al llegar a la puerta, nos la encontramos con su gran sonrisa, su largo pelo negro, lentes de sol y ropa deportiva. Nos invita a pasar a la sala de estar, una pieza vacía con un simple colchón en el suelo y algunas bolsas dispuestas a lo largo de una pared.

—Esta es mi familia. Mis padres (el abuelito y la abuelita), mi esposo Ken y Barbara, nuestra pequeña hija de seis años.

Compartimos un pan de maíz y me siento aceptado de inmediato. La tierna y enérgica «Li'l Barb», excitadísima, no puede quedarse quieta y gira a nuestro alrededor.

—¡Atrápame! ¡Atrápame si puedes! —me desafía.

Obedezco e intento atraparla, pero siempre fracaso «por un pelito» y todos nos reímos a carcajadas. Agitada, se deja atrapar y luego se sienta a mi lado para mostrarme sus muñecas. Michelle sonríe y mi espíritu se reconforta ante un hogar repleto de tanto amor. Después de desayunar, me piden que los vuelva a visitar y yo les digo que traeré un regalo para darles las gracias por semejante hospitalidad. Busco entre los juguetes que había traído para la instalación y encuentro un collar protector que fabriqué cuando tenía nueve años. Me había inspirado del que llevaba Rahan, uno de mis héroes. Era un valiente guerrero prehistórico de la revista francesa de historietas *PIF gadget* y llevaba un collar así.

Mi talismán consiste en un largo y afilado colmillo de tigre hecho de madera y una piedra plana y ovalada con un agujero, unidos con una pequeña cuerda de cuero marrón. Madera, piedra, cuero: una combinación del poder de las fuerzas elementales de la naturaleza. La pequeña Barbara salta de alegría cuando le ato el collar al cuello y me da un largo abrazo.

Los ojos del abuelito se iluminan al ver mi sorpresa y, cuando estamos por sacarnos una foto de grupo, pone suavemente sus manos en mis hombros y murmura emocionado: «Mequech, Mequech» (gracias, gracias). Mi primera verdadera foto de familia. Era huérfano y no tenía ningún hogar, y ahora tengo dos familias, una en los Países Bajos y otra aquí en Regina. Mis raíces se hunden en lo profundo de la Madre Tierra y descubro una nueva sensación: la pertenencia.

—¡Gracias, gracias por su hospitalidad, por la comida y por todas sus sonrisas!

Recuerdo la de Félix; esta vez no abrazo la tapa un disco de vinilo sino toda una familia maravillosa y llena de amor.

Al ponerme mi abrigo, la pequeña Barbara se aferra a mí entre lágrimas. La levanto y nos damos un último abrazo.

—Gracias, angelito, con este talismán me llevarás siempre contigo.

Sujeta el collar entre sus manos y vuelve a acurrucarse en los brazos de sus abuelitos. Se siente feliz de tener una familia, como Michelle y la suya, como la que me espera en Ámsterdam. Me voy de Regina con el alma repleta de amor, listo para emprender un nuevo vuelo y reencontrarme con mis amigos.

¿Y si fuera cierto?

Si Olav es un yeti noruego y Eva una diosa prehistórica, entonces Michael es un hobbit digno del *Señor de los anillos* de Tolkien. Tiene el pelo castaño rizado, es pequeño y corpulento y está todo el tiempo bromeando. Su esposa, Sylvia, es alta y esbelta, y su cabellera morena y resplandeciente evoca el alma antigua de Galadriel, la Dama de Lórien. Cuando me ven con mis valijas al pie de la escalera de su departamento de Ámsterdam, parecen desconcertados. ¡No habían recibido la carta donde les decía que vendría a visitarlos!

—Ah, bueno, genial, ¡sube!

Disponen una esterilla de yoga en la sala de estar, dejo mis cosas y luego me invitan a desayunar.

Me conmueve el afecto que recibo de mi familia.

Una semana más tarde, Wim, un amigo de ellos, propone que me mude a su casa, ya que tiene algo de espacio en su pequeña buhardilla. Sin agua corriente, timbre ni teléfono, me entero de que el lugar no es legalmente habitable. «¡Otra vez clandestino, como en la Academia!». ¡Por suerte tengo electricidad, una ventana soleada y una calma serena!

—Baja a mi departamento cuando quieras, ¡siéntate como en casa!

Pero soy tan tímido que no me atrevo a molestar, entonces termino meando en una lata, abro la ventana y la vacío en la canaleta. Para lo demás, hago mis necesidades sobre papel de diario y deposito los pequeños paquetes debidamente plegados en los cubos de basura de la vía pública. «¡Si los basureros supieran!».

Vuelvo a saborear mi «café mal hecho» del Vondelpark y allí conozco a Jos, una chica hermosa, intelectual y gran lectora a quien también le encanta el jazz y termina acompañándome a menudo al bar Alto. En el mercado de pulgas encuentro un pequeño teclado Casio y la hago reír tocando melodías de mi infancia y otras más recientes como «Dance» y «L'étang», dos nuevos temas divertidos que compuse. Eric, el dueño de la galería Eric Hoffmann, me invita a tomar una copa para conversar sobre mi exposición. Esta vez no habrá instalaciones con muebles sino más bien pinturas sobre papel. Entonces solo elijo al más humilde, al más simple y anónimo de todos los muebles: ¡la banqueta! Es mi *alter ego*: parece invisible, le prestamos poca atención, la ensuciamos y la abandonamos en un rincón.

Después de varias semanas de trabajo celebramos la inauguración de *El placer de la alegría: De Stoelen Show*. Expongo unas veinte pinturas usando acrílicos muy coloridos con títulos evocadores, como *¡Mi seguridad es tu locura!*, *Nunca encontraremos las carrozas del amor* y *¿Quién sujeta las riendas cuando los caballos ven al lobo?*

—¡Su sentido de la composición es realmente maravilloso, Guy! Una banqueta, algo tan simple, ¡quién lo hubiera dicho! ¡Felicitaciones!

Recibo halagos del público y hasta me compran dos cuadros.

En cuanto me libero del estrés, me voy a Zandvoort aan Zee y aprovecho para hacer una excursión en el mar. El océano me alimenta con su perfume salino y yodado y la música de las olas me mece mientras saboreo el vasto horizonte. Al volver, milagrosamente, descubro un lugar donde hospedarme a pocos pasos de la galería. Se trata de otra buhardilla sin timbre ni teléfono, ¡pero al menos ahora tengo un lavabo, un baño en el piso de abajo y un contrato de alquiler! Llevo cuatro años viviendo a escondidas y durmiendo en camas prestadas, por fin tengo un lugar donde puedo respirar tranquilo.

Wim, el dueño de mi anterior buhardilla, que parece una mantis religiosa con su cuerpo alto y delgado y su nariz puntiaguda, también es profesor de yoga y me propone que asista gratuitamente a sus clases. Comienza la sesión y quedo fascinado al verlo contorsionarse como un marino que anuda una cuerda con sus aguerridas manos. Después de una larga hora de estiramientos, nos recostamos sobre la alfombra en medio de la penumbra. Cerramos los ojos y nos dejamos guiar por su voz grave y profunda, intercalando momentos de contracción y de relajación muscular.

—Respiren profundo, aprieten fuerte los puños, mantengan la respiración, un poco más, y relájense al exhalar.

Recorro y exploro todo mi cuerpo de los pies a la cabeza y luego caigo en un silencio total. Estoy agotado y envuelto en un suave y cálido capullo.

Pero de repente, en medio de este momento de pura felicidad, surge una serie de imágenes aterradoras.

Estoy en peligro, alguien me ataca. Está oscuro. Un rostro con una enorme boca abierta se abalanza sobre mí. Intento gritar. Tengo miedo. Tengo miedo. Intento defenderme. Manos y piernas rollizas ejercen presión contra aquel rostro. Lucho. Me encuentro boca arriba, ¡soy un bebé acostado en una cuna!

¡PAM! ¡Una cachetada violenta! ¡Me pegaron! ¡Duele! No sé en qué parte de mi cuerpo. Siento el dolor en todo mi cuerpo. Ahora todo se desvaneció, estoy solo. El mundo entero desaparece, yo lo destruí. ¡Es mi culpa! Soy malo y estoy solo. ¡Grito y lloro!

La voz de Wim me arranca de mi pesadilla. Termina la sesión e intento levantarme, pero mi cuerpo está tan paralizado que no puedo moverme. «No sé qué hacer... con todo esto. Fue tan real. ¿Qué era? ¿Habrá ocurrido realmente?».

Cuando logro incorporarme, le doy las gracias a mi amigo, pero decido no hablarle de mi experiencia. Al volver a mi buhardilla la comparto con mi diario:

En la sesión de yoga de hoy me pasó algo muy extraño, me volvió un recuerdo. Cuando tenía tres años, sentí una cachetada terrible, un gran golpe que me infligieron mis padres, pero no logro «sentir» en qué parte de mi cuerpo. Me da la impresión de que cuando tenía tres años ellos se pelearon (¿tal vez fue mi madre quien recibió la cachetada?); se gritaron el uno al otro durante mucho tiempo y yo tenía miedo, mucho mucho miedo, todo mi mundo se derrumbaba y desaparecía, grité y lloré, tenía miedo de que todo se caiga a pedazos, quería que todo se acabara, entonces gritaba más y mamá me encerró en mi habitación, solo, me dejó llorando en mi cama.

Me encogí de hombros y lloré porque todo había desaparecido, había destruido el mundo, y solo quedaba yo, solo, y me hacía cada vez más pequeño. Me decía a mí mismo que nunca más me dejaría llevar, si no mi mundo se destruiría de nuevo. Lo maté, maté mi mundo, y nunca más podría confiarme porque en cualquier momento podría destruir mi mundo si me dejo llevar. Tengo que mantenerme consciente, bien estructurado, tengo que mantener el control siempre. No confiar nunca en nadie, nunca darle el control a otra persona, porque puedo destruir mi mundo en cualquier momento. Soy sucio y malo y grito.

Me leo y me releo, no logro entender. Tal vez había una relación con las fotos de mi infancia. Al hojear unos álbumes en lo de mi mamá había notado que no me reconocía en algunas fotos. «¿Por qué ya no sonrío? ¿Acaso no había sido boy scout? ¿Y monaguillo?».¿Qué podía significar aquello? ¿Y por qué ahora me invadía esta visión? ¿Será la seguridad de mi primer departamento, la excursión al mar, el éxito de mi exposición, algo de eso? Como tan bien decía Jacques Brel al recitar su poema «Dites, si c'était vrai»: ¿y si ese recuerdo fuera cierto?

Sea como fuere, ahora que terminé la exposición tengo que preparar tres instalaciones más en Canadá. Vondelpark, Café Alto, tarta de manzanas con crema batida: se me hace larga la lista de cosas para hacer y los lugares favoritos que visitar. Por las noches, mis familias me invitan a cenar y con nostalgia rememoramos las aventuras de los últimos cuatro años.

La noche previa a mi partida, encuentro consuelo en los brazos de Jos. Mi exagerada mochila, cargada a más no poder, está tirada en un rincón. Me es imposible dormir, tengo vértigo y mi respiración se acelera. «¡Basta!». No hay nada que hacer, la angustia nos gana a ambos. Nos miramos con lágrimas en los ojos; nuestro destino está sellado, no podemos hacer nada.

Llega el momento de la separación, un abrazo más en el andén de la estación, un último beso; somos los actores de la película *Los paraguas de Cherburgo*: Guy, el protagonista, sube a bordo del vagón que se pone en marcha y Geneviève, bañada en lágrimas, se pone a correr hasta que desaparece entre el vapor de la locomotora que se escapa a toda velocidad.

Es el fin.

Ámsterdam, mi sueño, mi amor,

¡ADIÓS!

Cuéntame, mamá

Al no contar con dinero ni alojamiento en Montreal, papá me deja quedarme en una habitación de su casa. Convivimos de manera relativamente armónica siempre y cuando evitemos toda discusión personal. No da ningún crédito a las imágenes que recordé a través del yoga.

—¡Lo que no recuerdas no puede afectarte!

La situación no es mucho mejor durante nuestros encuentros de familia. Yo intento compartir mis últimas exposiciones con ellos y me atacan con acusaciones.

—¡Expones a nuestra familia delante de todos!

No me queda otra alternativa que hacer de cuenta que todo está perfecto y retomar mi papel de chico silencioso. Observo apenado lo mal que se relacionan. Cuando me parece demasiado para mí, evito verlos, y nuevamente me critican severamente. No estoy autorizado a hablar ni a callar; es como la paradoja de la trampa 22: en cualquiera de los dos casos me lloverán reproches.

Pronto termino aceptando el hecho de que Ámsterdam me haya cambiado pero que para ellos todo permaneció igual. «Es desesperante. ¡Tengo que volver a Europa lo antes posible!».

Me registro para recibir asistencia social y consigo un empleo subvencionado como asistente de producción en un canal de televisión por cable. Al director le impresionan tanto mis exposiciones que me propone entrevistarme para un programa dedicado a eventos culturales. ¡Por fin un reconocimiento después del ácido rechazo de mi familia!

Me aíslo en casa de mi papá y asisto con frecuencia a inauguraciones con la esperanza de volver a ver amigos artistas de antes. Es así como termino conociendo a Kathy, la hermana de la curadora de la galería, que está de paso por Montreal.

—Hola, encantada de conocerte. ¿Qué te parece? —me pregunta señalando el cuadro de un pájaro de tres metros.

Es abogada, elegante y muy franca cuando opina con su voz ronca. Su trabajo se basa en el poder de las palabras, pero disfruta de su verdadera pasión cuando escribe poesía. Conversamos un poco sobre nuestros respectivos viajes, pero luego debe volver a su hotel a preparar las valijas porque se va al día siguiente. Por suerte, le queda tiempo para un último encuentro por la mañana, así que le propongo que nos veamos en el monte Royal.

Allí, durante el otoño, el aire es bien fresco y las hojas, como si se tratara de un tapiz encendido de rojo, naranja y dorado, son como néctar para los sentidos. En ese lugar, en los senderos del bosque, continuamos nuestra conversación.

—Guy, ¿por qué te interesa tanto la dinámica familiar?

Le describo la instalación *Family Show* y la conferencia sobre las teorías de las interacciones; queda intrigada y sus preguntas se vuelven más personales.

—¿Qué es lo peor de tu vida?

Fijo la vista en la alfombra de hojas que se extiende a mis pies, alzo la cabeza para mirar el profundo cielo azul y, finalmente, la miro a los ojos. «¿Puedo confiar en esta perfecta desconocida?». Me dejo llevar y le revelo todo: la soledad, las relaciones dolorosas y los pensamientos suicidas. Se queda sentada, en silencio, y escucha mis horrorosas historias con compasión. Su cálida presencia en el aire fresco del otoño y la ternura de su mirada me dan tranquilidad. Voltea una última piedra.

—¿Piensas que fuiste abusado sexualmente?

Dudo en responder.

—No lo sé.

Le describo los detalles de la visión que tuve en Ámsterdam.

—Mira, he leído muchas biografías de autores que fueron agredidos sexualmente durante su infancia y sus historias se parecen mucho a la tuya. Por eso te lo pregunté.

—No creo que haya sido un sueño, sino más bien un recuerdo. Tengo que preguntarle a mi madre para saber la verdad.

Un ángel se había cruzado en mi camino, y ahora ya debía marcharse. Gracias, Kathy.

Mi mamá se había vuelto a casar y vivía en medio de una hilera de casas anónimas de los suburbios. Charlamos juntos después de almorzar mientras su marido repara la puerta del balcón.

—Se rompió el cerrojo, tengo que ir a comprar otro.

Se va a la ferretería Al quedarnos solos, intento hablarle de mi visión.

—Mamá, ¿te acuerdas de las fotos que elegí para mi exposición? Noté que tenía una sonrisa radiante cuando era bebé, pero que más tarde ya no sonrío más. ¿Pasó algo cuando era chico?

—¿Por qué me lo preguntas?

Desvía la mirada hacia la ventana.

—Recordé algo y no sé bien qué fue lo que pasó.

Mantiene la mirada fija en la ventana. Después de un largo silencio, se voltea y me mira resignada.

—Un día encontré a una prima tuya masturbándote; tenía dieciséis años, la que me ayudaba en casa cuando ustedes eran pequeños. La sorprendí, le grité y le pegué una cachetada. Te levanté, te metí en tu cama, cerré la puerta de tu habitación y luego me fui a ocuparme de ella. Al día siguiente, la eché.

Me quedo sin voz. ¡Estoy anonadado!

No puedo decir nada, el golpe que recibo me anestesia, es demasiado difícil de procesar.

Mi mamá me cuenta todo eso como si me estuviera diciendo simplemente que aquel año compramos un refrigerador nuevo: se limita a describir el hecho sin ningún atisbo de emoción ni de preocupación, entonces supongo que no tiene importancia.

—Eso es todo. Lo pasado, pasado, no sirve de nada seguir hablando de eso.

En treinta años nunca me habían dicho ni una palabra, y seguramente nunca habría sabido nada de no haber preguntado.

Al tomar de nuevo el autobús, me doy cuenta de que estoy en la misma línea a la que me había subido hace siete años cuando el padre de mi novia me quería asesinar con su cuchillo. «A los tres años me había atacado un primer monstruo, ¿no había dejado secuelas? Mamá y papá piensan que no, pero me tiene que haber afectado en algo, ¿no?».

Confundido, dejo que el tiempo pase hasta que mi voz interior insiste y me lleva hasta la librería. Allí descubro la expresión «abuso sexual» y hojeo un primer libro: *El coraje de sanar: guía para las mujeres supervivientes de abusos sexuales en la infancia*, de Ellen Bass y Laura Davis. Es un libro gordo de casi tres centímetros, escrito para las mujeres, pero también para cualquier sobreviviente y para sus seres queridos. Lo compro, me instalo en un café y me armo un cigarrillo. Toso al encenderlo y me quemo, me arde, me duele, pero también me hace bien. Pongo el Köln Concert de *Keith Jarrett* en mi *walkman* para relajarme. «A ver, a ver, no hay ningún monstruo en mi café». Releo la contratapa del libro por tercera vez y finalmente me animo a abrirlo: ¿con qué voy a encontrarme en su interior?

SOLEDAD, ODIO A SÍ MISMO, PENSAMIENTOS SUICIDAS... me veo reflejado en cada página que leo y, peor aún, descubro muchas otras cosas. Todo coincide, ¡se encienden todas las alarmas! «¡Pero si soy yo, SOY YO!». Tengo ganas de llorar, de gritar, de romper todo. Por fin encuentro palabras para describir lo que siento. Me cuesta creerlo: ¡todos los dolores de mi vida que no entendía tienen sentido!

Furioso, escribo algunas notas en mi diario, grabo una y otra vez las palabras que resuenan en mi alma moribunda: sucio, vergüenza, miedo, suicidio. Mi cuerpo tiembla como cuando estaba en el barrio rojo de Ámsterdam.

«AAAAARRRRRRGGGGGGHHHHHHHHHHHHHHHH».

Por primera vez explota la ira que reprimía bajo el anonimato del Guy silencioso: recibí acusaciones de mi familia, de mis profesores, y me sentía feo, estúpido, nunca a la altura. Me la pasaba sufriendo, con miedo a recibir el próximo castigo y, peor aún, siempre solo, solo, avergonzado, con el corazón roto una y otra vez, con ese sexo sucio y las ganas de cortármelo.

—Ahora entiendo por qué. ¡Tenía razón!

Siento que por fin alguien me escucha, me entiende y me aprueba, ¡es el mejor día de mi vida! ¡Y también el peor!

Golpeo la mesa y mi lápiz se hace pedazos. Era preciso que algo se rompiera. Abro mi diario, tomo un trozo de mina y escribo mi verdadera historia por primera vez.

> *La puta madre, durante todos estos años hice siempre lo mismo: salir con mujeres que solo querían estar conmigo por lo que podían obtener de mí y no por quien soy. ¿Sabes qué me hizo esa prima hace 27 años? ¡Me robó mi sexualidad! ¿Tienes idea de lo que es estar siempre abandonado, tener el corazón roto constantemente? Por su culpa, lloré y sufrí durante tantas noches.*

¡¡Siempre sentí que me faltaba algo porque le pertenecía!! Nunca pude sentir placer, nunca pude relajarme, nunca pude ser yo mismo, porque ella podía escaparse en cualquier momento con lo poco que quedaba de mí. Tenía que estar en constante alerta, y no podía decir nada porque me abandonaría de nuevo, como la primera vez. Mi sexualidad no era mía, yo no era responsable, era la suya. Cada vez que me atraía alguien tenía que esperar porque no me quedaba nada para dar, estaba destruido por dentro.

Todos estos años de vacío, de falta de contacto, por miedo a perder el control, al borde del suicidio y sin lograr compartir nunca nada, me quedaba tan poca vida dentro de mí. ¡No volverás a salirte con la tuya! A partir de hoy digo basta. Te digo «¡no!» a la cara como intenté hacerlo hace tantos años. La puta madre, tenía tres años, no solo no entendía, tampoco podía defenderme contra una chica de dieciséis años.

Tenía tanto miedo. Una parte de mí se había muerto, y lo que quedaba tenía que seguir, entonces lo olvidé, e incluso me olvidé de sentir ese vacío que llevaba dentro. Empecé a buscar, ¡siempre busqué algo y no sabía lo que era! Cuando empecé a tener relaciones, siempre me daba la impresión de que me faltaba algo: tú no estabas ahí, pero me usabas, puta, me usabas para vengarte vaya a saber uno de qué. ¡TENÍA APENAS TRES AÑOS! ¿No puedes entender que yo no te había hecho nada? ENTONCES, ¿POR QUÉ CARAJO ME DESTROZASTE?

Sufrí y me perdí tantas cosas durante todo este tiempo solo por tu puta venganza. ¡Una vez incluso pedí perdón por estar vivo! ¿Tienes idea de lo que es no sentirse lo suficientemente digno como para respirar? Ya no quiero morir, quiero vivir, quiero ser libre, quiero vivir mi vida. ¡No soy un cuerpo, soy yo, Guy, Guy Giard! ¡Soy una persona y no dejaré que me quites nada! Así que hoy vuelvo a mis tres años y me defiendo: ¡¡¡¡¡no me toques, vete al carajo, puta de mierda!!!!!

Ahora ya nadie me puede robar lo que soy y ya no tengo miedo, te pateo la cara como te mereces y me vuelvo a encontrar conmigo mismo; por fin me he curado, por fin me he apropiado de mi cuerpo, de mis sentimientos, vuelvo a sentir, amo la vida, me reincorporo, tomo las riendas de mi vida y voy a dar y a amar, crecer, llorar y sentir, porque por fin me he reencontrado conmigo mismo, porque por fin puedo descansar, porque por fin puedo amar, porque por fin puedo ser.

13 de octubre de 1991

The Family Show II – III: Windsor y Peterborough

La ciudad de Windsor, en la provincia de Ontario, posee un entorno muy diferente al del paisaje rural de Saskatchewan. Es un centro urbano ubicado en la frontera con los Estados Unidos, con un puente que la separa de su menospreciada hermana gemela, Detroit. Del otro lado de la frontera, la sucesión de rascacielos aún recuerda las profundas cicatrices de los conflictos raciales de 1967.

Para esta instalación elegí el título *Family fil(l)ings*[10], que refleja el enfrentamiento de las dos ciudades y aborda el tema de la separación. La cama individual de Regina ahora deja lugar a dos camas con mesas de noche, lámparas y ejemplares de la revista *Reader's Digest*, con la luz misteriosa que sale de abajo de la cama. El título *Two beds are better than one* sugiere una distancia, cierto frío dentro de la pareja.

Luego, la cena de familia, la *Trampa para conversación*, pasa de seis a cuatro comensales. Los muebles son del estilo de los años sesenta, con metal cromado, y un juego de té en impecable estado acompañado de un florero con flores demasiado perfectas reemplazan a los parlantes. En cada silla hay un tocadiscos con el brazo atado con alambre y la aguja que roza la bandeja vacía: «crich-crich-crich». En Regina, la idea era fingir que la familia mantenía una conversación; aquí, lo que cuenta es la apariencia: todos perdieron su voz y

---

10 Juego de palabras entre los términos ingleses *fillings*, (rellenos), *filings* (archivos) y *feelings* (sentimientos) *(N. del T.)*.

están condenados al silencio. La censura de mis familiares me afecta profundamente.

También incluyo dos nuevas instalaciones. En la segunda, *Invierno fatal*, un niño vestido para la nieve está tumbado boca arriba y su bufanda le cubre toda la cara. Está solo, extrañamente abandonado sobre el piso de la galería. Durante los largos inviernos canadienses, con frecuencia los padres abrigan tanto a los niños que apenas si pueden moverse: si se caen de espaldas como una tortuga, difícilmente logran levantarse. Me da la impresión de que soy como este chiquillo que se asfixia ante una excesiva sobreprotección.

La segunda es la más impactante. *Seis años quemando tostadas:* un muro hecho con rebanadas de pan quemadas de cuatro metros de largo, un metro de alto y cuarenta centímetros de largo, que divide la galería en dos. Paso una semana quemándolas una a una sobre la parrilla y apilándolas, porque el muro solo se sostiene con su propio peso. «¿En qué estado hay que estar para quemar el pan cada mañana y no darse cuenta nunca? ¿Qué nos lleva a semejante nivel de negación, a apilarlas cuidadosamente una y otra vez? ¿Y por qué un muro?». Durante mis conferencias, el fuerte olor suscita recuerdos en los espectadores y no dudan en contármelos.

Sus historias me hacen reflexionar: «¿Hasta qué punto me ha quemado mi familia?».

Pese al horror que me produjo la revelación de mi mamá, agradezco que me haya confirmado que fui abusado sexualmente. ¿Cuántas víctimas viven con lagunas mentales, o están confrontadas a la negación o bien padecen acusaciones ácidas por falta de pruebas? Mi pequeña llama interior de *In Memoriam* reluce de esperanza porque, si frotamos la parte quemada de la tostada, siempre podemos encontrar un poco de miga debajo.

Al volver a Montreal, mi familia no solo se niega a hablar del tema, sino que se muestra todavía más hostil.

—¡No haces más que decir mentiras! ¡Cierra la boca!

Solo el «Guasón», la víctima preferida de mi hermano mayor, guarda silencio. Con el paso del tiempo, tuvieron que internarlo durante cortos periodos por depresión; conoce el sufrimiento y me escucha, así que nos juntamos a charlar en un café, lejos de los demás. Por su parte, algunos meses después de mi regreso, mi otro hermano, «Batman», atraviesa un primer episodio psicótico.

Finalmente, abandono la idea de acercarme a ellos y decido cuidarme a mí mismo. Sigo investigando acerca de las repercusiones del abuso sexual y detrás de cada piedra que levanto me encuentro con una avalancha de ultrajes que me corroen la existencia.

Se acerca la tercera exposición de la serie y no quiero seguir negando mis emociones: «la vida es demasiado corta y esto es demasiado importante». Decido tomar el toro por los cuernos y abordar el abuso sexual en esta nueva edición.

Tanto la ciudad de Peterborough como Ontario se encuentran a cinco horas de tren de Montreal. Me alojo en casa de Danielle, una artista que es socia de la galería, en compañía de cuadros cuya belleza inunda las paredes con una explosión de colores. ¡Además, es una cocinera generosa y con talento! Cada mañana, me despierta el aroma a *crêpes* con mantequilla que hace que sus adorables gatos vengan a ronronearle y maullar a sus pies, sobre todo Blanchette la glotona, que frota su panzota contra mis piernas con la esperanza de recibir algún bocado. ¡Cuánto amor hay en esta casa!

En la galería, la sala de exposición es muy particular: de un lado hay una pared de ladrillos rojos, como si estuviéramos en la calle, y en frente, una segunda pared blanca e inmaculada. La tercera, paralela a la entrada, es un enorme ventanal con vista a la avenida principal. El techo es extremadamente alto. Estamos al mismo tiempo en el interior y en el exterior. Para impregnarme bien del lugar, me siento sobre la alfombra gris y me quedo así durante un buen rato. «¿Qué puede contarme esta sala sobre la ciudad?».

Con el paso de los años, aprendí a confiar en mi intuición y a escuchar mi inconsciente. Cada centímetro de la sala tiene algo que contar, si sabemos escuchar. Como el famoso matemático Poincaré, que resolvía ecuaciones en los escalones de un autobús, o Arquímedes gritando «¡Eureka!» en su bañera, yo espero con paciencia.

Pongo mi mente en blanco y me conecto con la voz del lugar. Cinco minutos, quince, media hora. Reúno todos los ingredientes como si estuviera cocinando: techo alto, ladrillos rojos, exterior, interior, pared blanca inmaculada, abuso sexual... Y de repente, ¡lo tengo, ahí está! «Veo cuerdas para tender ropa con prendas blancas, todo "demasiado perfecto", sin manchas, flotando en el viento como en los patios traseros de mi infancia. Voy a exponer todo aquello que siempre ha sido negado: las historias de abuso de Peterborough».

El título de mi exposición contiene un juego de palabras: *Peterborough on the line: Clothes to you.* La «línea» puede representar el peligro o la cuerda para tender la ropa, *clothes*, que fonéticamente suena muy parecido a *close* («cerca»).

Ya puedo visualizar las prendas flotando por encima de nuestras cabezas y cuatro lavarropas en el piso. «Pero ¡¿cómo hago para encontrar esos electrodomésticos y subirlos aquí al segundo piso, en esta ciudad donde estoy de paso?! ¡Es una locura!». Incrédulo, converso con mi voz interior y al cabo de cierto tiempo me resigno: «De acuerdo, universo, ¿quieres cuatro lavarropas? Pues entonces, ¡que así sea!». Acepto el desafío y voy en busca de aparatos y accesorios.

Tras varios días encuentro lo que necesito en una chatarrería y con la ayuda de algunos miembros de la galería logramos instalar todo en la sala. Lynn, la curadora, lleva a cabo una colecta de ropa blanca en la comunidad y el resto lo compro en el Ejército de Salvación. Para reunir historias de abuso de los habitantes de la ciudad, presento mi proyecto en el centro de atención para víctimas de violación de la comunidad:

—Me gustaría que pudieran utilizar este espacio para contar las historias que nunca compartieron con nadie. Disponen de un marco para dar valor a algo que siempre se mantuvo oculto, pero no quiero que se utilice un tono agresivo o acusador. Mi deseo es que el público pueda entender cómo se sienten las personas que han sido abusadas sexualmente.

Aceptan mi propuesta y hacen un llamado para obtener testimonios personales. Me dan camisetas con su logo y folletos para que la gente pueda leer al entrar en la galería.

Por fin se inaugura mi instalación: a una altura fuera de nuestro alcance, sábanas y prendas de un blanco inmaculado penden de tres largas cuerdas como si se tratara de banderas. Una periodista y la ministra de la Cultura escuchan mis comentarios:

—Demasiado blanco, demasiado perfecto, todo lo que le mostramos al mundo está en impecable estado.

En el suelo hay cuatro instalaciones con cuatro elementos cada una: un lavarropas, una silla, una radio y un estrado con un pedestal. Cada silla sugiere un entorno social diferente: la basura y las botellas vacías, el de los alcohólicos; los álbumes desplegables con fotos de familias de ojos azules, pelo rubio y dientes blancos, la vida de los concejales municipales; las novelas rosas de la editorial Harlequin, la fantasía; y el color azul, la religión.

—El abuso siempre existe, sin importar la clase o el estatus social.

En cada lavadora pongo un poco de cloro por ese olor agrio que tiene, que «blanquea las historias». Para completar el conjunto, cada radio está sintonizada en una estación diferente.

—¡No queremos oír la verdad y la ahogamos entre ruidos!

En los estrados hay montañas que simbolizan lo que tuvieron que atravesar dos personas que fueron abusadas sexualmente. Utilizo el tercero para mi historia y en el último coloco una hoja de papel con estas palabras: «Este estrado está dedicado a la memoria de quienes aún no han encontrado su voz o ya no se encuentran entre nosotros». El suicidio es una consecuencia frecuente del abuso sexual; estas víctimas ya no pueden contar su historia. Que descansen en paz.

Al terminar la visita, el público me estrecha la mano con calidez y empatía.

—Hay que tener valentía para exponer su vida de esta manera, gracias. Yo no podría hacer algo así.

Otros comparten sus impresiones:

—Ahora entiendo mejor lo que vive mi pareja, ¡gracias, muchas gracias! —me dicen estrechándome la mano.

Y la ministra agrega:

—Es muy importante lo que hace, su trabajo es muy valioso, bravo.

Las conferencias tienen una muy buena aceptación y también doy un taller de *collage* a adolescentes para expresar historias personales. Toda esta hermosa energía me fortalece y, antes de volver a Montreal, decido ir de nuevo al centro de atención, pero esta vez con un objetivo completamente diferente.

—¿Podrían ayudarme?

Uno de sus consejeros me escucha: llorando, le cuento el recuerdo que tuve, mi soledad y los pensamientos suicidas. Me describe los síntomas del estrés postraumático y me alienta diciéndome que mi recuperación está bien encaminada.

Aliviado, me instalo en un café para hacer un balance de la situación:

28 de febrero de 1992

Querido diario, este encuentro me demostró que tengo derecho a sentir y a sentirme herido, y que no me van a rechazar porque me siento mal, que, aunque sienta/ piense que soy malo y que no valgo nada, aún hay un rayo de esperanza: las cosas pueden cambiar. No tengo que cargar con este dolor, este frío invierno que llevo dentro; pensaba que estaba solo en el mundo, pero estaba equivocado, hay otras personas a mi alrededor, y no tengo que temer que destruyan mi mundo. Cuando era chico, pensaba que había destruido mi mundo, pero no era cierto, era «ella» quien me violaba y me robaba.

Acumulé tanto dolor durante años al no abrirme nunca a los demás; mi primer dolor por haber sido violado, luego la soledad, los abusos y las heridas de la vida, nadie a quien escuchar, nadie de quién preocuparse, siempre solo, solo, y frío, oh, tan frío.

Al exiliarme en un silencio autoinfligido, no me permitía gritar que había sido abusado, el silencio de los muertos estaba más presente que las palabras que no debían pronunciarse. No solo terminé destruido, automutilado, sino que me rechazaron más aún al privarme de un espacio para mi dolor; el silencio y la negación, las evasivas, eran las marcas distintivas de nuestro hogar, la esencia de nuestra familia.

Tengo millones de lágrimas que jamás derramé, encerradas en mi interior, que me incrustan el alma mientras algunas se secan y otras forman un océano en el cual me ahogo cada noche en la oscuridad, cuando apago la luz, para despertar con el dolor de todas las mañanas. Me duelen los hombros porque cargo con el peso de un océano, me cuesta respirar, la presión que ejerce sobre mi pecho rara vez cede.

Mirarme en el espejo y no reconocerme en el reflejo, reconocer mi dolor podría adentrarme en un abismo de infinita desesperación, a menudo me sentí atraído por el vértigo del precipicio, preguntándome si esta vez iba a dejarme caer de la baranda del mirador, o si me iba a tirar debajo del próximo autobús. A veces, los límites son borrosos y ya no sé para qué lado estoy mirando.

Por primera vez comparto abiertamente mis emociones depositando mi confianza en el universo. A cambio, ¡me recompensa con el más hermoso de los regalos de despedida! Al volver a la casa donde me hospedo para preparar las valijas, Blanchette me recibe con un ardiente maullido.

—Rruuuarr-rruuuarr-rruuuarr-rruuuarr.

—¿Qué pasa, gatita glotona?

Insiste para que la siga. Me lleva hasta la habitación, entro y oigo unos maullidos más pequeños y delicados que provienen de mi cama.

—Miau-miau-miau-miau-miau-miau.

Levanto suavemente la colcha y allí descubro, emocionado, una camada de minúsculos gatitos recién nacidos: tienen los ojos cerrados y las lengüitas rosas buscan los pezones de la mamá. En realidad, no era simple glotonería, ¡estaba embarazada! Tomo delicadamente una pequeña bola de pelos en la palma de mi mano. Su mamá empieza a lamerle tiernamente su diminuta cabeza y ronronea a más no poder.

Durante mi infancia, Caramel había tenido que evadirse de la violencia de esa «tierra de nadie» que era mi familia. Ahora, Blanchette acababa de elegirme para que sea papá con ella: ¡a mí!

Caramel me perdona.

Rompo en llanto.

Me siento querido.

Incendio de familia: cuarta y última parte

Al volver a Montreal, mis emociones fluyen a raudales mientras navego a través de un maremoto de certezas.

«Es tan evidente, me tengo que liberar del monstruo del abuso».

Con la versión final de mi exposición, *Incendio de familia: cuarta y última parte*, me sumerjo en lo profundo del abismo y abordo un tema escandaloso: el incesto.

Esta vez, en cuanto entramos en la galería, una luz roja, ardiente y espectral nos envuelve. Como un eco invisible, la voz ansiosa y aterrada de un niño murmura incesantemente: «¿Mamá? ¿Papá? ¿Mamá? ¿Papá?». Pide auxilio, pero no quiere saber la respuesta. A la derecha, sobre una gran pared negra, se pueden ver los cuatro retratos de la videoinstalación *Recuerdo cuando* dibujados con tiza blanca. A la izquierda, una cama matrimonial irradia la misma luz rojiza, pero ya no proviene de abajo sino directamente del colchón: son las puertas del infierno, y Cerbero espera escondido.

En un rincón, iluminado por una simple lámpara de noche, podemos ver una cuna con barrotes. Las sábanas están arrugadas y se desprenden hedores nauseabundos de vino, cerveza y loción para después de afeitarse. En el centro, algunos peluches ocultan un calzón ensangrentado; en el suelo, hay un vestido de comunión de encaje blanco manchado con aceite para bebé, y, encima, la botella vacía.

Por último, al ras del piso, en la entrada de la galería, hay una hoja con el siguiente texto:

Una de cada tres mujeres es víctima de violencia sexual antes de los dieciocho años. Uno de cada seis hombres es víctima de violencia sexual. Los agresores a menudo son hombres, pero también mujeres. El noventa por ciento de los agresores son miembros de la familia. El arma de los agresores es el silencio. La familia ya no es un lugar seguro, el silencio mata. Rompamos el silencio.

La imagen del abuso apesta, tanto visual como mentalmente: la galería con los rostros dibujados en blanco y negro, como un negativo, y la luz roja adoptan el aspecto de un cuarto oscuro: acaba de «revelarse» la verdad del incesto.

Después de las conferencias, me vienen a ver varios periodistas, pero solo uno de mis hermanos, el que intenta comprenderme, deja un comentario en el libro de visitas. El resto de mi familia brilla por su ausencia. Puedo compartir mi historia abiertamente con mi ciudad natal, pero para ellos no dejo de ser un paria. Por suerte, logro tomar distancia al encontrar un departamento de dos ambientes a unas cuadras de la galería, como cuando estaba en Ámsterdam.

Está detrás de un estacionamiento, perdido al fondo de una callecita del centro. El chirrido de las gomas de los autos y los alaridos de los borrachos y de los drogados desgarran la noche. No me molesta, porque con un simple colchón en el suelo, un refrigerador, una cocina, agua corriente, baño, ducha, y por fin un teléfono, ¡soy rico! «¡Qué lujo, esto es Beverly Hills!».

Lo primero que hago es instalar mi «Pared del amor»: un empapelado con fotos de mis amigos y mis familias de Ámsterdam y Regina. También pego las cartas y las postales de las ciudades que tuve el placer de visitar. «Europa es mi estrella polar, ¡algún día volveré!». Mientras tanto, escucho la canción «California» de Joni Mitchell, como en mi taller; ella también sueña con volver a su hogar.

Me gano el pan trabajando de asistente en una galería de arte y empiezo a dar clases en el Centro Internacional de Arte Contemporáneo de Montreal. Presento obras y elaboro planes de clases para los demás guías. Me encanta estar en contacto con el público y transmitirle mi pasión por el arte, como Belle-Nadette. Por primera vez tengo autonomía financiera y retomo con alegría mi diario y mis lecturas para seguir curándome.

Descubro que tengo un niño interior con los libros *Cura tu soledad* e *Inner Bonding* («la conexión interior») de Margaret Paul. A su vez, el dinámico y motivador Tony Robbins me cuenta cómo afrontó sus dudas y sus miedos a través de *Poder sin límites*. Su libro me inspira tanto que termino empapelando las paredes con citas enormes pintadas con gigantes letras de color rojo, amarillo y azul. SÍ, PUEDO CAMBIAR MI VIDA y PUEDO CONVERTIRME EN LO QUE QUIERO. «Soy mucho más de lo que me hicieron creer».

«¡A la mierda con todo esto!», grito golpeando el suelo con el puño: basta de la vergüenza, la soledad y esa mentalidad pasiva de víctima. Ahora tengo más poder personal, sí, ¡pero yo lo que quiero es contacto humano!

Mi familia, el maestro de la primaria, el tirano de la escuela, todos me hundieron en la vergüenza para que me callara, ¿cómo puedo entonces aprender a abrirme y a compartir mis emociones? Titubeando, llamo al centro de atención local para víctimas de violación y me aconsejan que participe en dos grupos de apoyo: uno para hijos adultos de familias disfuncionales o alcohólicas y otro para sobrevivientes de incesto. La idea de ir me da miedo: ¿qué voy a revelar de mí mismo?

—Tengo que salir adelante.

Esa misma noche espero sentado en un banco, delante del campanario de la iglesia. «¿Por qué se reúnen en el sótano de una iglesia?», me pregunto al apagar mi cuarto cigarrillo en una taza de café de cartón. «¿Quién soy para estar acá? ¿Qué me da derecho a venir?». Finalmente, se hace la hora de entrar. Abro la pesada puerta de madera maciza y bajo hasta un sótano frío y húmedo. Un círculo de sillas gastadas me espera y una joven sonriente me recibe detrás de una mesa:

—Bienvenido, siéntate como en casa. ¿Es tu primera reunión? Aquí tienes un poco de documentación para comenzar. Hay café y buñuelos en aquella mesa. Siéntate donde quieras y disfruta de la reunión.

Me instalo en una silla y cuento en silencio: siete hombres y mujeres. El organizador presenta algunas reglas a respetar: nunca interrumpir, nunca hablar de lo que cuenta otra persona y respetar el tiempo que se nos otorga. Continúa:

—Todo lo que contemos queda entre nosotros. No estamos aquí para juzgar a los demás, sino para aceptarnos como somos. Además, no están obligados a hablar; si lo desean, pueden escuchar en silencio.

A mi derecha, una joven con una camiseta negra empieza con un tono seco:

—¡El otro día me gritó de nuevo! Estoy harto de mi novio, ¿por qué dejo que me hable así? Mi padre amenazaba a mi madre todo el tiempo, debería darme cuenta. ¿Por qué sigo teniendo relaciones de mierda? Estoy harta de ser yo misma.

Asentimos en silencio.

Un hombre mayor, con barba canosa y vestido con un overol de jean, nos cuenta que siente que nunca es lo suficientemente bueno, que siempre lo critican como a un niño y que no tiene a nadie que lo defienda.

—Cuando era chico, me las tenía que arreglar solo. Si decíamos algo, mi padre agarraba su cinturón y nos daba una paliza. ¿Cómo se puede ser tan cruel de golpear a un niño?

Luego, un joven:

—Como pueden ver, aún sigo vivo —dice con una pizca de ironía.

No bromea, porque ya ha intentado quitarse la vida en varias ocasiones, pero «sin éxito», precisa en un tono burlón.

Luego, me toca abrir mi corazón:

—Me siento siempre solo, no sé qué hacer. Tengo que mantenerme lejos de mi familia, no tuve primos o abuelos y nunca tuve una relación amorosa estable.

El mundo no estalla, nadie se ríe, nadie se escapa ni me juzga: al fin y al cabo, soy humano. Descubro que puedo compartir mis sentimientos. A medida que escucho sus historias, siento que mi vacío empieza a llenarse. Lo que ellos sienten yo también lo siento, son mis emociones.

«¡Tengo emociones!».

Al volver a mi departamento tomo mi diario y me libero:

Estoy cansado y falto de sueño, siento una ansiedad oscura, disforme, abrumadora, un peso que me oprime el pecho y me hace un nudo en el estómago. Si lo ignoro, la falta de sueño sería la única señal visible de este conflicto que me desgarra.

Esta horrible capacidad de ignorar una parte de mí mismo, la tengo tan incorporada que corría, vivía en condiciones impensables y, como estaba preocupado simplemente por sobrevivir, ¡no podía ver mi dolor, mi grieta, mi rabia! El dolor se había vuelto imperceptible, ya no lo sentía, vivía en un abismo ajeno a la existencia, censurando o negando todo. El resultado era el mismo, no existo y vivo con la ansiedad de la existencia. Ahora tengo mi departamento, estoy bien, por eso ya no me escondo en la clandestinidad y entiendo por qué corría todo el tiempo.

Me gana la ansiedad, estoy herido y tengo tanta necesidad de calor humano, tanta necesidad de ternura que siempre termino arruinando mis relaciones. Si hoy estuviera en pareja, sería como una devoción total para mi cura. Es el incesto, está claro, pero no sé cómo resolverlo.

Sé que estoy herido, que tengo carencias, y ahora me tomo el tiempo para curarme. Me alivia entender lo que sucedió, me permite dejar de ser una víctima. Pero entiendo que mi necesidad de afecto es más una dependencia que una elección sana. Mi herida es tan fuerte que no puedo asumir la responsabilidad de estar en pareja. Me quiero curar, haciendo terapia, hablando con amigos, a través de la experiencia. Es una parte de mí ahora, trabajo muy duro para crecer, necesito hablar, entender, y tiempo.

La última vez que hice el amor, mi novia estaba totalmente abierta, receptiva, me ofrecía su sexo generoso con amor y lujuria. «Eras mágica, rebosabas de vida; yo estaba paralizado, estresado, con ganas de vomitar; no pude aprovecharte. No pude entregarme abiertamente, saborear libremente tu deseo y el mío y disfrutar; ser consciente de mi culpa me paralizó».

El incesto seguramente me produjo placer, me hizo feliz, sació mi sed, o simplemente me procuró calor humano. Todo eso explotó en una tormenta de odio y de dolor. Mi placer terminó asociándose a la destrucción del mundo, y a menudo me perseguía la obsesión de que alguien me golpeaba por la espalda, que me pegaban un tiro en la cabeza o que de repente algo explotaba.

En realidad, la cosa es simple: una ecuación, una fórmula, significa que la última vez que experimenté placer tenía tres años, y de la nada el placer se evaporó. Ahora es algo que asocio al peligro de aniquilar mi universo. Me siento como un dios que teme estornudar por miedo a que su universo desaparezca en ese momento de descuido. Es loco tener tanto poder. Crecí solo y necesitaba tener el control de mi universo porque no sabía de dónde vendría el próximo ataque.

Hoy empiezo a ceder lentamente el control, me animo a abrirme y a dejar que otras personas entren en mi vida. Levanto el peso que me asfixia y encuentro un apoyo para sostener lo que queda. Tengo miedo de que me golpeen, de que me lastimen, y me invade el dolor, aunque sepa que no es algo real ni sensato. Las mujeres que voy conociendo también están heridas y terminamos dándonos un poco de lo que aún no podemos crear en nuestras vidas. A medida que avanzo en mi cura el dolor se vuelve más intenso, devastador y terriblemente profundo, pero es un buen comienzo.

Si una chica quisiera estar en pareja conmigo hoy en día se encontraría frente a un pozo de dolor con un pasado plagado de llagas abiertas y ensangrentadas. Siento una necesidad extrema, de una manera ilógica e irreal, oculta en mi subconsciente: yo mismo no lo sé o no lo entiendo. Sería como una devoción total a mis necesidades desconocidas y, por ende, ilimitadas. ¿Es eso una traba? No, es indispensable para que crezca y que me cure, para que mi Yo ocupe su espacio y alcance la madurez que se merece. La semilla por fin está plantada, solo puedo ocuparme de la tierra, exponerla al sol, regarla y admirar con amor y felicidad al ser que empieza a germinar.

Hoy soy un perro guardián, protejo mis cosas, aún soy demasiado débil y frágil. Sería demasiado fácil perpetuar mi condición de víctima, porque tengo dificultades para protegerme y ayudarme a mí mismo; me equivoco al no defenderme.

Mi miedo, mis dudas, mi NO reflejan un Yo que es demasiado débil, demasiado frágil para mostrarse plenamente, tengo miedo de que me destruyan de nuevo. Ansiedad, miedo, dolor y falta de sueño. Hoy me despierto ansioso, y es lo mismo, le sigo diciendo NO a la vida porque la vida me da miedo.

La vida aún no es para mí, porque tengo miedo de vivirla. Vivo la vida de otro, incluso cuando estoy solo, así que en pareja pierdo las riendas de mi Yo tan fácilmente. Y no es un reflejo del otro, es un reflejo de mi debilidad, soy débil.

Puedo decirle NO a una pareja, pero no puedo decirle NO a la vida, por eso estoy nervioso, asustado, falto de sueño, estresado, en una sola palabra: ansioso. Podemos huir, dejar o terminar una relación, pero no podemos salir de la vida (podemos suicidarnos, padecer esquizofrenia, catatonia u otros trastornos mentales). Entender mi situación es esencial; si no entendiera me sentiría agotado, quemado, adicto al trabajo y constantemente deprimido, desesperado y fuera de control.

Por suerte, ese no es el caso. Me siento poderoso porque encontré dos herramientas elementales para descubrir mi propio Yo. La primera es que encontré mi voz, rompí el silencio; y la segunda, que ahora sé decir NO. No es fácil, a veces vuelvo al silencio y a la autodestrucción. El objetivo no es la perfección, el objetivo es hacer lo

> *mejor que pueda, a veces puedo ser fuerte, a veces soy débil: el objetivo es ser cada vez más fuerte y permitirme ser débil cuando esté bajo el cuidado y el consuelo de una persona de confianza.*
>
> *Todavía no lo logré, entonces digo NO. Cada día doy un pequeño paso, a veces gano, otras veces pierdo, mis viejas costumbres me ayudan. Decidí mirar hacia arriba y no hacia abajo, cada día doy un paso que me lleva más arriba y me hace avanzar en mi cura.*
>
> *12 de marzo de 1992*

Compartir mis historias con los grupos de apoyo me transforma; ahora me animo a emprender un nuevo desafío: exponer mi historia para ayudar al público en general. Tras meses de preparación, el jurado de la galería Ocurrence de Montreal acepta mi propuesta *Del otro lado de un puente* y el Consejo de las Artes de Canadá me otorga una beca. ¡Es genial!

La exposición consiste en un recorrido cronológico de diecisiete autorretratos, desde mi nacimiento hasta la fecha de hoy, a mis treinta y tres años. Cada foto relata una etapa clave de mi vida —la cuna, la familia, la iglesia, la escuela— y va acompañada de textos traducidos en cuatro idiomas: inglés, francés, español y montañés, un dialecto local de la familia amerindia cri.

Como en Peterborough, mi intención es concientizar acerca del sufrimiento causado por las consecuencias del abuso: alienado de mi propia existencia, tuve que «tender puentes» en busca de una nueva tierra de acogida. Tengo una gran empatía con los pueblos originarios y los refugiados políticos: ellos también perdieron sus amigos, sus familiares y sus tierras ancestrales y ahora buscan sus raíces. La soledad que compartimos nos lleva a crear nuevos vínculos intergeneracionales e interculturales.

Así que invito a unos treinta artistas de diferentes culturas a exponer sus propias obras conmigo en la galería. También organizo un festival durante ocho noches con eventos interculturales gratuitos, *Las noches del Puente*, con poetas, músicos, calígrafos, videastas y artesanos de máscaras tradicionales. ¡Es la celebración de nuestra humanidad, de todo lo que compartimos! Está abierta a todo público; cantamos, exploramos nuestras pasiones, ¡el público la pasa genial y quiere que se repita!

Pese al éxito, me desplomo de angustia durante la noche reservada al videoarte. Voy a presentar el video *Recuerdo cuando*. Habitualmente me escondo detrás de mis obras, pero esta vez me van a ver «en persona». Estoy tan nervioso que no paro de tomar cerveza y de fumar un cigarrillo tras otro hasta que termino vomitando en un retrete del baño. Me lavo la cara con agua fría delante del espejo y por un instante creo ver a Vincent.

—¡Tengo que hacerlo!

Decidido, me dirijo hacia la sala.

Temblando, cerca del monitor, el público me ve, a mí, ve mi historia. Tengo que dar un paso hacia adelante y tomar la palabra. Cierro los ojos, inspiro y me ubico delante de la multitud con las rodillas vacilando bajo el peso del miedo. «No lo hago por mí, lo hago por todas las personas que sufren en silencio». Presento la instalación y luego empiezo a proyectar la cinta. El video transmite mi historia con éxito y no puedo evitar las lágrimas al escuchar los aplausos.

La exposición sale en los diarios y empiezo a hacer una gira por Quebec; un equipo de televisión incluso me hace una entrevista para la edición de Saint-Jean-sur-Richelieu. También doy talleres con otros sobrevivientes para sensibilizar más al público acerca del abuso sexual.

«Acepté el desafío gracias a los grupos de apoyo. Me ayudaron a identificar, aceptar y compartir mis emociones, y ahora me toca a mí ayudar a los demás con mis exposiciones. Es un enorme paso para mi recuperación, ¿estaré listo para encontrar el amor ahora?».

Un cuento de hadas

Para combatir mi soledad, empiezo a frecuentar un nuevo bar del centro: el Faubourg Ste-Catherine. Me encanta el gran ventanal que da a la acera; durante los días caniculares del verano me proporciona un oasis de frescor y se convierte en un refugio soleado cuando azotan las tormentas invernales. En su interior hay varios árboles incluso. Me instalo bajo sus hojas, como en el Vondelpark de Ámsterdam, y les escribo a mis familias, a Michelle, a Jos, a Lynn, a Kathy y a tantas otras personas. Extraño terriblemente a mis amigas.

Después de escribir esas cartas y de asistir a los grupos de apoyo, una oleada de emociones brota de mi abismo: amor, odio, rabia, deseo, soledad, placer, vergüenza, miedo, duda. «¿Por qué me pasa esto? ¿Qué puede significar?». Sumergido bajo las olas de este océano, encuentro un salvavidas en el libro *El hombre en busca de sentido* del psiquiatra Viktor Frankl. Prisionero en los campos de concentración de Auschwitz durante la Segunda Guerra Mundial, el autor se pregunta por qué, independientemente de su condición física, algunos detenidos mueren y otros sobreviven. Advierte que aquellos que dan un sentido a su sufrimiento se sobreponen a semejante infierno.

Sus ideas siguen la misma línea de Lucien Auger y de la terapia racional de Albert Ellis, quienes se inspiraron de Epicteto, un estoico de la Antigüedad. Según este filósofo, solo existe un camino para alcanzar la felicidad: dejar de atormentarse por cosas que no dependen de nuestra voluntad. Propone principalmente que actuemos a pesar de las circunstancias y que tratemos a los demás de manera bondadosa. Su enfoque proactivo me recuerda los preceptos de la famosa «oración de la serenidad» de mis grupos de apoyo: aceptar las cosas que no podemos cambiar y cambiar lo que se pueda.

«De acuerdo, no estoy en las mismas circunstancias, pero lo interpreto de esta manera. ¿Soy libre de elegir mi visión de la vida? ¿Pero qué puedo elegir? ¡Tuve tanto miedo de vivir que no tengo ni idea de cuáles son mis deseos o mis pasiones! ¿Qué podría procurarme placer?».

Me sumerjo en mi diario y empiezo a hacer una primera lista. «Me fascina la inmensidad del cielo estrellado desde que caminé por la Luna junto al astronauta Neil Armstrong en 1969. ¡También orbité la Tierra con el cosmonauta Yuri Gagarin en la escuela primaria al crear una presentación sobre el primer hombre en ir al espacio! ¡Ya sé! ¡Para mi cumpleaños me voy a inscribir en el club de astronomía del planetario de Montreal!».

En noviembre, durante una noche oscura y sin nubes, nuestra efervescencia es tan evidente como el vaho que se desprende del aire helado. Con los ojos fijos en el telescopio, todos los socios exploran cráteres en la Luna con gran excitación. Sombras, grietas y cuencas, se ve todo en detalle, ¡es increíble! Luego una voz se alza de excitación:

—¡Vengan a ver! ¡Vengan a ver!

A través de las pequeñas lentes puedo ver, «en vivo y en directo»… ¡los anillos de Saturno! No es una foto ni una película, ¡los tengo ahí, delante de mí, en toda su magnificencia! Me siento transformado por la belleza de nuestro universo, ¡quiero gritar de placer!

Mi larga lista sigue con un curso de defensa personal para ganar confianza en mí mismo y sobre todo para protegerme de las amenazas de mi callejón. También aprendo a cuidar mi cuerpo al inscribirme en cursos de yoga y de taichi, por la gracia natural, lenta y apacible de sus movimientos fluidos. Luego me pongo a estudiar dos nuevos idiomas; después del neerlandés, ahora es el turno del italiano y del alemán. Sueño con volver a vivir en Europa.

Profundizo mis lecturas de Epicteto y de la sabiduría estoica y descubro a Séneca y Marco Aurelio, quienes también preconizan una aceptación total de la vida. De la Antigua Grecia paso a recorrer Oriente en compañía de Confucio y Lao-Tse gracias al libro *El espíritu del zen* del filósofo estadounidense Alan Watts; y alimento mi alma con la pureza de la poesía japonesa de los haikus con Matsuo Bashō, Kobayashi Issa, Masaoka Shiki y Yosa Buson. En mi habitación, dispongo algunas piedritas, velas e incienso para practicar la meditación zazen según los preceptos de «lo no nacido» del sabio Bankei Yōtaku.

Y, como broche de oro, decido tomar clases de canto y me uno al Choeur de la Montagne de la Universidad de Montreal, bajo la dirección de Martin Dagenais. Félix Leclerc siempre me había proporcionado amor en la soledad de mi infancia y ahora, con el coro, me rodeo de personas que no tienen nada que ver con la violencia de mi pasado. Pese a mi gran temor, logro sentirme seguro con desconocidos y disfruto por fin del inmenso placer de la música.

Gracias a Frankl, Epicteto y los estoicos, puedo cantar a toda voz, como Edith Piaf, «No, no me arrepiento de nada». Ahora que mi búsqueda de sentido está bien encaminada finalmente puedo tachar un último elemento de mi larga lista: la naturaleza. Me preparo unos sándwichs y un termo de café para volver a mi lugar de descanso preferido: el chalet del Monte Royal.

Es una construcción centenaria de piedra gris, situada en la cima de nuestra querida y famosa montaña, y tiene una inmensa sala de baile decorada con esculturas de ardillas. Fuera, en la terraza soleada, hay una hilera de bancos a disposición de los turistas que vienen a admirar la impresionante vista panorámica de Montreal. Allí me instalo a fantasear con viajes y a disfrutar de los múltiples dialectos internacionales. Si reconozco el acento neerlandés, ¡mi corazón se me sale del pecho! Entonces intento acercarme discretamente para saborear cada una de sus frases como un néctar.

Pese a mi timidez, también puedo improvisar adoptando el papel de guía y sugiriendo lugares para comer y visitar a los turistas extranjeros. Me cruzo con jardineros alemanes, jubilados escoceses y luego con Jeanne, una profesora parisina, con pecas y pelo rubio y corto.

Se sienta a mi lado para hojear un folleto turístico.

—Hola, ¿estás buscando algún lugar de Montreal en particular?

Me sonríe.

—Vine aquí para asistir a la conferencia del dalái lama.

Su rostro se ilumina y sus ojos brillan cuando menciona su nombre.

—Acabo de oírlo, está repleto de amor. Cuando habla, una ola de compasión atraviesa la sala; a mí me llegó aquí, al corazón.

Coloca una mano sobre su pecho. Se sintió transformada y algo la llamó a venir a meditar aquí, a la cima de la montaña. Charlamos de filosofía, psicología, arte, tenemos tantas pasiones en común, ¡es algo mágico! Salimos caminando juntos y exploramos los senderos del bosque hasta al anochecer, y después vamos al barrio chino a compartir un pato laqueado. Me fascina y, a la luz de las lámparas de papel de arroz, me voy enamorando suavemente de sus dulces ojos celestes. La acompaño hasta su hotel y nos besamos en las mejillas, a la europea; al día siguiente, ella debe tomar su vuelo de vuelta.

Algunos días más tarde suena mi teléfono, ¡es ella!

—Sabes, realmente sentí una llamada que me impulsó a ir a Montreal, estaba predestinada a conocerte.

Empezamos a hablarnos con mucha frecuencia y a intercambiar cartas apasionadas hasta que vuelve a visitarme durante una semana.

—Guy, ¿quieres venir a vivir conmigo a París?

No puedo negarme, el destino acababa de tocar a la puerta de mi pequeño departamento. Armo mi valija de inmediato y, un día antes de Navidad, celebramos nuestra boda en el ayuntamiento del distrito 18º con mi familia de Ámsterdam como testigos. Después nos vamos de luna de miel a Venecia. Mi corazón navega por los canales: es como un cuento de hadas.

Jeanne me tiene reservada otra sorpresa, me invita a un taller de «expresión transpersonal». Conducimos lejos de París, apreciando el paisaje ondulado del campo con sus apacibles colinas verdes. Finalmente, llegamos a un pequeño chalet perdido en un bosque de pinos, donde esperan otras parejas.

Al subir a una gran sala abierta, unos veinte participantes se recuestan sobre esterillas de yoga dispersadas aquí y allá. La luz es tenue, una apaciguadora melodía de flauta india y el aroma del incienso nos invitan a una dulce y cálida relajación. Tras una hora de meditación guiada, recibimos nuevas consignas para una exploración más dinámica:

—Ahora, siéntense sobre las rodillas y realicen largas y profundas inhalaciones, lentamente. Inhalen, exhalen.

Se oyen algunos gemidos fantasmagóricos en la sala cuando, de repente, ¡lanzo un alarido!

—¡¡¡AHHHHHHHHHHHH!!!

Una explosión de dolor sube de mis entrañas y se amplifica.

—¡¡AAAAAAAAUUUUUUUUUUUU!!

Soy como un lobo llamando a su manada. El profesor, al escucharme gemir, viene corriendo y se arrodilla a mi lado. Me toma en sus brazos y me murmura al oído:

—Deja que fluya, no te retengas.

Su voz cálida me tranquiliza mientras aplica puntos de presión en mi espalda.

—¿Qué ves, Guy?

…

Veo un grupo de chicos, desnudos, de unos ocho años.

También hay un grupo de adolescentes que nos empujan, forcejean.

Yo floto, libre como un fantasma suspendido en el aire, no siento nada.

Hay olores, colores, sabores, todo es tan real, pero yo no soy más que un simple observador.

¡LOS ESTÁN VIOLANDO!

…

Un tsunami me embiste.

¡Un grito me desgarra las entrañas!

—¡¡¡WAAAAAAAAAAAaaaaaaaaaaaaa!!!

…

Las imágenes desaparecen.

Estallo en un llanto espasmódico.

Mi cuerpo se convulsiona ante semejante derrame de tristeza.

El silencio se instala mientras vuelvo en mí.

Flácido como una medusa varada en la arena.

Viví toda una eternidad.

No soy más que mi propio aliento.

Me quedo sin palabras.

…

Volvemos a París, en silencio, el sol se está poniendo y yo estoy tan vacío como la noche. ¿Qué habrá sido eso? Recostado sobre la cama, me pongo a recordar dos autorretratos de la instalación *Del otro lado de un puente*, dos fotos que había olvidado por completo, ¡y sin embargo no caben dudas de que era yo! En la primera estoy en la iglesia, de monaguillo; había acompañado la foto con este texto:

Esta última frase, «¿Qué le pasa a ese que no para de sonreírme?», me había dejado perplejo. ¿Por qué sentí la obligación de escribirla? ¿Pasó algo con los curas?

Pero la foto más enigmática es aquella en la que visto con orgullo la estrafalaria vestimenta de los niños exploradores, con las insignias, y sonrío haciendo el saludo de los tres dedos, ¡un verdadero soldado! Estoy completamente desconcertado: «¿Boy scout? ¿Yo? ¿De veras?». No tengo ningún recuerdo, en absoluto. ¿Por qué?». Se lo había preguntado a mamá y ella me respondió: «Sí, fuiste boy scout, pero después del campamento de verano decidiste no seguir. Nunca más volviste a ir y nunca nos explicaste por qué. Eso fue lo que pasó».

Fui boy scout durante más de un año y sin embargo no me acuerdo de nada, ¡de nada! El texto que escribí para acompañar esta foto dice lo siguiente:

> *¿Quiénes son esos hombres? ¿Qué es ese campamento de verano? ¿Qué me hicieron allí mientras estaba solo y aislado? Sin ninguna posibilidad de escaparme. A mi vuelta, ya no quería ser boy scout, según cuenta mi madre. Y aquel guarda del parque, al lado de los columpios, me sentía tan mal que me fui corriendo a casa. No lo entiendo.*

¿Serán recuerdos reprimidos del campamento de verano? En realidad, en mi infancia tenía lagunas mentales enormes, y a su vez ciertas aversiones me perturbaban: el chirrido de las cadenas de los columpios me mareaba, la podredumbre del moho de los quesos viejos me daba náuseas y si veía a un hombre escupir en la acera me invadía la repugnante pulsión de lamer el escupitajo. Esto último era tan asqueroso que con solo pensarlo me dan ganas de vomitar. «Pero ¿qué pudo haber pasado?».

«¿Qué pudo haber pasado?».

El teléfono llora

Jeanne y yo nos mudamos a un pequeño departamento de la colina de Montmartre, el barrio de los cabarets, en el distrito 18º, con la mística del Moulin Rouge y el Folies Bergère de la plaza Pigalle. A menudo me vienen a ver las prostitutas y los travestis del barrio, a veces incluso me pellizcan el culo. Un poco más arriba está la famosa basílica del Sacré-Coeur y, a un lado, la plaza de los pintores, la place du Tertre.

Enseño pintura en el Centro de Actividades de las Abadesas y creo un proyecto de escenografía con el ayuntamiento de París para los alumnos de la escuela Sainte-Geneviève, en el espacio Cardin. En mi trayecto, cada día paso delante del Bateau-Lavoir, la famosa residencia-taller por donde pasaron artistas como Gauguin, Picasso o Brancusi. Después de Mondriaan, ¡son ellos quienes me inspiran ahora que vivo literalmente en la historia del arte!

Finalmente encuentro un pequeño taller en la calle Envierges, en el distrito 20º, junto a Rodolphe, un larguirucho de rulos que me cae muy simpático. Después de las banquetas, ahora pinto puertas buscando, en vano, revivir recuerdos de mi época de boy scout. Utilizo la técnica del *collage*, agarro hojas y granos y cubro todo con aceite de oliva para ayudar a que germine mi propia semilla. También trabajo con el símbolo del crucifijo; tomo cajas de cartón y un mango de escoba para realizar una pequeña *performance* acerca de la religión, que «limpia todo y lo hace desaparecer».

Mi vida artística va bien encaminada y, para seguir disfrutando de la música, me uno al coro del conservatorio Gustave Charpentier. Nuestra directora, Françoise Macciocchi, que también trabaja para la Ópera de la Bastilla, nos propone fragmentos de óperas francesas e italianas. Es muy exigente y extremadamente precisa pero también sonriente. Le encanta divertirse después de los ensayos tomando cerveza en el bar de la esquina. Damos varios conciertos al aire libre en el anfiteatro de Montmartre y también cantamos «L'amour est un oiseau rebelle»[11] y otros cantos famosos de la *Carmen* de Bizet en la sala Pleyel acompañados de una gran orquesta. Pero lo que más me conmueve ocurre el día 26 de junio de 1944, cuando conmemoramos el 50° aniversario de la liberación del distrito 18°. El pequeño local del partido comunista está repleto de miembros de familias de excombatientes de la Segunda Guerra Mundial. Estas fueron las palabras que precedieron a nuestro concierto:

—Estamos aquí reunidos para honrar, mediante canciones, la memoria de nuestros padres, maridos, hermanos y hermanas que desaparecieron para protegernos y liberarnos. Recemos por ellos.

Nos tomamos todos de las manos y entonamos el coro «Va, pensiero», de Verdi, seguido del himno de la resistencia francesa, el «Canto de los partisanos». La letra toma vida en los corazones de quienes sobrevivieron a los horrores de la guerra. Con lágrimas en los ojos, unido a ellos en una sola familia, comparto el pesado lastre de su tristeza. Vivía mi propia guerra interior con los niños exploradores, y junto a otro tipo de sobrevivientes elegimos curarnos a través del amor, como Epicteto.

En cambio, tras un año de convivencia con Jeanne, terminamos compartiendo cada vez menos cosas. Al principio, esperaba que solo fueran simples malentendidos culturales, pero las incomprensiones empiezan a fisurar nuestra unión. Aislado y sin amigos, pienso en el sostén que me proporcionaban los grupos de apoyo de Montreal y decido buscar opciones similares en París. Jeanne me propone más

---

11 El amor es un pájaro rebelde *(N. del T.)*.

bien que consultemos un psicólogo; yo acepto, porque me acuerdo que los encuentros del centro de atención de Peterborough me habían hecho bien.

Me siento con torpeza en un sillón de cuero demasiado grande, de color marrón oscuro y forrado con muletón. El pequeño consultorio da a un diminuto patio interior; rodeado de diplomas, un joven barbudo y bien peinado me escucha en silencio. Me observa, los ojos bien abiertos detrás de sus anteojos redondos, como un búho que persigue a un ratón. Después de contarle algunas de mis historias, sale súbitamente de su sopor y decreta con convicción:

—Oiga, tiene usted que ocuparse de sí mismo, y después, ¡solo después podrá usted ocuparse de su pareja!

Estas palabras me son demasiado familiares, las dijo con el mismo tono que usó aquel consejero escolar hace veinte años: «Pero vamos, muchacho, ¡tienes que hacerte hombre!».

«¿Otra vez? ¿Por qué hoy? ¿Por qué a mí? ¿De veras no soy más que un vulgar felpudo sobre el cual la gente se limpia sus botas sucias?».

Al volver al departamento, en plena ola de calor, siento que me asfixio y que las paredes se cierran sobre mí. Por la noche, los gatos decrépitos de las alcantarillas pegan alaridos de dolor, como si unos violinistas ebrios y bañados en sudor les arrancaran las vísceras para agregarles más cuerdas a sus instrumentos. Un poco más lejos, los lamentos de una mujer desconsolada completan esta lúgubre sinfonía.

—¡Siempre lo mismo! —gime.

Un vecino le responde salvajemente:

—¡Cállate o te rompo la cara, vieja puta!

Es demasiado, no puedo más; me meto los dedos en los oídos: «¡Silencio! ¡¡¡Silencio!!! ¡Solo quiero algo de paz!». Este retiro temporal me recuerda la tranquila felicidad de la buhardilla de Ámsterdam. «¡Eso es, sí! Holanda está a solo unas horas de tren. Voy a visitar a mi familia». Aliviado, por fin puedo cerrar los ojos y evadirme en mis sueños.

Jeanne se muestra hostil a mi idea, pero finalmente consiente en que algunos días de separación nos harían bien a los dos.

La estación de París Norte está repleta de miles de viajeros y tengo que abrirme paso para llegar hasta el vagón. Cuando logro sentarme, cruzo la mirada con un pasajero triste y serio, es mi reflejo en la ventanilla; me siento tan inmaterial como aquel fantasma. Durante el trayecto, observo los paisajes anónimos mientras desfilan bajo una lluvia grisácea. Al llegar a la estación, el cielo se aclara como por arte de magia y un rayo de sol ilumina al ángel que me está esperando: ¡Maria! Su sonrisa resplandeciente me reconforta y al abrazarme me proporciona el cariño que tanto necesito. ¡Qué lindo es que te quieran!

Con Erwin, compartimos un buen plato caliente en familia, les cuento acerca de mis exposiciones en Canadá, mi experiencia extracorporal con los niños exploradores y mi vida de pareja.

—Yo quiero a mi esposa, pero siempre me hacen la misma pregunta: ¿me cuido a mí mismo lo suficiente?

Vuelvo a la arena rubia del mar del Norte para respirar el aire salino y purgar mi espíritu. Una semana de escucha, amor, momentos compartidos acompañados de «cafés mal hechos», patatas fritas con salsa de ajo y tartas de manzana con crema batida hacen que mis llagas cicatricen y que yo recupere un sueño apacible que me hace tanto bien. Mi familia neerlandesa me quiere.

Recentrado y con nuevas energías, vuelvo a París con una mejor visión de las responsabilidades que me debo a mí mismo y a mi pareja. Quiero a Jeanne y por el bien de los dos, respiro profundo y le sugiero con coraje:

—¿Y si nos tomáramos una pausa? Un descanso pasajero podría hacernos bien a los dos. ¿Qué te parece?

Su respuesta es categórica, con los ojos ardiendo, me lanza a quemarropa:

—¡Si te vas de este departamento, me divorcio!

Mi alma queda pulverizada, nuestras fisuras se transforman en valles imposibles de atravesar. Por más que compartamos el departamento, nuestros corazones ahora están separados por el más profundo abismo. Mi llama se había reavivado en Ámsterdam, pero ahora volvía a esconderse en las tinieblas, como en la instalación *In memoriam*.

Me siento atrapado tanto a nivel emocional como financiero, así que busco una salida de emergencia inscribiéndome en la agencia de empleo. Voy todos los días, pero no salgo de mi pesadumbre. Me siento acorralado y las crisis de angustia reaparecen. Y luego ocurre un milagro; en una cartelera, tapado por una enésima e inútil oferta de empleo, veo un pequeño cuadrado rosa sin pretensiones: «Taller intensivo de cinco semanas: aprenda las técnicas para reingresar al mercado de trabajo». Me inscribo y guardo este pequeño tesoro junto a la llama de mi corazón. El siguiente lunes, el cielo está más luminoso y se respira un aire fresco mientras me dirijo a la primera reunión de formación.

Estamos alineados como dominós alrededor de una gran mesa de madera rectangular, la sala es demasiado pequeña para veinte personas. La mayoría parecen ser inmigrantes, deben tener alrededor de treinta años, excepto algunos hombres un poco mayores. Algunos hojean el diario del día, la mayoría se mira las manos vacías o ve pasar los segundos en las agujas del reloj de pared. El zumbido incesante de los tubos de luz es lo único que rompe el triste silencio.

Luego, como si estuvieran anunciando una función antes de abrir el telón y encender los proyectores, sale a escena… (redoble de tambores) ¡ta-ta-ta-taaaan!: ¡Daniel! Es un hombre pequeño como un duende, muy delgado y con su saco azul y su pelo pajizo y negro es la combinación perfecta entre el conejo blanco de *Alicia en el país de las maravillas* y un presentador de juegos televisivos. ¡Un verdadero pitufo alegre!

—Buenos días a todos, es un placer conocerlos. Han dado un gran paso al venir esta mañana, ¡los felicito!».

Tras una breve introducción acerca de su carrera teatral, me quedo boquiabierto al oírlo decir: «Acabo de asistir a un taller en Montreal, ¡me han explicado las técnicas más recientes para buscar empleo!».

Es la mezcla perfecta que necesito en este momento: una unión entre creatividad artística europea e innovación quebequense, ¡estoy bendecido por los dioses!

Daniel nos explica cómo se van a desarrollar los talleres durante las próximas cinco semanas. Primera semana: definir nuestras virtudes; quiénes somos, qué hemos hecho, cuáles son nuestras cualidades, nuestros objetivos de vida, etc. Segunda: redactar nuestro CV y nuestras fichas de presentación. Tercera: encontrar lugares de trabajo potenciales y aprender técnicas para presentarse por teléfono —somos proactivos, ¡no hay que buscar trabajo sino llamar a empleadores para conseguir una entrevista! Las últimas dos semanas estarán destinadas al seguimiento de los intercambios de llamadas, las entrevistas y a analizar nuestra técnica de búsqueda.

Me siento cómodo durante las dos primeras semanas, me es natural redactar un CV porque ya envié unas cuantas solicitudes para becas y exposiciones. ¡Pero luego me plantean algo que nunca me había preguntado!: ¿qué tengo para ofrecer? Los ejercicios que Daniel nos propone hacen resurgir una primera evidencia de mi misión en la vida: ¡ayudar a la gente! Nunca había tenido una visión tan clara de esto y, al verlo escrito de mi puño y letra, me siento mucho más decidido a buscar un lugar donde podría ser de utilidad.

Ahora siento que tengo las herramientas para enfrentar el desafío de la tercera semana: ¡llamar por teléfono! Es simple: descolgamos el auricular, discamos el número y seguimos el guion:

—Buenos días, mi nombre es __________, ¿podría hablar con la persona que está a cargo de la contratación de personal, por favor? Me gustaría que nos encontremos para explicarle los servicios que puedo ofrecerle.

Sentados alrededor de una gran mesa, cada uno espera su turno para poner en práctica este ejercicio. Pero mi ansiedad va aumentando a medida que el teléfono se acerca. «No puedo, no puedo...», siento que me invade un ataque de pánico, como cuando estaba en el autobús para ir a la universidad.

Llega mi turno, tomo el teléfono entre mis manos húmedas y temblorosas.

...

Hoja en mano, abro la boca y...

La sangre me hace latir las sienes.

El corazón se me escapa del pecho.

Aturdido, el sudor baja por mi espalda.

Entro en pánico.

«...».

«No puedo tener una crisis de angustia aquí, ¡ahora no!».

Todos me clavan la mirada y yo no puedo respirar, me asfixio.

Lo único que quiero es huir.

...

—¿Y? —pregunta Daniel.

Ni un sonido, no logro decir nada. Después de un largo momento, tartamudeo algunas palabras:

—Eh... ...yo... ...yo... ¡no puedo hacerlo!

—¿No puedes hacerlo? ¿Por qué, Guy?

Miro el suelo, el teléfono, el suelo, busco una fisura por donde perderme, pero, avergonzado, no miro nunca a los demás.

—No pue... es que no puedo —digo en voz baja, con lágrimas en los ojos.

—De acuerdo, a ver, ¡hagamos una pausa!

Daniel me invita a pasar a la pequeña pieza trasera y, en un tono suave, me pregunta qué me pasa. No puedo moverme, estoy abatido, recuerdo aquella vez, frente a Catherine, en la facultad, sentado de la misma manera, paralizado; ella también me preguntaba qué era lo que sentía. No podía responderle, y hoy tampoco soy capaz de responderle a Daniel.

Me seco las lágrimas, me armo de coraje y le digo la verdad.

—Me gustaría hacerlo... ¡pero no sé cómo!

Siempre había sido invisible, eso es lo que me permitió sobrevivir, y ahora me están pidiendo que rompa mi voto de silencio. ¿Cómo puedo confesarle mi vergüenza, mi falta de dignidad, mi culpa? ¿Quién soy para pedirle que tenga semejante consideración? No valgo absolutamente nada.

Tal vez comprendía mis miedos, a lo mejor él mismo había atravesado algo similar, porque me respondió lo siguiente, con compasión y paciencia:

—Guy, sé que puedes hacerlo, déjame ayudarte, hagamos un intento a solas.

Paso a paso, reconfortado por sus palabras de aliento, tomo el teléfono y después de algunas tentativas pronuncio una primera palabra, luego una segunda, y finalmente logro decir mi nombre:

—Buenos días, mi nombre es Guy Giard.

Unos ejercicios más en privado y luego nos unimos a los demás participantes en la otra sala. Siento que sus miradas me fijan, pero son miradas de aliento, quieren que lo logre. Tomo el teléfono y, tras una larga vacilación, pronuncio estas palabras mágicas:

—Buenos días, mi nombre es Guy Giard, ¿podría hablar con la persona que está a cargo de la contratación de personal, por favor? Me gustaría que nos encontremos para explicarle los servicios que puedo ofrecerle.

Empiezan a aplaudir y se me llenan los ojos de lágrimas, ¡pero de alegría!

Durante las semanas siguientes, contacto a unos cien empleadores y consigo tres entrevistas en museos de renombre internacional: ¡el Museo Postal, el Centro Nacional de Arte y Cultura Georges Pompidou y el Museo del Louvre! Qué honor, mi pasión por el arte brilla y descubro una emoción que nunca antes había sentido: la autoestima.

Ocurre un segundo milagro con Frédérique, una actriz de teatro que participa del taller. Es alta, esbelta, estilizada, tiene el pelo castaño oscuro y rizado; parece el estereotipo de una bretona con su acento musical del noroeste y su suéter rayado de color blanco y azul. Sonríe y me pregunta:

—¿Por casualidad no conoces a alguien que pueda cuidarme el departamento y mi gato durante algunos meses? Me voy de gira y estoy buscando una persona que me pueda ayudar.

¡Era demasiado perfecto!

Se lo comento a mi esposa y me vuelve a repetir: «¡Si te vas del departamento, me divorcio!». Pero ¿me queda otra alternativa? No es eso lo que quiero (irme), solo necesito una pausa, pero no veo ninguna otra opción. Apilo mi ropa con tristeza en unas bolsas y me mudo al distrito 13º, el pequeño barrio chino de París.

Por fin tengo un espacio para reflexionar.

Jeanne se mantiene distante cuando se lo informo por teléfono y, luego, nada más, no tengo noticias de ella.

Una noche, al volver del taller para buscar empleo, Félix, el simpático gato negro que tengo de compañero, se frota contra mis tobillos y ronronea: está hambriento. En cuanto oye que abro su lata de paté, ¡ruge como un verdadero tigre!

—Aquí tienes, minino, ¡buen provecho! —le digo mientras devora su plato con ferocidad.

Es entonces cuando suena el teléfono. Con un tono muy sereno, Jeanne me anuncia:

—Guy, empecé a hacer los trámites para el divorcio, tienes que presentarte en los tribunales dentro de tres semanas. Ah, y es un divorcio por falta, es un trámite simple, no te preocupes, pero no te olvides de ir.

Y cuelga.

...

Estoy en estado de shock.

...

Paralizado, en trance, ya no siento nada. El tono del teléfono me recuerda que aún tengo el auricular en la mano: me olvidé de colgar. ¿Qué podía decirle? Como en la Academia, es una decisión irrevocable, categórica, no se puede discutir. Me llamaba únicamente para comunicarme la fecha de la audiencia. «Tal vez no soy más que eso, un felpudo».

Esa noche se desata el apocalipsis: el cielo, teñido de negro, se agrieta ante los destellos de los rayos y la lluvia azota las ventanas. Félix maúlla salvajemente, saca las garras y se transforma en demonio. Se arroja al suelo entre convulsiones satánicas y de repente se derrumba como un castillo de arena. «Dios santo, ¡se ha muerto!». No, aún respira, pero está bañado en sudor, como yo. Ambos experimentamos un descenso a los infiernos.

«¡Divorcio por falta! Por falta, pero... ¿qué falta?». ¿Cómo no me iba a preocupar? La voz de Jeanne aún resuena en mi cabeza. «No quiero divorciarme, ¡solo quería un poco de espacio para reflexionar! Las pesadillas de mi infancia se vuelven realidad: ¡pronto voy a estar en la calle y voy a dormir entre cartones, como un vagabundo!». Pierdo toda esperanza y me siento culpable de no sé qué crimen. No sé defenderme y me aterran las autoridades. Mi pequeña llama amenaza con apagarse y a último momento me murmura: «Ve y pide ayuda».

En mi desesperación, hago algo impensable, me dirijo a la oficina de asistencia jurídica. Decenas de extranjeros se amontonan en una sala de espera polvorienta y con paredes descoloridas. El pesado silencio se ve perturbado únicamente por los gritos de algunos niños. Están agitados, corren por todos lados y patean las sillas.

—¡Basta! —grita una mamá agotada.

«La mayoría son inmigrantes. Al fin y al cabo, ¿no es eso lo que soy?». Sonrío ante mi propia estupidez.

Finalmente, me hacen pasar a una pieza diminuta, apenas lo suficientemente grande para que quepan dos sillas y un pequeño escritorio. Las rejas de la ventana me resultan inquietantes: «¿Estoy en una celda de interrogatorio?». El aire está impregnado de tristeza. Una mujer vestida con un traje verde claro me sonríe cortésmente:

—Buenos días, señor Giard, ¿qué podemos hacer por usted?

No sé qué decir, estoy ante la autoridad, es ella quien debería decírmelo. Titubeando, le revelo los detalles de mi situación: matrimonio, falta de dinero y pronto la calle. Cuando menciono la última conversación que tuve con Jeanne, la mujer abre los ojos de par en par:

—¡¿Qué?! ¡¿Divorcio por falta?! ¿Qué me está diciendo? ¡Es lo peor que le pudiera haber hecho! ¡Desde luego que tiene que defenderse!

«Pero no sé defenderme, nunca he sabido». Me quedo en silencio, temiendo la peor reacción de su parte, que me diga algo como: «¡Pobre infeliz, tiene usted lo que se merece, es un incapaz, qué vergüenza! ¿Por qué sigue respirando el aire de mi oficina? ¡Váyase de aquí!». En cambio, todo lo contrario, la mujer se muestra preocupada:

—Quedan pocas semanas para la audiencia, no hay tiempo que perder. Primero, vamos a completar la solicitud de asistencia social y luego buscaremos un abogado. Vamos a ver.

Toma un calendario, calcula los días que quedan antes de la audiencia y me dice:

—No tendrá suficiente tiempo para conseguir un abogado, pero la ley le confiere el derecho a postergar las audiencias hasta que se le atribuya uno. ¡Y eso puede tardar hasta seis meses!

¡No lo puedo creer! Van a posponer mi causa, ¡qué fortuna! Estoy a punto de llorar.

«Ya no estoy solo».

Después de completar y firmar todos los papeles, me dan ganas de abrazarla, pero me contengo y le estrecho la mano al salir de su oficina.

Al volver al departamento, camino más ligero, los colores se ven más vivos y, como Félix, el gato, logro respirar de nuevo. Escuché la voz de mi pequeña llama que vuelve a resplandecer. Mi corazón se reconforta, aún puedo confiar en ella y quererla. Me dice: «¿Ves, Guy? Puedes pedir ayuda».

Aliviado, llamo a Jeanne para anunciarle la buena noticia.

—He ido a la oficina de asistencia jurídica, me han dicho que me van a conseguir un abogado y que la audiencia se posterga hasta que me lo atribuyan.

—¡¿Que has hecho qué?! —me grita, desquiciada.

Estalla en insultos hasta que corta violentamente la llamada. Me siento decepcionado y abatido, tengo la sensación de que me han vuelto pisotear y me dejo caer sobre la cama. Félix imita a Caramel y a Blanchette, se frota contra mí y empieza a ronronear. «Guy, no estás solo, ¡siempre habrá alguien para darte amor!».

A Jeanne solo la veré de nuevo una última vez, nueve meses más tarde, para oficializar el divorcio.

Hola y adiós, nada más.

«Así es la vida. Lo pasado, pasado, de nada sirve hablar de eso», como decía mi mamá.

¡Mientras tanto, Frédérique, la dueña del departamento, está a punto de volver. ¡Tengo que darme prisa!

Leyendas y diosas

—**S**eñor Giard, ¿podría planificar un curso en el que se asocie la escultura clásica al arte contemporáneo?

¡Qué pregunta más maravillosa!

Conseguí decenas de entrevistas gracias al taller de búsqueda de empleo y aquí estoy ahora, en el prestigioso museo del Louvre. Clasificado como el más grande del planeta por su espacio de exposición, alberga en su colección misteriosos sarcófagos egipcios, estatuas de mármol de dioses griegos y la famosa *Gioconda* de Leonardo da Vinci.

—Sí, por supuesto, déjeme explorar las salas y le haré una proposición.

Empiezo a recorrer las galerías antiguas del museo, cuaderno en mano, y quedo fascinado ante un inmenso bajorrelieve de mármol blanco del escultor Pierre Puget. Lleva por título *Alejandro y Diógenes*; de un lado puede verse al emperador Alejandro Magno montado a caballo, en su mayor esplendor y rodeado de su ejército y, del otro, a Diógenes, harapiento y sentado dentro del barril que le servía de morada. Este filósofo cínico desprecia las reglas sociales, la moral y la autoridad. El orgulloso conquistador le propone: «Pídeme lo que tú quieras y te lo concederé», y el ateniense le responde: «Apártate, me estás tapando el sol». ¡Con esta frase denuncia la frivolidad de las riquezas y las pretensiones de la autoridad!

Esta obra me recuerda *Mack the Night*, una pintura que realicé en gran tamaño, por la fuerza de la narración. Pero yo interpelaba al público para que tomara posición; Diógenes, en cambio, asume el papel de antihéroe, como lo hacía Metamorpho en los cómics estadounidenses. «No se trata de Noddy, aquel buen niñito del cascabel que necesita consejos para defenderse, sino más bien del *Guerrero*, en plena posesión de su poder, gritando *¡Victoria!*».

Descubrí un tesoro: ¡dar vida a las historias de las obras del museo! Cuando me anuncian que aceptan mi proposición de curso, toco el cielo con las manos: voy a presentar diferentes relatos antiguos a alumnos para que creen su propia mitología contemporánea. Les hago visitar las salas y luego, en el taller, construimos una espléndida torre de Babel colectiva con papeles de diferentes colores, tijeras y marcadores. ¡Es un éxito total! ¡Me encanta mi vida de cuentista de museo!

Frédérique me llama y me avisa que volverá pronto. Me esfuerzo nuevamente y llamo por enésima vez a la secretaria del Centro Georges Pompidou, más conocido como el Beaubourg. Esta vez, a diferencia del habitual «Espere que lo llamemos», me responde con mucho entusiasmo:

—¡Qué casualidad! Recién termino de hablar con alguien que acaba de renunciar. Estaba a punto de llamar al próximo de la lista, pero usted se me ha adelantado. ¿Podría comenzar mañana?

—Por supuesto, ¡sería un placer! ¡Gracias!

Primero, el Louvre, ¡ahora un puesto a tiempo completo para la retrospectiva del artista rumano Constantin Brancusi en el Beaubourg!

Delante del museo, en la entrada e incluso en las escaleras mecánicas, los turistas hacen cola para visitar la exposición. Me ocupo de vigilar las salas; esta vez ya no siento vergüenza, me apasiona acercarme al público y responder a sus preguntas. «¿Quién es este artista? ¿Qué es el cubismo? ¿Por qué hay una rueda de bicicleta clavada a un taburete?». No solo me limito a nuestra colección, sino que también me permito sugerirles otras atracciones de la «Ciudad de la Luz». Doy la vuelta al mundo atendiendo a turistas de todos los rincones del planeta y luego vuelvo a mi casa a dormir. ¡Es increíble!

Durante mis pausas, aprovecho para conocer a mis nuevos compañeros: Tania, la profesora senegalesa; Patrick, de la sección audiovisual; Chamia, la intelectual marroquí; y todo un colorido grupo de artistas. A la hora del almuerzo, me instalo en la terraza exterior del café a tomar un cortado acompañado de mi diario y de los libros de Stephen Covey que me recomendó Daniel. Descubro así que tengo que desarrollar *Los siete hábitos de las personas altamente efectivas* y aprender a priorizar, primero lo primero. «Sí, lo entiendo; ¿pero por qué le doy tan poca prioridad a mi corazón?».

Los viernes por la noche, cuando París se llena de vida, la soledad me pesa todavía más.

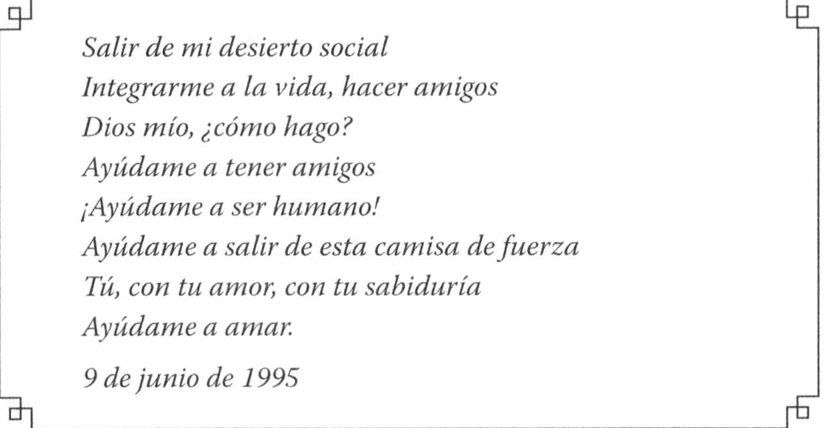

Y luego, como si mi plegaria hubiera surtido su efecto, durante la exposición «Femenino-Masculino, el sexo del arte», una espectadora me hace un comentario con una pequeña sonrisa luminosa.

—Un poco fálico, ¿no crees? —hace referencia a una escultura de bronce suspendida del artista Alberto Giacommeti, *La nariz*. Obra cuya larga extensión recuerda las proporciones de Pinocho.

Marianne es alta, expresiva y muy desenvuelta; viste una larga falda florida que parece sacada directamente de un cuadro de Matisse: grandes pétalos azules, amarillos y rosas ondulan sensualmente sobre su voluptuoso cuerpo.

—Sí, es verdad, le fascinaba el cuerpo humano y lo reducía a sus formas más elementales, se la pasaba meses, e incluso años, analizando sus partes.

—¿Quieres tomar un café? —me pregunta con un destello en los ojos.

Está de paso por París para asistir a un simposio sobre la protección de los derechos de las trabajadoras de la calle y me invita al taller de uno de sus amigos. El lugar está escondido en un patio trasero y tiene la fachada de vidrio cubierta de hiedra con ese aspecto paradisíaco que poseen algunos rincones ocultos de París. Sentados en un gran sofá repleto de almohadones los unos más suaves que los otros, charlamos de arte, de Lausana —la ciudad donde vive— y de los derechos de las mujeres.

Me gusta su sonrisa, su soltura, y, cuando se inclina para besarme, me dejo sorprender y cedo ante sus insinuaciones. Se desabotona la blusa, dejando a la vista un amplio corpiño de encaje color crema, y atrae mis manos hacia su pecho. Su perfume me embriaga mientras siento cómo explora mi cuerpo, me abre el pantalón y me lleva medio desnudo hasta una habitación.

Nos abalanzamos sobre la cama, que se mueve para todos lados, y en mi inexperiencia pierdo completamente el control: ¡es la primera vez que me acuesto en una cama de agua! Ella se coloca sobre mí y, como por arte de magia, hace aparecer un preservativo y me lo pone con tanta naturalidad que pareciera que formara parte de mi miembro. Me introduce en su sexo y toma vuelo, galopa como Pegaso y me lleva de los hombros gritando de placer. Sus pulposos pechos, de los cuales me agarro como si fueran salvavidas, se sacuden de arriba abajo y en sentido opuesto a las olas de la cama. Remamos entre el éxtasis y el mareo, la situación es tan confusa que se vuelve cómica.

De milagro, llegamos al orgasmo y encallamos suavemente como si hubiéramos sobrevivido a un tsunami. Su aliento despide satisfacción y me recalienta el corazón como las olas que acarician la suave arena de la playa.

Estoy feliz de haber saboreado su sexualidad: Marianne, una verdadera valquiria navegando en un tumultuoso mar de placer. No quedan dudas de que sabía cuáles eran sus prioridades, y eso me alienta a seguir su ejemplo:

La capitana leva su ancla e iza las velas
con una maravillosa y radiante sonrisa
Nuestros navíos se separan, rumbo
A los grandes océanos del destino.
¡A toda vela,
marinero!

Tolstói

Mi prioridad más urgente es que Frédérique va a volver en algunos días. Tengo la suerte de que una compañera del museo viene a mi rescate. Me presenta a Françoise, una persona que justamente está buscando un inquilino: sus hijos acaban de mudarse y ya no se siente segura en su pequeño departamento, que está situado al fondo de un callejón. Vive en el tercer piso y quiere alquilar el segundo piso, que ahora está vacío. Mi nuevo hogar se encuentra ahora del lado opuesto a la colina del distrito 18º, en un minibarrio llamado «La pequeña Rusia».

Al ver jeringas y botellas vacías en las cunetas, comprendo la preocupación de Françoise. Un día, a primeras horas de una calurosa mañana de verano, me despiertan unas voces. El olor a *muguet* de un perfume barato penetra por la ventana. Oigo el roce que produce la ropa al frotarse y unos «vamos, vamos» apenas perceptibles, ahogados por el alcohol, seguidos de gemidos guturales distorsionados. A través de las cortinas de encaje, diviso a una pareja; él tiene el pantalón bajado y ella la falda levantada, en lo que parece una reproducción de uno de los lienzos típicos de burdeles de Toulouse-Lautrec. Cierro la ventana y me vuelvo a acostar dejándolos que disfruten de su bacanal madrugada.

Algunas noches, Françoise tiene la gentileza de invitarme a cenar y así descubro que su casa es un verdadero museo ruso: *matrioshkas*, íconos dorados y paredes cubiertas con grabados de estepas salvajes cuidadosamente enmarcados.

—¡Algún día tienes que ir a Rusia y dormir en una yurta tribal, Guy!

Me es fácil visualizarla montando un potro sin ensillar, por las grandes llanuras eslavas, con su negra cabellera rizada flotando en el viento.

Conjuga su talento de cocinera con su excepcional erudición: me prepara varias de sus especialidades al tiempo que recita versos líricos de Pushkin y corona semejante agasajo con un suntuoso vino tinto.

—¿Sabías que Tolstói intercambió correspondencia con Gandhi e influenció su filosofía de la no violencia?

Me sorprendió, porque solo conocía a Tolstói por ser el autor de *Guerra y paz*, pero esta nueva revelación me fascinó y me impulsó a comprar *El reino de Dios está en vosotros*, en el cual sienta las bases de la resistencia no violenta. También es una crítica acerba de la corrupción dentro del Gobierno y de la Iglesia. ¡Como recompensa, se lo somete a custodia policial, la Iglesia ortodoxa lo excomulga y se censura su libro!

Durante mis pausas en el Beaubourg, anoto sus reflexiones en papelitos y los pliego; durante mis días libres, me paso horas analizando sus enseñanzas. Según él, los soldados no eran responsables de los horrores que habían cometido porque estaban a merced del poder de los zares y de la Iglesia.

«Si ellos no son responsables, ¿entonces yo tampoco debería ser responsable de lo que pasó y de mi sufrimiento, porque la culpa la tienen quienes se abusaron de mí? Y sin embargo siento tanto miedo, todos los días, ¡como si me pusieran un cuchillo en la garganta para degollarme!». Luego, lentamente, como un amanecer a orillas del mar, diviso un nuevo resplandor: «Estuve tan equivocado durante todos estos años, el miedo, las ideas suicidas, ¡todo eso no era culpa mía!».

«¡NO ERA CULPA MÍA!».

...

«¡No era culpa mía!».

Los libros sobre el abuso sexual describían la culpabilidad como uno de los síndromes del estrés postraumático, pero no terminaba de entender. Tolstói me lo explica y ahora sí entiendo, me siento libre de mi culpa. Como Gandhi y Martin Luther King Jr., que se inspiró de él, siento que sopla un viento de cambio, quiero recuperar mi libertad.

Es entonces cuando una compañera del museo me hace descubrir la técnica Vittoz, una terapia psicosensorial para lograr una conexión total de la mente, el cuerpo y el corazón con nuestros cinco sentidos.

—Es un método que te ayuda a mejorar tu propia presencia y el manejo de las emociones, ¡es genial!

Intrigado, llamo a una asociación que me recomienda tres terapeutas. Hay un nombre que sobresale de la lista: «Blanche», como Blanchette, la gatita que me había dado tanto amor en Peterborough. «¡Sí, es la indicada!». Me decido y saco turno para la semana siguiente.

Al llegar delante de una gran puerta de madera, mi corazón palpita mientras miro otra vez mi reloj: «aún es demasiado temprano para mi turno y ya le he dado la vuelta a la manzana varias veces, ¡espero que no termine dando alaridos como aquella vez en el campo!». Me siento aturdido, respiro hondo y finalmente me decido a tocar el timbre.

«ZZZZ CLAC», extrañamente, la oscura y pesada puerta verde se abre sola, como en las películas de terror. Franqueo el umbral y trepo una escalera de caracol al mejor estilo *Vértigo*, la película de Hitchcock; la arquitectura parisina suele caracterizarse por la escasez de espacio. La señora Blanche me abre, yo me descalzo y me siento en un gran sofá blanco.

—¿Me acuesto?

—No, no, a menos que sienta la necesidad —me dice en un tono suave.

Debe rondar los cincuenta años, su cabello es corto y canoso; es una mujer elegante, tiene una silueta redonda, rasgos finos y una voz cálida y aterciopelada. Su dulzura me recuerda a la de Belle-Nadette, mi profesora de dibujo. La pieza es reconfortante por donde se la mire: alfombra de felpa, suaves almohadones color beige y una gran ventana por la cual se filtra el sol. Las cortinas de encaje blancas ondulan como en *In Memoriam*, pero mi pequeña llama ilumina la oscuridad de las tinieblas. «Un pequeño paraíso con una luz celestial, ¿no estaré delante de un ángel?».

Nuestra sesión comienza.

—¿Se encuentra cómodo? Deje los brazos apoyados a los costados y las manos sobre las piernas. Inhale suavemente, sin forzar. Relájese, no tiene que hacer nada. Estamos aquí para que pueda reconectarse conscientemente con su cuerpo.

Durante todos estos años, mi cuerpo fue mi principal enemigo: «Si me abusaron, ¡es por tu culpa!». La de veces que me he querido cortar el pene, ¡aquel "vil y sucio enemigo"!». Recuerdo la noche en que caminaba sin cuerpo por aquel puente cubierto de nieve después de haberle declarado mi amor a Catherine, y también los cortes de los ladrillos ensangrentados que me aplastaban en Ámsterdam. «Pobre cuerpo mío, ¡cuánto te odié!».

—Levántese y camine. Lentamente, como si estuviera sobre una nube. Manténgase a la escucha de las plantas de sus pies.

Extrañamente, la técnica no precisa que cuente mis historias. Nadie me juzga, no necesito verbalizar lo que descubro, solo sentirlo.

—Lo está haciendo bien, excelente. Ahora acaríciese los brazos lentamente y vaya subiendo hasta su cara. Tómese el tiempo de descubrir cada forma, cada hueco, con la punta de los dedos.

Los ejercicios son suaves pero extremadamente intensos.

Estoy en un estado de pura y plena consciencia y me sumerjo en la inmensidad de un océano infinito.

«¿Siempre tuve semejante paz dentro de mí? ¿Cómo hubiera podido adivinarlo? Toda mi vida me la pasé en medio de una guerra, viviendo en un campo de batalla devastado, con miles de minas enterradas, rodeado de cadáveres de ratas pudriéndose, desollado por la vergüenza y el asco.

«Hoy firmo una tregua y salgo de las trincheras».

Sentado a orillas de mi mar interior, miro tranquilo las olas que se llevan los viejos esqueletos de mi vida.

«¡Por fin en paz!».

Llegó la hora de volar con mis propias alas.

La promesa

Le doy un último abrazo a Françoise antes de mudarme a pocos pasos del famoso Arco del Triunfo, en el distrito 16º. Me instalo en una típica *chambre de bonne*, ubicada directamente bajo el techo: no es más que una caja de fósforos con agua corriente y electricidad, inicialmente diseñada para las empleadas domésticas. La simpleza monástica de esta pieza es un buen reflejo de la serenidad interior que vivo gracias a Blanche.

Cada día, subo caminando hasta el sexto piso antes de abrir la pesada puerta de metal. «¡Más me vale no olvidarme nada antes de semejante trayecto!». En la habitación de dos metros de ancho por tres metros de largo apenas cabe una cama simple y me tengo que agachar para acceder al grifo del lavabo que se encuentra bajo el techo inclinado. Por el tragaluz, el sol ardiente acentúa el olor agrio del barniz que recubre las baldosas de arcilla cocida del suelo. Por la noche, cuando estoy bañado en sudor, tengo que dejar la puerta entreabierta para que entre una apacible y salvadora corriente de aire fresco.

El urinario, por su parte, se encuentra en el rellano de la escalera y allí me topo por primera vez con un baño a la turca: ¡sin inodoro, lo único que ofrece es un simple agujero en una cubeta de cerámica! Cuando descargamos el agua, fluye un torrente digno de las cataratas del Niágara. ¡Después de algunas experiencias desagradables, me acostumbro rápido a su uso! Tengo que compartir esta singular comodidad con las otras cuatro piecitas del piso, en una de las cuales vive una familia con hijos. No sé en qué idioma hablan, pero, viviendo en un espacio tan reducido, puedo entender por qué se pelean con frecuencia.

Al no tener refrigerador ni cocina, me alimento principalmente de productos frescos que compro en los estantes del mercado: aguacates, tomates, zanahorias y latas de sardinas. Cada día, tengo el placer de ir a la panadería de la esquina y deleitarme con la *baguette* más fresca de París, que recubro de un queso Brie bien cremoso y de jamón de campo. En este rinconcito, encuentro el mismo bienestar que experimenté durante mi primer viaje a Europa, ¡y mi cuerpo se regocija de serenidad, de comida y de vino!

Como vivo a unos pasos de la delegación general de Quebec, aprovecho el referéndum sobre la soberanía, en 1995, para salir en la tele y que me vean mis amigos de Canadá. También retomo la música al unirme al coro de la comunidad de Madagascar de la iglesia anglicana Saint-Georges de París. En idioma malgache y envueltos en vestidos violetas y naranjas, celebramos y bailamos haciendo palmas al ritmo alegre de *Rainay any an-danitra* («Padre nuestro que estás en los cielos»).

Mi exdirectora, Françoise Macciocchi, me ofrece el más fantástico de los regalos cuando me invita a la conmemoración del 50º aniversario de la UNESCO. En el gran escenario de la sede central, con lágrimas en los ojos y llenos de emoción, entonamos la potente obra maestra de Beethoven, ¡la «Oda a la alegría»! *Alle Menschen werden Brüder*: todos los hombres se convierten en hermanos. En este concierto también participa Cheb Khaled, a quien había visto tocar en la Vía Láctea, el bar de Ámsterdam, ¡pareciera como si se estuviera completando un largo ciclo de amor! ¡Es un honor increíble poder formar parte de un momento histórico celebrando juntos este monumento mundial a la paz!

Busco un nuevo espacio de lectura en la naturaleza y así descubro los senderos del bosque de Boulogne y el Jardín de Luxemburgo pronto se convierte en mi lugar de predilección. París rebosa de antiguos palacios lujosos como este, cuyo jardín se han transformado en un parque y en una zona de juegos para niños y adultos. Allí encuentro mi nuevo oasis: un pequeño café cerca de los grandes estanques en los que los chicos juegan carreras en veleros diminutos. Sentado al sol, en una silla y una mesa de hierro fundido con ese típico color verde oscuro, saboreo un delicioso expreso bien intenso. Comparto algunas migas de mi *croissant* con una multitud de gorriones que se pasean alegres con sus melodiosos cantos.

Me armo un cigarrillo y abro mi diario mientras observo la desfachatez y la despreocupación de los niños. Su inocencia es tan diferente a lo que viví durante mi infancia. A su edad, aunque me fascinara Neil Armstrong, ya me preguntaba para qué servía caminar sobre la Luna si el tercer mundo se estaba muriendo de hambre. En la escuela primaria, participé en una caminata solidaria y pasé Halloween con una cajita de cartón naranja de Unicef recaudando fondos para los países subdesarrollados. Cuando era adolescente, creé una insignia contra el apartheid de Sudáfrica para que la gente donara dinero durante el concierto «Live-Aid» de Bob Geldof de 1985. Los padres de mi familia neerlandesa sufrieron el hambre durante la Segunda Guerra Mundial y Antje y Rahman me habían confrontado a los ridículos excesos de la humanidad en Berlín Este.

«No tuve infancia por culpa de la violencia que sufrí, pero Tolstói me hizo entender que había fuerzas mucho mayores que se habían abatido sobre todos nosotros: de índole política, social, religiosa… Yo había sido una de sus víctimas, pero también mis vecinos, la gente de la calle y mi familia».

«¡Mi familia!».

Al pronunciar estas palabras, mi corazón se oprime.

«Mamá, papá, mis hermanos, mi hermana, ¡todos ellos también son víctimas!».

Una enorme ola de compasión me sumerge.

«¿Quiénes son realmente?». Antes de huir a los Países Bajos, yo era el «Silencioso», no tenía voz ni raíces. Atemorizado, cada día luchaba por sobrevivir porque no había sitio para mí en ningún lado, pero había aún menos espacio para ellos. ¿Tal vez ahora pueda hacer las paces, escucharlos y hacerles un lugar en mi corazón?».

«En este momento, por primera vez en mi vida, tengo independencia económica, una habitación, un trabajo y suficientes ingresos para ocuparme bien de mí mismo. Podría construirme una vida fantástica en Europa, pero mis padres están envejeciendo allá, en Canadá. Si no vuelvo ahora, tal vez pierda la ocasión de conocerlos. Quizás sienta que dejé pasar mi oportunidad el día en que mueran».

¿Qué hacer? Siento que se abre una puerta con una oportunidad y que al mismo tiempo amenaza con cerrarse.

«¿Ahora o nunca?».

Pienso en todo lo que me sucedió después de mi divorcio y me hago una promesa solemne: «De ahora en más, si me mudo a otro continente, va a ser por mi propia voluntad, con mi dinero, mi trabajo y pensando en mi futuro. Nunca, nunca más voy a correr el riesgo de terminar viviendo en la calle. ¡Me lo prometo!».

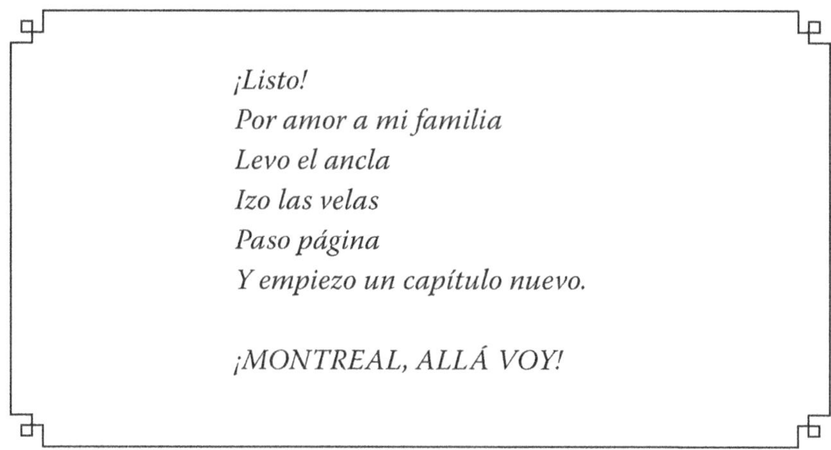

¡Listo!
Por amor a mi familia
Levo el ancla
Izo las velas
Paso página
Y empiezo un capítulo nuevo.

¡MONTREAL, ALLÁ VOY!

Libro 3

La promesa

El Rey de la neurología

Un enfermero me guía con paso rápido a través de los pasillos subterráneos. El bajo techo está cubierto de tubos que serpentean aquí y allá y la pintura verde de hospital desfigura las paredes. Una diminuta ventana con rejas, tapada con una cortina improvisada, deja filtrar una luz tenue y triste. El zumbido de una caldera hace vibrar el aire fétido, ¿o serán más bien los tubos fluorescentes que amenazan con pasar a mejor vida? En estas catacumbas todo parece viejo, desteñido y lleno de polvo.

—Hace dos días que está en coma, es probable que ya no se recupere —me anuncia una voz estoica del otro lado del teléfono.

Anulo mis talleres y corro al hospital. Ya han pasado seis meses desde que lo internaron en terapia intensiva y, cada semana, decenas de compañeros y exalumnos pasan a visitar al «querido Dr. Giard», como les gusta llamarlo a las enfermeras. Neurólogo excepcional, jefe de departamento y docente; para ellos, papá fue una fuente de inspiración durante sesenta años de su vida. Un médico incurable, así era él. Conocía perfectamente la rutina del hospital, y la odiaba. «¡Déjenme morir en casa!», repetía.

Cuando por fin llego al cuarto donde lo habían ubicado, me siento sobre la cama de sábanas con pliegues angulares y los resortes emiten una lánguida queja. En el medio descansa papá, moribundo.

Coloco mi mano tiernamente sobre su mejilla seca y áspera, con temor a lastimarle la piel. Ya no es más que la sombra de su sombra, su respiración es casi imperceptible.

—Déjame respirar por ti, papá.

Cierro los ojos y rezo.

Ya han pasado dieciséis años desde que volví al seno de mi familia en son de paz, con el deseo de hacerles un lugar en mi corazón. Les pregunto qué cosas les gustan, qué les preocupa, me informo acerca de sus proyectos. Pero todo es en vano. Las reuniones de familia continúan siendo insoportablemente impersonales y solo la gran pantalla de la televisión de la sala de estar parece escucharme.

Los invito a mis cuatro siguientes eventos artísticos: primero, una instalación titulada *El lavadero*, en la Casa de la Cultura Marie-Uguay, acerca de la vida en comunidad de los barrios del sudoeste de Montreal. En esa ocasión, también presento cinco encuentros con músicos locales. Más tarde, inauguro el barco-escultura *El viaje de la esperanza*, de seis metros de largo, a orillas del canal de Lachina. Y después, en el Centro de Historia de Montreal, presento la instalación *Marie-Josèphe Angélique*, la historia de una esclava negra que fue tristemente ahorcada y luego quemada públicamente el 21 de junio de 1734. Para esta ocasión, también organizo recitales de música y de poesía y conferencias del historiador Marcel Trudel y de Unicef acerca de la trata infantil y los niños soldados. Por último, la proyección de mi película *Angélique 1734 - Haití 2004: La historia de los amos*, un documental de 12 capítulos que relata la historia de la esclavitud, desde sus orígenes hasta la realidad actual de los tristes *restavèks*, niños utilizados como sirvientes en Haití.

Mamá es la única que asiste a algunos de mis eventos. Después de años de invitaciones, de insistir y de esperar, llego a la triste conclusión de que, si el árbol ya está maduro, ¡de nada sirve intentar enderezar el tronco! Así que decidí remover mi retoño de paz de su pedregosa tierra y plantarlo en un nuevo suelo fértil con mi compañera Tania, la senegalesa. Recuerdo la primera vez que nos vimos, en el Beauboug; era mi pausa y ella estaba sentada en la sala de escultura...

***

—Comencé a trabajar hace un par de semanas con la retrospectiva de Brancusi. ¿Vienes de Quebec? Reconocí tu acento, ¡siempre soñé con ir allí!

Tania lleva el sol de la primavera en la voz, un canto melodioso diferente al *staccato* percusivo típico de los parisinos. Es pequeña, tiene ojos castaños y su pelo corto, rizado y moreno se complementa armoniosamente con su tez color café, como dice la canción de Serge Gainsbourg.

—Mi papá es senegalés y mi abuela, polaca. Crecí en París, pero pasé la mayoría de mis veranos en el norte, en una granja.

Como yo, se siente tanto del campo como de la ciudad; su papá, al igual que el mío, prefirió el desarraigo. Tanto por haber corrido detrás de los gatitos de la granja o permanecido inmóviles en el asiento trasero del auto de familia, ella y yo compartimos historias similares. Al final de la pausa, antes de volver a mi puesto, intercambiamos nuestras recetas favoritas de pastel de chocolate con gran alegría.

—Fue un placer conocerte, ¿nos vemos pronto? —le digo y le doy los dos típicos besos franceses, uno en cada mejilla, con la sincera esperanza de volver a verla.

Mi deseo se cumple y durante los meses siguientes compartimos helados, vamos al cine de los Campos Elíseos y luego paseamos por el Jardín de las Plantas. Me dejo llevar por la improvisación y le canto «Singing in the rain» mientras los árboles en flor nos protegen de los chaparrones primaverales del mes de abril. Ella se ríe a carcajadas mientras me contoneo y doy saltitos «a la Gene Kelly» por encima de las diminutas cercas de los jardines. Aquel día se encendieron los primeros destellos de nuestro amor.

Al llegar a la cima del paseo Renée-Dumont, un antiguo puente ferroviario transformado en un magnífico parque aéreo, una ráfaga atiza nuestra chispa y desata una verdadera llama. Cuando nos detenemos a admirar el viaducto de las Artes, me animo a extender mi brazo y le rodeo la cintura. Ella acepta el suave abrazo, se acerca y coloca su cabeza sobre mis hombros. Mi mano roza delicadamente su mejilla mientras me acerco a sus labios en busca de un primer beso. El sol y la brisa nos acarician con ternura, es un momento perfecto, estamos realmente unidos.

Nuestro amor crece pese a mi inminente vuelta a Canadá. «Es por mi familia», le explico, en vano. Al dirigirnos al aeropuerto, se acurruca contra mí en el asiento trasero y su cuerpo empieza a temblar bajo los sollozos. El autobús, ajeno a su queja, va devorando la carretera como un huracán.

—Vendrás a verme cuando me haya instalado allá —le murmuro al oído.

Sabíamos que ese momento llegaría y nos preparábamos con ansias, pero ninguna palabra bastaba para consolarla, era su primer amor y su primera separación.

Empezamos un largo intercambio de cartas, yo le cuento acerca de los nuevos cursos que doy, los conciertos de góspel en los cuales participo y, sobre todo, mis ganas de volver a verla. Ella también da clases en una escuela y planea venir a verme dos semanas durante las vacaciones de verano.

El reencuentro transforma nuestra pasión en una brasa ardiente que me protege de las tempestades del invierno canadiense.

Pasa otro año, sigo intentando acercarme a mi familia y Tania vuelve durante los meses de verano. Ellos están tan cerca físicamente y al mismo tiempo tan lejos de mi corazón, mientras que ella, al contrario, está lejos físicamente pero tan cerca de mi corazón. Seis meses más tarde, en vísperas de Año Nuevo, mi estrella fugaz, mi ángel, vuelve a verme una última vez. Lo celebramos con una cena romántica en un restaurante del centro histórico de Montreal; ella resplandece como un diamante en su vestido de terciopelo rojo. Al sonar la medianoche, llega el gran momento, ¡le hago la proposición y ella acepta! Intercambiamos nuestros anillos de compromiso en la noche más fría del siglo, pero nuestros corazones alcanzan la temperatura más alta del milenio.

El primero de agosto de 1998, mi amiga Josée, con su violonchelo, interpreta la «Suite nº 1 en sol mayor» de J. S. Bach mientras firmamos el registro civil en el ayuntamiento. Como en el *Desayuno sobre la hierba* de Manet, reunimos a nuestros amigos en la cima del monte Royal para disfrutar de un pícnic campestre. Un espléndido cielo azul nos sonríe. Bailamos, bebemos y compartimos la comida con mi nueva familia canadiense conformada por artistas multiétnicos, compañeros de museos y amigos de los grupos de apoyo. ¿Te acuerdas, papá?

¿Papá?

***

El «bip-bip» mecánico de un monitor abandonado en la penumbra me sustrae del mantel a cuadros del pícnic y me devuelve al duro y frío piso de la habitación del hospital.

—Papá, sé que no tuvimos una familia ideal. Hicimos lo que pudimos. Por suerte nos reencontramos gracias a tu «princesita», ¿no? La sentabas sobre tus rodillas mientras yo cantaba tu obra preferida en el escenario: el «Lacrimosa» del *Réquiem* de Mozart.

—Mira qué bien se porta mi princesita, ¡una verdadera maravilla! —me habías respondido aquella vez.

¿Y recuerdas lo que me dijiste después de ese gran espectáculo con Kent Nagano y la Orquesta Sinfónica de Montreal? Era en conmemoración del centenario de los Canadiens, el club de hockey sobre hielo de la ciudad, en el Foro de Montreal, y yo había cantado la «Oda a la Alegría» de Beethoven con más de 1500 coristas, ¡como en la Unesco!

—¡Estoy orgulloso de ti, hijo! ¡Bravo!

Muchas gracias, papá, pero yo sabía que tu orgullo era ella, Aïyana, tu «princesita» adorada, y eso hacía que mi regreso a Canadá valiera mil veces, qué digo, ¡diez mil veces la pena!

La princesita

—**P**apá... ¿Sigues ahí, papá?

Me inclino y lo examino. A pesar de su débil y ronca respiración, aún resiste. Dio su autorización para que no se le apliquen cuidados médicos innecesarios, quería irse de la manera más natural posible.

—Estabas tan frustrado de no tener tus propios nietos. Yo no solo era el único de tus hijos que se había casado, sino también el único en divorciarse, como tú. Creo que eso te rompió el corazón.

Coloco una mano sobre su pecho para sentirlo. Su cuerpo está completamente inmóvil, su respiración es tan débil. Sus dedos están fríos, los tomo entre los míos para calentarlos, papá querido, qué cansado estás.

—Cuando estudiaba en Ámsterdam, aprovechaste para ir a un congreso durante mi primer trimestre en la Academia y me fuiste a visitar, ¿te acuerdas? Habías alquilado una habitación en un hotel para los dos y me hablaste del dolor que te provocaba la separación con mamá. Fue la primera vez que me contaste lo duro que había sido para ti. La primera vez que conversamos de padre a hijo.

Las lágrimas ruedan por mis mejillas, nos queda tan poco tiempo juntos. Ahora es mi turno de revelarle cómo vino al mundo su nieta.

—¡A los ocho años ya sabías que no querías vivir en la granja! Encontraste tu pasión y te convertiste en médico. Siempre te admiré por eso, papá. Por tu gran carrera, ¡qué vida tan plena! Desde que volví a Canadá, en cambio, yo empecé a sentirme vacío. Como el número 6 de aquella serie de televisión, pensaba que me había escapado, pero en realidad seguía encerrado en mi abismo.

Por costumbre, me llevo la mano hacia el bolsillo de mi chaqueta en busca de un cigarrillo. Me río de la ridiculez de mi gesto, hacía mucho tiempo que había dejado de fumar. Había empezado a escondidas en el patio trasero de la escuela, a causa de la intimidación, y lo había dejado cuando me casé.

—Con Tania me sentí pleno, durante un tiempo. Pero el vacío volvió a instalarse como nunca y empecé a llenarlo comiendo. Cada mañana, me levantaba muy temprano para ir a la panadería de la esquina a llenar mi vacío con una primera taza de café y un *muffin*. Me sentaba una hora, o a veces incluso dos, leía y escribía en mi diario para intentar entender por qué habían vuelto mis ideas suicidas. ¡Cuanto más perturbado me sentía, más pasteles comía! Parecía algo inofensivo, ¡hasta la noche en que Tania empezó a sacudirme aterrada! ¡Imagínate la escena, papá! Me gritaba: «¡Guy, Guy! ¡Despiértate! ¡¿Por qué no respiras?!».

—Tenía apnea del sueño, papá. Prediabético, con sobrepeso, me comía literalmente mis emociones, ¡estaba cavando mi propia tumba ingiriendo semejante cantidad de pasteles! Peor todavía, había perdido mi voz interior.

Por aquella época, había hablado con papá acerca de la nutrición, pero él me decía que se levantaba en medio de la noche para comer galletas de chocolate y malvaviscos Whippet o una «buena porción de tarta de fresas con un vaso de leche», ¡que era bueno para la salud! ¡Claro, papá! ¡Y dentro de algunos años tu princesita sí que comería tartas de fresas con helado, *shortcakes* de fresas y fresas con crema batida! De modo que mejor decidí orientarme por internet.

La ciencia describía regímenes alimentarios, ayunos, dietas mediterráneas, vegetarianas y tantas otras cosas. Finalmente adapté mi alimentación a la dieta paleolítica y seguí varios programas para ponerme en forma. Entusiasmado por perder mis primeros kilos, decidí crear mi primer blog: *Guy, the healthy paleo guy*[12]. Logré perder un cuarto de mi peso y la apnea del sueño desapareció. Luego, milagrosamente, ¡Tania quedó embarazada!

—Así que logré ponerme en forma. ¿Y te acuerdas cómo te anuncié la buena noticia, papá? Estabas tan contento que descorchaste un champán para celebrarlo. Nos diste consejos durante todas las etapas de la gestación, ¡incluso llamaste a la partera y al médico del hospital! Cuando por fin tuviste a tu nieta en brazos, la miraste a los ojos y le dijiste: «¡Hola, princesita!».

Todos los enfermeros y sus asistentes saben de qué manera te cambió la vida, y nos lo repiten constantemente: «Cómo quiere a su princesa, ¡tiene su foto colgada de la pared y no para de hablar de ella! ¡Es su mayor tesoro!».

Para mi querido papá, su nieta era su universo, por eso nunca le conté lo cerca que estuvo de perderla una noche, el 4 de noviembre de 2008, la noche de mi cumpleaños...

***

—¡Feliz cumpleaños, Guy, que los cumplas feliz!

¡Es mi día! Estamos en un restaurante libanés con mi esposa, mi hija y su madrina, y apenas logramos movernos, el lugar está repleto de gente. Después de unos suculentos *baklavas*, me siento más que feliz de ponerme mi pesado abrigo de invierno y salir al silencio de las callecitas del barrio.

Es una noche mágica y los copos de nieve revolotean siguiendo el compás endiablado del viento. Tania y yo caminamos tranquilos, de la mano, en dirección a la parada de autobús más cercano mientras Aïyana va surfeando las olas de nieve que se acumulan en la acera. Al llegar a la parada, yo prefiero quedarme fuera con mi hija para llenarme los pulmones con bocanadas de aire fresco y sentir cómo me acarician la cara los copos de nieve.

---

12 Guy, el saludable tipo paleolítico *(N. del T.)*.

—Mira, saca la lengua así, ¡vas a ver que sabe a malvavisco!

—¡Qué tontería, papá!

¡La hago reír! Por fin aparecen las luces naranjas del autobús.

Pero viene realmente rápido, muy rápido, ¡demasiado rápido! ¡Tania y la madrina salen corriendo de la parada!

«¡¡¡¡CRRRRRRRRRRIIISSSSSSSSHHHHHHHHHH!!!!».

El conductor hace pedazos la parada y los restos de metal y de esquirlas afiladas vuelan hacia nosotros. El rechinante estruendo me sacude la columna vertebral de arriba abajo mientras logro tomar en brazos a mi hija a último momento: ¡el inmenso panel publicitario luminoso se derrumba sobre nosotros!

«CCCRRRRRAAASH».

Lo esquivo justo a tiempo y revienta en mil fragmentos que aterrizan a nuestros pies. Pero el techo curvado se desploma ante el impacto y veo horrorizado que Tania se tropieza justo delante de su trayectoria.

Su rostro se queda duro, los ojos bien abiertos, muerta de miedo.

Con la niña en brazos, me tiro delante del inmenso techo que me aplasta el hombro violentamente: «¡¡PAAAFFFFF!!».

Resisto con todas mis fuerzas, caigo de rodillas y desvío su trayectoria asesina hasta que se derrumba a unos pocos centímetros de la cara de mi esposa. Temblando por el shock, me tiende la mano para que la saque de semejante horror. Mi hija, aún en brazos, nunca tocó el suelo.

***

Desde el primer día de la internación de su abuelito, la princesita, que ahora tiene siete años, viene a hacerle mimos con frecuencia. La habitación en la unidad de cuidados intensivos está repleta de dibujos multicolores: arcoíris, ramos de flores gigantes y autorretratos. ¡Se quieren tanto!

Pero esa mañana, en su oscura y triste habitación, solo veo un dibujo en la pared: *La princesa y el castillo*: papá está sentado en un trono majestuoso con la corona dorada del *Rey de la neurología* y, sentada en su regazo, su princesita. Lo había colocado cerca de su cama para poder acariciarle la mejilla, porque era el dibujo que había hecho cuando le prohibieron visitarlo.

Había sido algunos meses atrás; al ver a la pequeña, la enfermera pegó un violento grito.

—¡Están en terapia intensiva, no puede haber niños aquí!

—¿Por qué? ¿Qué tiene el abuelo? ¡Quiero verlo!

La princesita se queja, preocupada.

—¡Los niños afuera!

La enfermera repite su orden ignorando a la pequeña y mirándome de manera autoritaria.

Aïyana rompe en llanto. Sabe que su abuelito está cerca de ella, del otro lado del pasillo, ¡y no la dejan verlo! La levanto en brazos, la mezo suavemente y la consuelo en la entrada de la unidad. Abro mi mochila y saco unos marcadores y una hoja de papel.

—Toma, hagámosle un dibujo para que sepa que estás aquí.

Echa un vistazo a los marcadores con la mirada perdida mientras las lágrimas siguen bajando por sus mejillas.

—¿Está bien? ¿Por qué no me dejan verlo?

Sus ojos están colorados. Saco un pañuelo para secarle las lágrimas y tranquilizarla.

—Sí, está bien, y a mí también me gustaría que lo vieras. Toma, elige los colores y luego yo le llevaré el dibujo. ¡Se va a poner muy contento y así sabrá que tú estás aquí a unos pocos pasos!

Vacilando, destapa un primer marcador y dibuja un castillo con aquel majestuoso trono para su abuelo.

—Esa nena soy yo, papá —dice señalándome el dibujo—, estoy sentada en sus rodillas. Díselo, papi, y dile al abu que lo quiero.

Voy a la habitación a darle el dibujo a mi papá y se sorprende al no ver a su princesita.

—¿Dónde está? —pregunta preocupado.

—Está aquí al lado, papá, en la entrada. No para de hablar de ti y quiere saber cuándo volverás a casa. Te quiere tanto.

Él toma el dibujo y, con lágrimas en los ojos, le acaricia uno de sus pequeños cachetes.

Esta vez sí había perdido a su princesita.

Nunca más se volvieron a ver.

Un buen chico

Contemplo el dibujo de papá en su trono, con la corona dorada del *Rey de la neurología.*

—En verdad que has construido tu reino, papá. Y a mí me suelen decir que tengo éxito en la vida: me casé con una mujer hermosa, tengo una hija extraordinaria, organizo exposiciones, conciertos, conferencias y talleres en museos e incluso soy propietario de un departamento, ¡no me puedo quejar! ¿Pero por qué me sigo sintiendo vacío?

Uno de los tubos fluorescentes empieza a zumbar en el pasillo, un largo gemido que se termina en un pequeño tic metálico. El silencio vuelve, y también mi sensación de vacío.

—La neurología es tu pasión, tu misión en la vida, pero yo, ¿estoy viviendo realmente mi vida? ¿O más bien la de mi mujer, la tuya y la de mamá, o lo que espera la sociedad de mí? ¿Qué es lo que quiero realmente? Ya no lo sé, ya no lo sé...

Desde el accidente del autobús me siento perdido, y ahora, con mi papá en coma, mi vida me parece tan trivial.

—En Ámsterdam, estuviste ahí cuando te necesitaba; pasó el tiempo y creé instalaciones, enseñé arte y di conferencias, pero antes de todo eso apareció la música. A los doce años ya componía con el piano; luego, tomé clases de violín, de canto, integré diferentes coros, me uní a un conjunto de gamelán balinés e incluso di conciertos de improvisación. ¿Te acuerdas cuando creé mi propio coro de cantos marineros?

Papá estaba feliz pero nunca supo todo lo que tuve que hacer para lograrlo. Fue hace diez años, cuando decidí tomar lecciones de teoría musical.

***

Asisto a clases vespertinas y, tras años cantando en coros, logro aprender las bases del solfeo. Por fin puedo escribir las partituras de las composiciones de mi infancia y me pongo a componer temas más poéticos, como «Je suis car j'essuie la suie dans le noir»[13] y la obra lírica «Oh, rabia» para dos sopranos y coro. ¡Los presento ante la facultad de música de la Universidad de Montreal y me aceptan en la carrera de composición! ¡Ahora me toca a mí descorchar una botella de champán!

«Por fin, está claro, siempre lo estuvo, es lógico, ¡la música es mi vida!».

Me destaco en todas las materias, excepto en una: la música atonal. Y sin embargo estudio día y noche y me paso horas tocando el piano. A pesar de mis esfuerzos, no logro aprobar la materia y esto me impide continuar mis estudios. «¡Como en Ámsterdam, otra vez lo mismo!».

El hecho de no poder cumplir mi sueño me estresa y, sumado a mi temor a la autoridad, empiezo a tener ataques de pánico durante la noche. Un día, en medio de una tormenta de nieve, me doy prisa para ir a buscar a mi hija a la guardería; me siento agotado y lleno de angustia: «Me estoy volviendo loco, ¡no es más que una estúpida materia, un simple fracaso! ¡No es como si me hubiera atropellado un autobús!».

De pronto, todo el universo se detiene: los copos de nieve quedan suspendidos en el aire, el ruido desaparece, nada se mueve, nada respira. Acabo de estrellarme contra el muro de mi absurdidad. La dulce

---

13 Juego de palabras basado en la sonoridad *suis/(es)suie*. Literalmente: «Yo soy/ existo porque limpio el hollín en la oscuridad» *(N. del T.)*.

voz que había sepultado bajo todos esos pasteles por fin responde a mi urgente llamado.

—¡Guy, tienes un problema!

—De acuerdo, de acuerdo, de acuerdo... Te escucho.

Un profundo suspiro se escapa de mis entrañas y la vida retoma su curso: las ardillas saltan sobre las ramas cubiertas de nieve, los autos zigzaguean por la calle helada y los copos terminan de aterrizar en el suelo. Tranquilo, triste pero aliviado, me pongo a caminar de nuevo, esta vez con más calma, en dirección a la guardería. Abrigo a mi hija con mucha atención y al volver a casa preparo la cena en silencio. Entendí: tengo que buscar ayuda.

Esta vez me inclino por una psicóloga especializada en la terapia EMDR, un método utilizado para tratar los casos de estrés postraumático. Desde que empecé las consultas con Blanche, también realicé tratamientos de masoterapia y osteopatía que me ayudaron mucho a conciliar el sueño de manera más profunda. Hacer trabajar mi cuerpo daba mejores resultados que lo que lograba únicamente a través de la palabra.

Marguerite me recibe en su consultorio con un firme apretón de manos y una cálida sonrisa. Inspira serenidad y confianza gracias a la madurez de su edad. Lleva una elegante blusa bordó y los abundantes rizos de su cabello negro se debaten como una medusa.

Las paredes de la pequeña pieza tienen un color verde esmeralda y están decoradas con paisajes otoñales. Una enorme palmera de bambú —demasiado grande para la sala— extiende sus frondosas ramas cerca de la ventana. Un chorrito de agua que cae de una pequeña fuente y las suaves notas de una flauta de Pan crean un clima de relajación. Me siento rodeado de naturaleza como en los senderos de mi montaña. Es un entorno ideal para mí. Después de explicarme un poco la técnica, le doy mi autorización para que la lleve a cabo y le describo mi estado de ansiedad.

—Duermo muy poco y tengo ataques de pánico desde que reprobé esa materia. ¿Por qué será?

A partir de la segunda sesión, descubrimos un primer indicio detrás de mis crisis de ansiedad: soy un adicto al trabajo, tengo que conseguir buenos resultados. No, peor todavía, tengo que sobresalir en todo lo que hago. Soy un perfeccionista obsesivo.

—Bien. ¿No piensa que eso podría ser una manera de huir de sus problemas?

Espera mi respuesta.

—Oh, como cuando no paraba de comer pasteles, sí; una manera de evadirme refugiándome en el trabajo para olvidarme de mi abismo.

—¿Qué es ese «abismo» que ha mencionado en varias ocasiones?

—No lo sé.

Cuando comienza la tercera sesión, me encuentro recostado cómodamente en la camilla negra de cuero brillante.

—Cierre los ojos, Guy, respire hondo. Piense en un lugar donde se encuentre seguro.

—Veo una playa de arena dorada y un océano infinito de color azul eterno.

—¿Qué pasa? ¿Ve algo en esa playa?

Con su índice comienza a golpear mi rodilla de manera muy suave y regular.

—A lo lejos, en el horizonte, veo nubes negras. Se acerca una tormenta, ¡viene hacia mí!

Me dejo llevar cada vez más por las imágenes.

—Se encuentra seguro, no lo olvide. Cuénteme, ¿qué ve ahora?

—Ahora tengo las nubes grises y negras encima de mí. La playa se ha vuelto oscura. Tengo miedo. Oigo gritos a mi alrededor, por todas partes, tengo ganas de gritar.

Me invade un calor sofocante, se me cierra la mandíbula y mis dientes quedan comprimidos bajo la presión.

—Hay una mano sobre mi mejilla y otra sobre mi garganta. ¡Más gritos! ¡Me asfixio!

—Respire, está todo bien, estoy a su lado.

Marguerite sigue indicándome su presencia golpeteando mi rodilla.

—¿Qué pasa ahora?

—Algo me oprime el pecho, me aplasta, pesa una tonelada. Quiero huir, quiero luchar, pero un dolor en el cuello me paraliza. Una mano me está estrangulando.

Empiezo a transpirar y finalmente lo veo:

—EL CUCHILLO. TENGO UN CUCHILLO CONTRA LA GARGANTA, ¡UN CUCHILLO A PUNTO DE DEGOLLARME!

...

—Respire, Guy, tómese su tiempo, está seguro aquí. Hábleme del cuchillo, ¿cómo es?

Su voz es suave y firme como una roca a la cual me aferro.

—Oigo una voz, una voz sin cuerpo que me dice: *Cállate o te mato.*

Veo el cuchillo, oigo las voces de otros niños. Estoy en el campamento de los boy scouts.

El cuchillo es largo, puntiagudo, plateado y brillante.

Siento que me invade la ira y, a través de mis mandíbulas herméticas, termino rebelándome:

—¡Esta vez no! ¡Esta vez no! ¡Basta! ¡Basta ya!

Le quito el cuchillo, lo empuño. Empieza a perder su brillo, se oxida, el color se torna de un sucio y viejo color naranja, como quemado, ¡y luego se reduce a cenizas que se escurren entre mis dedos! ¡Ya no queda nada!

¡Se terminó!

Liberado de mi ira, siento que un tsunami de tristeza se apodera de mi cuerpo; las lágrimas que reprimía desde hacía una eternidad por fin logran expresarse libremente.

Marguerite me tiende una caja de pañuelos y me felicita por lo que acabo de lograr.

—¡Tuve tanto miedo durante todos estos años! Tenía la impresión de que me iba a morir en cualquier momento. Los líderes de los boy scouts eran la Autoridad y yo no podía desobedecer sus reglas, si yo me atrevía a contar algo me iban a degollar como a un animal en el matadero. Era una muerte segura, entonces dejé que mis hermanos me pisotearan, y la única opción que me quedaba era convertirme en «un buen chico» y decir siempre sí a todo: un verdadero sumiso. Dejé de existir.

—Bravo, y es ese «buen chico» que temía fracasar con la música, no usted, Guy. Es fácil comprender a ese pobre niño ante una amenaza de muerte. No lo sabía, pero ahora lo ha integrado, y se terminó; logró pulverizar el cuchillo como un guerrero, y ahora ya nunca podrán amenazarlo de nuevo.

Sonrío por dentro cuando evoca, sin saberlo, el título de una de mis esculturas, *El Guerrero*. Siempre había tenido ese poder en mí, pero no lo sabía.

Al concluir la sesión, aún me embarga la emoción de haber descubierto esa amenaza reprimida, pero me alivia saber que por fin he logrado deshacerme de ella. «¡Al fin y al cabo solo se trataba de una simple materia! Es una lástima, pero, ahora que me liberé de mi obsesión perfeccionista, voy a poder seguir disfrutando de la música como yo quiera».

Es entonces cuando decido crear mi propio coro: Los Cantos Marinos de Montreal.

***

—Me reencontré con mi pasión por la música, papá, pero el vacío aún persiste, como si ese buen chico aún no me hubiera revelado todo. Y tú, cuando te fuiste de la granja para convertirte en médico, ¿también lo hiciste para ser «un buen chico»?

Me acuerdo del día en que recibió el primer premio de la Asociación de Neurólogos de Quebec con todos los honores: médico excepcional, investigador en epilepsia, jefe de servicio, director, presidente y tantos otros. O aquella otra vez, cuando me mostró su nombre en el libro *Historia de la neurología de Quebec*, otro reconocimiento a su trabajo.

«En la vida hay que trabajar duro», me decías siempre, y eso es lo que hiciste, ¡trabajar! ¿A lo mejor haya sido tu «buen chico» el que te hizo trabajar tanto? Me decías que lamentabas mucho el divorcio y el haber tenido que alejarte de nosotros, de tus hijos. Al final, ¿no habrá sido ese «buen chico adicto al trabajo» el que te alejó de nosotros?

Me invade una tristeza repentina, por primera vez me doy cuenta de algo y se lo digo:

—Te necesito, papá.

Semejante revelación hace que las lágrimas me sacudan todo el cuerpo durante un buen rato.

Tomo su mano con cuidado, la pego a mi mejilla y rezo con él.

—Gracias, pa, diste lo mejor de ti. Sanaste a miles de pacientes, los transformaste con tu amor. Tuviste una vida plena y a ti también quiero liberarte de todas las reglas de tu «buen chico».

...

Después de un largo rato, me levanto y miro el dibujo de la princesita una vez más, sentada sobre el regazo de su abuelo, brillando en todo su esplendor sobre su trono, el *Rey de la neurología*.

—Te quiero, papá, puedes descansar en paz.

...

—Te quiero.

Después de algunas horas, nos dejaría para siempre.

Llorar de la risa

Después del funeral, me atrevo a romper una de las reglas fundamentales de los «buenos chicos»: ¡trabajar! Empecé a hacerlo a los ocho años y desde entonces nunca paré: corté el césped, repartí periódicos, fui encargado de vestuario, guardia nocturno, conserje, camarero, vendedor, diseñador de vitrinas, profesor, por solo citar algunos empleos. En cuanto a mi trabajo de artista, me la paso constantemente en mi taller: de día, de noche, los fines de semana.

«¡Un buen chico trabaja porque eso es lo que debe hacer un buen chico!».

¡Ya basta! Esta vez sigo mi voz interior y abandono mi empleo para concentrarme en mi carrera de conferencista. Me había encantado estar en contacto con el público durante la presentación de las instalaciones de mi *Family Show*. Ahora propongo tres nuevas temáticas: *Mil años de historia del arte con los dedos de la mano: un método fácil y divertido para aprender arte*; *De Bach al rap: mil años de música con los dedos de la mano*; y *La gran aventura de los cantos marineros*. Es un éxito, al público le encanta la mezcla de música, arte y humor y se queda con ganas de más.

A pesar de los buenos resultados, el «buen chico» vuelve a atacar y me hace dudar: «¿Habrá sido una buena idea dejar mi trabajo? ¿Y si fracaso? Tengo que hacer tantas cosas al trabajar de manera independiente: ocuparme de los contratos, los impuestos, el marketing».Por la noche, la ansiedad me despierta sobresaltado y me acechan los remordimientos: «¡¿Qué hiciste, imbécil?! ¡Te dije que cerraras la boca y que hicieras caso!».

Me esfuerzo más aún y decido compensar mi poca habilidad para los negocios explorando en internet, en librerías y en bibliotecas públicas. Termino encontrando un programa gratuito para emprendedores impartido por YES Montreal, un organismo de cooperación profesional. Entendí que para enfrentarme al «buen chico» nunca tengo que confrontarlo solo. Y así me impongo una primera nueva regla: ¡No hacer nunca nada solo!

Durante la consulta con la consejera de artistas, le lleno el escritorio con una pila de carpetas: exposiciones, catálogos, conciertos, composiciones, planes de clases, conferencias, CV, etc.

—Aquí tiene, hice todo esto. ¿De qué me puede servir ahora?

Me mira perpleja, asombrada ante tantos logros.

—¡Guau, impresionante! Pero si ya ha hecho todo eso, ¿qué necesita de mí?

—No lo sé, me debería servir de algo todo lo que hice, ¿no?

Me maté trabajando toda la vida y logré muchas cosas, pero no era yo, era el «buen chico» el que hizo todo eso. Hizo las cosas al revés, priorizó el trabajo antes que el corazón. En realidad, terminé perdiendo contacto con mi verdadera esencia, ya no siento nada, ni siquiera sé para qué vivo.

—Pues bien, empecemos por un plan de negocios. ¿Cuáles son sus objetivos?

¿Mis objetivos? Nadie se había preocupado por eso antes, ni me lo había preguntado. Como cuando pedí asistencia jurídica en París, siento que alguien por fin le otorga validez a mi vida. Los ojos se me llenan de lágrimas de alivio.

Al volver a casa, me siento angustiado ante la pérdida de papá y el «buen chico» no deja de atacarme, lo cual empeora mis crisis de ansiedad y de insomnio. Me encuentro al borde de la depresión, así que decido consultar a un médico que me prescribe ansiolíticos, pero me niego a tomarlos. Estoy cansado, ya no tengo fuerza para ir al monte a cambiar de aire; me pongo a buscar una alternativa y recuerdo una actividad que atizaba mi curiosidad desde hacía tiempo: ¡reunirse con otras personas para reírse!

Me parecía absurdo eso del yoga de la risa, y además era demasiado tímido y nunca me animaba a intentarlo. Pero esta vez era mi último recurso. Era hora de enfrentarme a otra regla de los «buenos chicos»: ¡nunca tomar el riesgo de adentrarme en lo desconocido! Encuentro un taller, me organizo, me prometo que iré: mi *Guerrero* sigue avanzando.

Al llegar al lugar, subo las viejas escaleras de madera de una antigua fábrica reformada y dividida en varios espacios. En la recepción suena una música de flamenco a todo volumen mientras unas jóvenes de pelo largo y coloridas calzas saborean un té de kombucha.

—Puerta 15, al fondo a la izquierda —me indica con indiferencia una recepcionista de reluciente cabello verde.

A lo largo del pasillo hay pósters de bailarines, anuncios de retiros espirituales y conciertos folclóricos. Finalmente, entro en una gran sala de baile: de un lado, espejos; del otro, ventanas con vista a la ciudad. Me descalzo, observo que no parece haber ningún código de vestimenta y me uno a un grupo de hombres y mujeres de todas las edades que ya intercambia carcajadas.

—Hola, yo soy Jonathan, no seas tímido, deja tus preocupaciones afuera, estamos aquí para divertirnos.

Nuestro profesor es alto, flaco, parece un espantapájaros con su pelo pajoso y enmarañado; su misión es enseñarnos a reír sin razón. Primero formamos un gran círculo y nos desplazamos saltando, corriendo, levantando los brazos, no paramos. De pie, sentados, acostados, el ritmo se vuelve delirante, ¡como en aquellos viejos *sketchs* televisivos de Monty Python que tanto me gustaban!

Al cabo de media hora, empiezo a transpirar y me duelen las costillas de tanto reírme. Alcanzo un nivel de exaltación que no había experimentado en mucho tiempo, o tal vez jamás. Al terminar la relajación, converso con mis nuevos compañeros de risas, hay un clima muy amistoso. Les doy las gracias y salgo sintiendo una energía nueva: todo es más luminoso, colorido y vibrante. «¡Guau, es increíble! ¿Hay personas que se ganan la vida haciendo esto?». En ese instante tomo una decisión: ¡quiero convertirme en profesor de yoga de la risa! Al llegar a casa, esta vez me sumerjo en un sueño profundo y me duermo como un recién nacido hasta la mañana siguiente.

En pocas semanas, los acontecimientos se suceden de manera notable: sigo la formación de Liliana de Leo y obtengo mi diploma. Luego asisto a la primera conferencia canadiense de yoga de la risa, en Toronto. Allí, tengo el privilegio de conocer al propio fundador de esta técnica, el Dr. Madan Kataria, y a su magnífica esposa, Madura. ¡Qué radiantes son! Además, participo en el primer campeonato canadiense de la risa de Albert Nerenberg con mi suéter y mi gorra del coro de los Cantos Marineros de Montreal.

—¡Capitán Guy! ¡Capitán Guy! —me aclama la multitud con alegría.

Nunca antes me había rodeado de gente tan positiva y feliz; ¡por fin encontré una comunidad donde estoy a gusto! Me siento como el barón de Münchhausen en la película de los *Monty Python*: perdido en altamar, termina rescatándose a sí mismo levantándose de la parte trasera de su pantalón. Me arranco de mi antigua vida de «buen chico» para entregarme a una nueva vida de humor.

Decidido a seguir enriqueciendo mis conferencias, me inscribo en una formación sobre el arte clownesco a la cual asisten una docena de estudiantes veinteañeros. Ellos siguen un programa intensivo de tres semestres, ¡yo solamente de seis días! La formadora, Francine Côté, es pequeña como una niña, pero impone grandeza por su presencia, por la excelencia que exige y las críticas que aporta:

—No insulte nuestra inteligencia, ¿nos está tomando el pelo? ¡No actúe, muéstrenos quién es!

Descubro que uno no crea su clown, sino que simplemente lo deja surgir. Me sugiere un personaje, un golfista escocés con esas mantas a cuadros de los años treinta. Me regodeo como un niño en una juguetería al dar con mi primer traje de clown en una tienda de disfraces.

Nuestra profesora quiere simplicidad, vulnerabilidad y disfrute, lo cual constituye un enorme desafío: ¡mi vida siempre consistió en analizarlo todo, en protegerme y, principalmente, en evitar el placer!

Cada vez que fracaso en una de mis improvisaciones de clown, se me vuelve más difícil contener las lágrimas. ¿Cómo puedo darme a conocer, yo, Guy, «el buen chico» silencioso e invisible, si ni siquiera sé quién soy?

Al final, durante el sexto y último día de la formación, aún me cuesta exteriorizar lo que siento. Decido entregarme completamente y me convenzo de que, si fracaso, pues bien, ¡estaré orgulloso de recibir el título de mejor fracaso de todos los tiempos!

Dejo mi ansiedad en el vestuario, subo al escenario y, una vez allí, me invade la timidez, el miedo, las dudas. Improviso libremente a partir de estas emociones, jugando a esconderme, escapando, dudando y haciendo de cuenta que desaparezco: en realidad, así es mi vida cotidiana. Y luego, para mi sorpresa, ¡la profesora y los alumnos se ríen y me aplauden! Me pongo a temblar. Mi clown sale de su cascarón y llora de felicidad: logró revelar una parte de mí.

Me fascina haber podido transformar mi depresión en risas y me propongo escribir un primer libro sobre el tema; escribo mails a los fundadores de los diferentes movimientos para entrevistarlos: a Madan Kataria, que ha vuelto a la India; a Corinne Cosseron, en Francia; a Steve Wilson y a Sébastien Gendry, en los Estados Unidos; y a Linda Leclerc, en Canadá. ¡Me responden con entusiasmo y se muestran dispuestos a participar!

También pienso en una película biográfica que había visto, protagonizada por el actor Robin Williams. Era la historia del Dr. Patch Adams, que se disfrazaba de clown para darles un poco de alegría a los niños enfermos de los hospitales. Me emocionó mucho y me encariñé con el personaje. Decido comprar su libro sobre el instituto Gesundheit y escucho su tierna y cálida voz de barítono en las entrevistas que encuentro por internet. Como si se tratara de un ritual, siempre concluye con esta invitación: «Escríbanme y les responderé. ¡Nunca se me olvidó responder una carta en cuarenta años!».

Dudo, dudo, no paro de dudar, como con Cassandra. «¿Quién soy yo para escribirle? ¡No soy nadie!». Supero mis temores y termino animándome a escribirle para solicitarle una entrevista. «Al menos, lo habré intentado». Luego, con el tiempo, me olvido y sigo con mis cosas. Mi ansiedad había desaparecido, dormía bien y, como si fuera un regalo, el día de mi cumpleaños organizo un taller de yoga de la risa para la Sociedad de Alzheimer de Montreal.

La directora de programas y servicios, April Hayward, me manda una carta de agradecimiento:

«El señor Giard se mostró dinámico y captó inmediatamente la atención de nuestro grupo con su entusiasmo. En pocos instantes, un grupo que no se conocía con anterioridad comenzó a reír, a darse la mano, interactuar y compartir con los demás».

La risa había transformado mi vida y yo estaba ayudando a otras personas a transformar la suya. ¡Qué maravilla!

¡QUIERO IR!

Estoy preparando una nueva conferencia sobre los poderes sanadores de la risa cuando recibo lo que parece una simple postal. De un lado, un dibujo infantil y multicolor ilustra una ciudad tentacular y lleva la inscripción *Maria's Children of Russia*; del otro, unos garabatos prácticamente ilegibles. Me pregunto de quién podrá ser, hasta que descifro la firma que se encuentra en la esquina inferior derecha: Patch Adams. Volteo la tarjeta una y otra vez con incredulidad. Estoy maravillado, ¡no lo puedo creer! «¡Es él, el Gandhi de la risa! ¡Me escribió! ¡Tengo un pedazo de historia en mis propias manos!».

Querido Guy, quedé encantado con tu proyecto y tus sueños... Viajo 300 días al año desde hace 29 años para intentar construir una revolución de amor y transmitirla a la gente que me rodea. Practico el arte del clown todos los días desde hace cincuenta años. La mejor manera de que nos veamos es que vengas a nuestro próximo viaje a Guatemala...

Patch

¡Está demasiado ocupado y como no puede concederme una entrevista me invita a que me una a su misión de clowns humanitarios!

«¿A mí? ¡¿Qué?! A ver, a ver... veamos, pero no, es imposible, impensable, insensato, no, ¡nunca voy a poder hacer algo así! ¿Quién soy yo para vivir semejante aventura? Y, además, ¿cómo hago con mi esposa y mi hija? No, no puedo, ¡es una locura!».

Sin embargo, siento que todo el universo me impulsa y que así estaría cumpliendo uno de los sueños de mi infancia. Sin embargo, los temores, la angustia y el pánico me invaden, porque el «buen chico» protesta de manera categórica. «¿Y tus obligaciones, y tus valores familiares? ¿Cómo te atreves siquiera a pensarlo? ¡Irresponsable! ¡Desconsiderado!». Lo hablo con mi familia. Son diez días en Centroamérica, no me parece demasiado, pero para mi esposa, después de 15 años de matrimonio, ¡lo mismo daría si me tomara un cohete a la Luna!

Analizo los pros y los contras. «Veamos, si hago esto, luego esto, y luego...», y sigo dando vueltas como un perro persiguiéndose la cola. Agotado y atormentado, decido consultarlo con Marguerite para ver las cosas con mayor claridad.

—¿Por qué tengo tanta ansiedad? Siento que es importante que vaya, realmente quiero ir, pero tengo tanto miedo. ¿Por qué dudo tanto?

Después de media hora, por fin me atrevo a revelarle la verdad: me da más miedo lo que piense mi esposa que el viaje. Siento que hay un vacío en nuestra vida de pareja y me cuesta horrores comunicárselo porque aún me atormenta la reacción de Jeanne cuando estaba en Europa. De hecho, es lo mismo que me pasó con el consejero escolar y el terapeuta de París, por una vez en la vida tenía que pensar en mí mismo sin una justificación o razón en particular.

—Guy, en este momento, ¿qué es lo que quieres realmente?

A decir verdad, nadie me lo había preguntado. Nunca había tenido derecho a existir.

El silencio envuelve la pieza, solo se oye la flauta de pan y el goteo de la pequeña fuente.

—¿Qué quiero yo? ¿Tengo derecho a querer algo yo?

Marguerite asiente con la cabeza y espera pacientemente. Los segundos se transforman en minutos. En mi interior, el «buen chico» quiere escaparse del consultorio, pero yo me interpongo en su camino. Es hora de que se exprese mi voz interior, la que habla desde lo más profundo de mi alma, la que me había impulsado a ir a Ámsterdam. Me habla y yo la escucho: «¡Ve a Guatemala a participar en la misión de clowns humanitarios de Patch Adams!».

—¡QUIERO IR!

Como la bala de un cañón que destruye una fortificación, por fin logro expresarme: lágrimas de felicidad y de alivio bajan por mis mejillas, mi cuerpo vibra de alegría.

Al volver a casa, me armo de valor y me animo a decírselo a mi esposa. Le cuesta aceptarlo, pero al mismo tiempo quiere apoyarme en mi decisión.

Tras tomar esta determinación, se suceden una serie de coincidencias tan inverosímiles que pareciera como si el universo me agradeciera por mi valentía. Yo que nunca debía pedirle nada a nadie, termino organizando una recaudación de fondos y recibo ayuda de compañeros de clase con los cuales no había hablado desde hacía años. Además, me uno a la AATH (Association for Applied and Therapeutic Humor), una asociación estadounidense de humor terapéutico, me apunto para obtener su acreditación profesional y también para asistir a la próxima conferencia anual, en Indiana. ¡Algunos miembros hasta colaboran donando fondos, es maravilloso!

Pocas semanas antes de partir, encuentro por casualidad una chaqueta de *tweed* con cuadros rojos a mi medida en una tienda de ropa de segunda mano: ese será el traje que usaré. Luego conozco a Guillaume y a Steve, dos clowns de Montreal que ya tuvieron la oportunidad de vivir esta aventura, y uno de ellos me alienta y me presta su títere, un loro verde fosforescente.

—Vas a ver, Guy, ¡te va a cambiar la vida!

Cuando me asalta el miedo, pienso en los chicos a los que voy a ayudar y eso me de fuerza para seguir. También le dedico el viaje a la memoria de mi papá: «Estaría tan feliz de verme vestido de doctor clown en los hospitales, ayudando a aliviar a los pacientes, como él». Para el vuelo, me preparo un sobre con fotos de mi familia y mensajes de apoyo de las personas que donaron fondos. Sus palabras me reconfortan, su optimismo me hace llorar de emoción. «Creen más en mí que yo mismo. Si tan solo supieran cuánto me ayudan a realizar este viaje».

Ya es hora de partir. Mi pequeña familia me acompaña hasta la entrada del aeropuerto. No quieren esperar hasta el despegue, les sería demasiado difícil separarse así. Las entiendo, las quiero tanto.

—Buen viaje, osito de mi corazón, te amo.

—Papá, papito, te quiero, ¡vuelve rapidito!

—Las quiero, chicas.

Un último beso, un último abrazo, y miro cómo se alejan mientras nos soplamos besos con la mano.

Dejo mi temor en el suelo, levanto las valijas, doy media vuelta y abro las grandes puertas de vidrio del aeropuerto con determinación.

Café con leche caliente, por favor

En el enorme hall del aeropuerto, ensayo una primera aparición clownesca haciendo gala de mi chaqueta de cuadros rojos. Tengo tantas mariposas en el estómago que siento que ya empecé a tomar vuelo, pero las mariposas terminan transformándose en pegajosas babosas a medida que el vuelo se retrasa. Dos horas de espera, Tania y Aïyana ya deben estar en casa, y ahora temo perder mi conexión. Me pongo cada vez más nervioso, así que empiezo a hacer mis ejercicios de respiración por coherencia cardíaca: cinco segundos inhalando y cinco segundos exhalando durante cinco minutos. En cuanto logro calmarme, vuelvo mi atención hacia unos niños que están en la sala de espera y les regalo unos globos que aceptan con gran alegría.

Una vez a bordo del avión, siento que me observan con curiosidad. «¿Y ese payaso?», deben estar preguntándose sin lugar a dudas. Es una aeronave pequeña: un pasajero a mi derecha y dos del otro lado del pasillo. Coloco el libro *El miedo a volar* y mi diario en el respaldo del asiento de adelante y también mi reproductor de MP3 con un tema de los Rolling Stones. Estoy nervioso y me repito que lo voy a lograr, al tiempo que aprieto contra mi pecho el «sobre de vuelo» con las fotos.

La azafata, con una gran sonrisa, me pregunta por qué voy vestido así. ¡Mi misión la conmueve y hace que vuelva a menudo a ofrecerme algo para beber! A mi lado, Hugo, un joven de piel morena, se prepara con gran excitación para volver a ver a su familia después de quince años. A él también le preocupa su segundo vuelo: tenemos solo quince minutos para hacer nuestra conexión.

Por fin aterrizamos. Tengo que esperar antes de tomar mi valija, pero no tengo tiempo que perder. Salgo y llego a un gran pasillo, busco los números de las puertas, «estoy en la 4 y tengo que ir hasta la 24». No es muy lejos y avanzo a paso rápido. ¡Pero empiezo a acelerar y termino corriendo porque me doy cuenta de que todavía no llegué ni a la puerta 5! La terminal de Atlanta no es pequeña como la de Montreal, ¡es gigantesca! De repente, un dolor de panza me paraliza: la azafata fue tan generosa en el avión que mi vejiga va a explotar. ¡Me voy a hacer encima, qué horror!

No puedo evitarlo, entro al baño con una mezcla de alivio y de terror. En cuanto logro satisfacer mi urgencia, retomo la carrera. Imagínense a un payaso corriendo con su valija revoloteando a sus espaldas: así me veía yo. A lo lejos, veo a una azafata que parece agitar los brazos desesperadamente como un molino de viento. Corro a toda velocidad los últimos cien metros y, ni bien cruzo la puerta de embarque, ambos dejamos escapar un gran suspiro de alivio. ¡Levanto mi corazón del piso y lo vuelvo a colocar en mi pecho!

El segundo vuelo es más corto y al llegar me choco contra un muro infernal. Acabo de dejar Montreal durante uno de los inviernos más crudos de las últimas décadas y ahora me enfrento a una humedad sofocante más parecida a la de los invernaderos del Jardín botánico. ¡Un verdadero golpe de calor! Al aterrizar, una escalera metálica sobre ruedas nos da la bienvenida; no hay pasillos ni aire acondicionado, bajamos directamente al asfalto. Ya es pasada la medianoche y yo me parezco al famoso Humphrey Bogart de *Casablanca*, aquella clásica película en blanco y negro.

Junto a Hugo, esperamos ingenuamente a un lado de la cinta a que nuestro equipaje aparezca, lo cual es muy poco probable dado el poco tiempo que separó ambos vuelos. Se toma el trabajo de explicarle nuestra situación al personal y me ayuda a encontrar al taxista que debería estar esperándome en la salida. Allí está, entre la multitud, sujetando un pequeño cartel con mi nombre. Le doy mi primer abrazo oficial de clown a Hugo, mi amable salvador, y me interno en la oscura noche con mi valija de mano como único equipaje.

Son las dos de la mañana cuando atravesamos el sombrío laberinto de la Ciudad de Guatemala a toda velocidad; las calles están cubiertas de polvo y un viento cálido me acaricia el rostro. «Un extranjero, en un país ajeno, incapaz de mantener una conversación de cualquier tipo en la lengua del lugar: ese soy yo. Me hallo en manos de este taxista, que por lo menos no tiene la nariz torcida de De Niro». Observo algunos faroles que atraviesan la noche con su luz y me detengo a contemplar todo lo que acabo de lograr: «Sí, lo hice, ¡realmente lo hice!».

Media hora después el taxi se estaciona delante de una fachada antigua y deteriorada. Las paredes se caen a pedazos y las ventanas se atrincheran detrás de unos barrotes de metal. El taxista pasa la mano a través de la reja que protege la puerta y toca el timbre. De la sombra sale un hombre alto, flaco como un clavo, con el pelo en forma de cepillo y un bigote a la Clark Gable. Nilo nos recibe con una amplia sonrisa, paga el viaje en taxi y me entrega la llave de mi habitación. Acepto agradecido y me tomo una merecida ducha tibia para aliviarme del estrés de las últimas veinticuatro horas. Sin otra muda de ropa, agotado, apago la lámpara de la mesita de noche y me acuesto en una cama bien mullida. ¡Estoy ansioso por despertarme y comenzar el día!

El murmullo de voces y el entrechocar de la vajilla me arrancan del sueño: los empleados están barriendo el patio interior. Me afeito rápido y tomo un sorbo de agua de la jarra que me dejaron amablemente la noche anterior. Abro la puerta y me cruzo con Francisca, la pequeña y encantadora dueña de la Posada Belén Museo, quien me acoge con el cariño de una madre por sus hijos.

—Hola, ¿cómo estás? Ah, no hablas español. ¡Bienvenido!

Durante el desayuno, me encuentro con un nuevo amigo que me alienta desde hace varios meses a través de las redes sociales: Rob, alias el clown Chilero. Es policía de profesión, tiene una mandíbula bien cuadrada y, con sus ojos azules penetrantes, me mira afectuosamente, ¡y me da un largo abrazo!

—¡Hermano, por fin llegaste! ¡Estoy tan feliz de conocerte!

Uno tras otro, nuevos rostros van apareciendo en el comedor: Emily, Chappo, Pamela, Carmen, Dee Dee, Christy y los demás. Algunos ya llevan su traje, otros aún están en piyama; son los hermanos y hermanas de mi nueva familia. «Nunca recibí tantos abrazos en toda mi vida, ¡y hace apenas media hora que me levanté! ¡Cuánto amor!».

Luego llegan los encargados de facilitarnos nuestra estadía: la maravillosa Ash, radiante como la luz del sol, con su pelo rizado y sus pecas, y Pedro, el peruano de la voz aterciopelada. Es fantástico el empeño con el que se aseguran de que no le falte nada a nadie.

—No habrá nadie más que nosotros en la posada durante toda la semana, ¡siéntanse como en casa!

Formamos un círculo y nos comunicamos en inglés, que será el idioma universal de nuestro viaje. Es hora de presentarse para conocernos mejor: somos unos veinte y venimos de Norteamérica, Alemania, Irán, Italia, México y de otros lados, las edades varían entre veinte y setenta y tres años, e incluso hay parejas y hasta un niño pequeño. Algunos son clowns profesionales, para otros se trata de su segundo o tercer viaje. Para la mitad del grupo, en la cual me incluyo, se trata de una nueva experiencia.

—¡Qué bueno, es tu primera vez! Te va a cambiar la vida, vas a ver, y no te preocupes, estaré a tu lado para lo que necesites, hermano.

¡Rob es como una roca a la cual puedo aferrarme!

Comenzamos a habituarnos al ritmo de una jornada tipo: desayuno, trayecto en autobús, primera visita, almuerzo en la posada, luego una segunda visita. Para ayudarnos con el idioma, nos acompañan los clowns de la asociación local Fábrica de Sonrisas. Por la noche, después de cenar, aprovechamos para compartir las experiencias que vivimos durante el día.

—Estamos aquí para dar amor a los chicos, a los pacientes y al personal médico, y no se olviden que también estamos aquí para ayudarnos los unos a los otros. Si necesitan algo, lo que sea, no lo duden, ¡aquí estamos!

Cuando termina la primera reunión, voy a buscar mi diario. La mayoría comparte su habitación, pero da la casualidad de que yo estoy solo. Vuelvo al patio interior y me siento en la sombra para escribir mientras Rob y Carmen, la mexicana, ríen a carcajadas en la hamaca: ¡cuánto afecto, parece una verdadera familia! Francisco es pequeño y tiene el rostro redondo como una sandía. Me sonríe y me pregunta si quiero otro café. Me enseña a pronunciar la frase «Café con leche caliente, por favor» y, cuando lo logro, me lo trae como si fuera una recompensa. El personal de la posada son los tíos y las tías de mi nueva familia.

Mientras nos divertimos, un gigante con el cabello blanco atado en forma de cola de caballo y un mechón celeste irrumpe en la pieza. Nos sonríe con felicidad; lleva unas pequeñas gafas rojas y sus bigotes blancos y curvados sobresalen del rostro. Nos saluda con una voz grave y profunda:

—¡Por fin! ¡Buenos días, queridos amigos!

Estamos todos encantados con su presencia y respondemos al unísono:

—¡¡¡Patch!!!

Abrazarlo es como hundirse en una bolsa de agua caliente de dos metros en forma de oso de peluche. Entusiasmado, nos invita a formar una ronda para preparar nuestra primera misión en un orfanato. Con una mirada afectuosa, su voz cálida empieza a decir estas palabras:

—El amor es la emoción más poderosa del mundo: darlo, compartirlo, es un gran don. Llevemos alegría a quienes más la necesitan. Me conmueve tenerlos reunidos aquí hoy.

Nos mira a los ojos como un padre que contempla a su hijo recién nacido. Puedo sentir su afecto y sobre todo su ternura.

—Sé que es la primera vez para varios de ustedes, ¿cómo se sienten?

Habitualmente suelo permanecer invisible y silencioso, sobre todo frente a la autoridad, pero Patch y mi nueva familia me dan el valor necesario para hablar.

—¡Tengo miedo!

—¿Por qué, Guy? ¿De qué tienes miedo?

—Tengo miedo de lo desconocido... Siempre asocié lo desconocido al peligro.

—A mí lo desconocido me estimula, ¿sabes? ¡Me llena de alegría, me da energía!

Su respuesta me impresiona: ¿cómo puede ser que lo desconocido represente dos cosas tan diferentes? Los demás clowns sonríen y me alientan:

—Todo va a salir bien, vas a ver, ¡lo vamos a pasar genial!

Eso espero, ¡porque ya se oye la bocina del autobús! ¡Vamos!

El autobús del amor

—¡A tentos, clowns, última oportunidad para ir al baño!

Ash anuncia las últimas consignas —no olvidar narices, calcomanías y accesorios— y luego entona el gran llamado:

—¡Clowns al autobús, clowns al autobús, clowns al autobús!

Es el gran momento. Estoy alegre y estresado al mismo tiempo y me dejo llevar por el movimiento de grupo hasta la puerta de entrada.

Del otro lado de la reja, bajo un sol matinal que ya empieza a arder, nos espera nuestro pequeño autobús *beige* con cortinas marrones. Algunos escalones más arriba, con su pelo negro y rizado, Juan, nuestro chofer, nos recibe sonriente. Al subir, extrañamente, la media docena de asientos dobles me recuerda el pequeño autobús de la universidad. El pecho se me cierra, oprimido por los recuerdos de mis ataques de pánico. «No, esto no es lo mismo, aquí somos todos amigos».

El azar me reserva un lugar junto a Emily y su generosa sonrisa. Es profesora de yoga, tiene unos veinte años y su largo pelo rubio y sedoso le da un aire de gitana que me hace pensar en las chicas de mis clases de arte. Este recuerdo agradable me calma y me hace sentir seguro: «todo va a salir bien». Ash alza su ukelele y entona una primera canción, la alegre «You are my sunshine», un clásico de los campamentos de verano, que habla del sol y del amor. ¡Todos los clowns disfrutan cantando! Nuestras coloridas cabezas asoman por las ventanas, les soplamos pompas de jabón a los pasantes, se respira el júbilo tanto dentro como fuera, en las calles calientes y polvorientas de la ciudad. Pero para mí, es demasiado: demasiadas emociones que resurgen; me invade el vértigo y me cuesta respirar.

Ya no es pánico, es peor, son los recuerdos que vuelven.

La última vez que tomé un autobús de esta manera fue para ir a un campamento de verano, y allí me esperaba el horror... Mis ojos se nublan de lágrimas. «¿Cómo puede ser que ahora esté en un autobús repleto de tanto amor y alegría mientras que la última vez fue una verdadera pesadilla?». Necesito aferrarme al presente urgentemente, sentirlo, así que me vuelvo hacia Emily:

—Por favor, ¿me puedes dar la mano?

Veo compasión en sus ojos. Mientras nuestros dedos se entrelazan, mi cuerpo se convulsiona en un llanto silencioso y profundo. Ella se inclina, me abraza y me consuela como lo había hecho antes Catherine. Esta vez permanezco dentro de mi propio cuerpo, me abro y le cuento que fui abusado sexualmente en un campamento de niños exploradores. Su consuelo me salva, una sensación de paz y de relajación me alivia y me reconforta. ¡Siento que renazco en total seguridad entre los brazos de este nuevo ángel de la guarda! Por fin logro respirar.

Una hora después, llegamos a nuestro primer destino: el centro Anini, un lugar de acogida para niños con discapacidades físicas y mentales que han sido abandonados en un contexto de extrema pobreza. Aún temblando ante las emociones de mis recuerdos, dejo que los demás bajen del autobús y me quedo sentado observando los pocos escalones que me separan de los chicos. «¿Con qué me voy a encontrar? ¿Lograré hacerlos reír y darles afecto? ¿Quién soy para hacer algo así?».

Respiro hondo, me pongo mi nariz roja y bajo al estacionamiento cubierto de grava. A pocos metros de mí hay un jovencito en silla de ruedas; tiene la boca abierta pero no puede hablar, su cabeza y sus brazos contorsionados se balancean para todos lados. Me le acerco. Él me ve y empieza a hacer menos gestos e intenta mirarme.

Me arrodillo a su lado, cruzamos miradas y, en ese preciso instante, como un relámpago, todos mis miedos, mis dudas y sufrimientos desaparecen. Me invade un sentimiento desconocido hasta entonces: la compasión. «¡Estoy aquí para ti!».

Es entonces cuando nace «Citizen Clown», mi nombre de clown, ¡un clown ciudadano y para todos!

Durante la hora siguiente, corro, juego y canto con los chicos y sus acompañantes. Los clowns de Fábrica de Sonrisas, con sus batas blancas de médicos cubiertas de innumerables insignias de colores, también participan de la fiesta. Mi amigo Rob nunca se aleja demasiado y está siempre dispuesto a darme una mano. ¡Juntos somos como una gran familia repleta de amor!

Al terminar la mañana, ¡formamos una ronda tomándonos de las manos y cantamos para agradecer la presencia de cada uno de nosotros! Luego se suceden una multitud de fotos y de abrazos con todos nuestros nuevos amigos y, al volver al autobús, compartimos nuestras experiencias. Cada cual tiene una historia diferente para contar, algunos lloran trasformados por las emociones. Recién al caer la noche, en la soledad de mi habitación, logro compartir con mi diario lo que acabo de vivir:

Tengo que vivir mis propias emociones. Mis emociones son parte de mí, y me van a ayudar a descubrir mi sueño y mi misión. No soy tímido, simplemente no estaba con las personas adecuadas, ni en una familia y un entorno adecuados. Nunca estuve en un entorno donde pudiera mostrarme y sentirme a salvo, donde pudiera vivir mis emociones.

Mi verdadera familia está aquí. Aquí puedo amar y confiar en los demás. Mi sufrimiento es la base de mi compasión. No soy el único que sufre, y por eso me convertí en clown: me río de lo absurdo que es retener el sufrimiento en lugar de vivir un equilibrio entre el amor y el dolor.

Lo que siento está dentro de mí. El dolor pasará. Voy a perdonar y a olvidar. Ahora duele, pero eso también pasará. Soy mis heridas, mis fantasmas y mi pasado. No debería intentar rechazarlos, enterrarlos o esconderlos. El tiempo cura, el tiempo necesita tiempo.

Me siento cansado, agotado: ¿será porque dejo que resurjan mis dolores, mis heridas, o porque se trata de mi primera experiencia de clown? ¡Probablemente por las dos cosas! Hoy decidí abrirme, me dejé llevar, pero no reemplacé ni creé un nuevo lugar para mis emociones, y está bien así. Ahora voy a jugar con mi nueva familia y colaborar con mis habilidades y mi talento.

2 de marzo de 2014

Cierro mi diario, lo coloco sobre la mesa de noche y beso las fotos de mi esposa y de mi hija. Cuando me dispongo a apagar la luz, una lagartija aparece en la pared. Como en mis sueños, surge de un rincón oscuro de mi vida, pero en vez de ahuyentarla, la acepto. «¡Tú también formas parte de mi nueva familia! Buenas noches, bichito».

Yorbeli

Ahora que recuperé mi valija, la compañía de mi simpático loro «Jackô», mi títere verde fosforescente, me hace sentir más seguro. Gracias a él, cada día recibo más y más amor de los chicos, que se deleitan escuchándolo balbucear una lengua incomprensible.

Por el contrario, durante la noche, no me sirve de nada, porque las raíces tortuosas del abandono, del abuso y del rechazo resurgen y me desgarran el alma como hojas de afeitar. Duermo apenas tres horas y, como estoy solo en mi habitación, entre las sábanas manchadas con la sangre de mis recuerdos, nadie se entera de mis tormentos. «El amor existe, Dios santo, sí existe, lo tengo delante de mí, lo estoy viviendo en este momento. ¡No sabía que existía y pensaba que con mi matrimonio y mi hija lo había alcanzado! Pero me equivoqué, nada puede compararse con lo que estoy viviendo ahora aquí. ¡Me ahogo de soledad en un océano de amor!».

El tercer día, después de un largo trayecto a través de las sinuosas montañas de la selva, llegamos delante de un enorme edificio de ladrillo rojo: el orfanato Valle de los Ángeles. Este lugar da refugio a más de doscientos niños y dispone de aulas y un dormitorio común. El padre Michael, con su larga sotana marrón y el pelo corto y grisáceo, nos recibe y nos guía hasta el comedor, donde nos espera una multitud de niños impacientes. En cuanto nos ven, se ponen a gritar de alegría, cantan y bailan agitando orgullosos sus grandes carteles en los que se puede leer: «¡Bienvenidos! Gracias por venir a visitarnos, ¡los queremos!». Tantas emociones y tanto amor nos conmueven hasta las lágrimas.

En esta gran ola que desborda de amor, una chiquilla de seis años vestida con un traje celeste y blanco me observa con una mirada luminosa. Es pequeña, delicada y tiene el pelo corto, negro y brillante. Se acerca tímidamente, parece hipnotizada, ¡sus ojos oscuros están fascinados con Jackô! Con lo poco que sé de español, le pregunto: «¿Cuál es tu nombre?». Ella me responde con una gran sonrisa: «¡Yorbely!». Juntos hacemos juegos con las palmas de las manos, y luego ella me ayuda a repartir calcomanías y, adivinando lo que le explico, les traduce las instrucciones en español a los demás chicos.

Saco mi diario y dibujo un mapa de las Américas para ella y sus amigas: «Aquí está Guatemala. Y aquí, Canadá, mi casa». Se pasan el lápiz y cada una escribe un mensaje: «Llévate mi corazón contigo», Érika; «Te quiero», Yuliza; «Tú y yo juntos para siempre, ¡¡te quiero tanto!! Eres lindo», Jolissa; «Lo quiero mucho, feliz viaje, que Dios lo acompañe», Yorbeli. ¡Sus corazoncitos rebosan de tanto amor!

¡DING DING DING! ¡Una alarma nos hace sobresaltar a todos! Con un gran estruendo, la campana del comedor anuncia que es hora de almorzar. La pequeña Yorbeli tiene que volver con el resto del grupo, pero se aferra a mis piernas y me dice: «Quédate conmigo, no te vayas, no te vayas, no te vayas». No necesito saber español para entender que quiere que me quede con ella. Se pone a llorar, yo la levanto en brazos para calmarla y consolarla, hasta que llega una acompañante y me da una mano. Le pido que me traduzca:

—Por favor, dígale que solo es una pausa para comer, que nos veremos luego.

Se lo dice con dulzura y noto que la pequeña empieza a soltarme. La bajo cuidadosamente y dejo que vaya con sus amigas. Me da otro fuerte abrazo y, enjugándose las lágrimas, se aleja volteándose cada dos o tres pasos. «¡Bye bye!». La saludo con la mano y me vuelve la imagen de la pequeña Barbara, en Saskatchewan; ella tenía el cariño de su papá, de su mamá y de sus abuelos, Yorbely no.

«Esta pequeña y alegre criatura está llena de coraje y es huérfana». Al terminar el día, yo puedo volver a casa, con mi familia, pero para ella, todo termina aquí y no hay nada que pueda hacer».

Una tonelada de tristeza se abate sobre mi pecho, los ojos se me llenan de lágrimas y se me cierra la garganta, me cuesta respirar. «De algún modo, a mí también me abandonaron, soy como ella, ¡no la puedo abandonar!». Un abismo se abre bajo mis pies y el vacío me aspira.

...

De repente, de lo más profundo de mi ser surge un destello de luz que interrumpe mi caída libre. «Yorbely, tal vez no pueda cambiar tu mundo, ¡pero hoy me entrego por completo para darte amor, humor y alegría!».

Mi corazón se abrió y me propulsó fuera de aquel abismo con una nueva misión: dar amor. Como Victor Frankl, acababa de encontrar un sentido a mi sufrimiento. Después de comer, nos reencontramos y bailamos, jugamos, cantamos; ella se ríe y brilla de alegría. Esta vez, al irnos, en lugar de llorar, me encuentro con una multitud de niños que me rodean formando un gran círculo de felicidad. Un último abrazo:

—¡Adiós, chicos! ¡Los llevaré siempre en mi corazón!

Durante el viaje de vuelta a la posada, miro las palmeras desfilar y aún vibro con los miles de sonrisas que compartimos. Luego entramos a la ciudad, atravesamos un puente y la miseria me azota nuevamente al ver los barrios más pobres con sus construcciones al borde de un barranco. Me imagino el infierno que debe vivir esa gente, sobreviviendo sin agua corriente ni electricidad, hundidos en el abandono. «Por lo menos, Yorbely se encuentra a salvo en el Valle de los Ángeles. Tiene una buena educación y podrá construirse una vida nueva».

Me cuesta encontrar un equilibrio entre la exaltación de tanto amor y el abismo de mi pasado, así que decido contarle mi experiencia a Rob, que me escucha con paciencia y me dice:

—Guy, creo que realmente te has abierto a la vulnerabilidad y a la compasión. Lo que le has dado a esa niña, también puedes dártelo a ti mismo: puedes tener autocompasión.

Al volver a mi habitación, aún me persiguen sus palabras: «¿Compasión? ¿Cómo puedo sentir compasión si casi nunca nadie se ha compadecido de mí? No lo sé... Siempre me impuse las más elevadas exigencias y me torturé por no lograr alcanzarlas, ¡no había lugar para la compasión! ¿Compasión por qué? ¿Por ser vulnerable? ¿Porque me violaron?».

«¡ME VIOLARON!». Era la primera vez que usaba esa palabra para describir mi pasado. Había dicho muchas veces que fui «abusado sexualmente», una expresión bien higiénica, políticamente correcta y aceptada socialmente. Pero nunca antes había usado la verdadera palabra, el verbo «violar», con toda la violencia que evoca, ni en voz alta, ni en mi interior. Como el cuchillo que había alejado de mi garganta con Marguerite, como el puñal de luz de mi pintura Mack the Night, como el del padre celoso que me quería acribillar, esta vez sí me alcanza y chorrea sangre, ¡mi sangre derramada por el suelo!

—Soy víctima de un crimen: ¡ME VIOLARON!

Desgarrado de dolor, grito y muerdo mi almohada para que no me oiga nadie. «¡Fui víctima de un crimen y no lo sabía!». La portada del disco *Crime of the Century* de Supertramp se me viene a la cabeza. El título mismo lo denuncia con la palabra CRIME y pueden verse las manos de un hombre encarcelado. Inconscientemente, siempre lo supe: esas manos eran las mías, había vivido en la cárcel de mi abismo por culpa de aquel crimen que me habían infligido.

«Nunca antes había denunciado este crimen y ahora mi mejor amigo, Rob, es un policía. Es un poli, pero también es un clown, pero es poli, ¡es la autoridad, es de lo peor! Y sin embargo es un clown, un clown de amor, ¡como yo! Nunca antes estuve en un entorno más seguro para denunciar este crimen. ¿Qué hacer?

Al día siguiente, después de cenar, me animo a tomar la palabra durante la sobremesa. Por fin abro mi corazón. Es la primera vez que uso la palabra «violar» para contar mi historia: «¡Me violaron! «¡Me violaron!». La voz me tiembla, me falta el aliento, los demás lloran conmigo. Estamos unidos como si fuéramos una sola persona. Esta vez no tenía miedo de que alguien se riera, se fuera o me abandonara, hablé sin reservas y me lo agradecieron con abrazos.

—Te queremos, Guy.

—Te quiero —agrega Patch—, somos una familia y siempre serás bienvenido en nuestra casa.

Esa casa, la que siempre deseé, está aquí, en Guatemala.

¿Dónde está Brian?

Con lágrimas en los ojos, intento reírme junto a esta nueva y cariñosa familia, pero me invade la melancolía: acabo de descubrir un nuevo tipo de amistad y ya es hora de dejarla atrás. Estamos todos reunidos alrededor de una gran mesa para la última cena y Jerry, Rob y Chappo compiten contando chistes unos peores que otros.

—¿Cómo se llama un búmeran que no vuelve...? ¡Un palo!

Después de cenar, Francisca, Nilo, Francisco y Marcelino, el cocinero, nos sorprenden con un delicioso pastel de chocolate acompañado de una canción. ¡Cuánto amor! Antes de despedirnos, hacemos una última reunión de grupo. Durante algunos minutos, logro conocer mejor a algunos de mis compañeros y les digo avergonzado:

—Lamento no haber hablado con algunos de ustedes. Soy bastante torpe y asustadizo para relacionarme.

Me entienden y me aceptan con mis limitaciones. Es algo tan diferente a lo que viví durante mi infancia. Me siento renacer, y al mismo tiempo es hora de despedirse, llueven los abrazos y las lágrimas. Algunos tienen que irse en mitad de la noche.

Al otro día, solo quedamos algunos voluntarios. Rob y yo vamos en taxi al aeropuerto. Charlamos sobre lo mejor del viaje, nos damos un último abrazo y luego cada uno se va por su lado. Se terminó... Solo y febril, espero para embarcar cuando, un instante antes, inesperadamente, ¡alguien me llama!

—¡Guy, Guy!

Me volteo y ahí la veo: Carmen, la clown mexicana más radiante que conozca. Un último abrazo, una última sonrisa, doy media vuelta y subo al avión. Se cierra la puerta y concluye el viaje más hermoso de mi vida. Una vez sentado y con el cinturón abrochado, me pongo a pensar en mi pequeña familia, en nuestro reencuentro; no veo la hora de llegar a casa, estoy repleto de amor. Pero antes debo hacer una escala: catorce horas en Atlanta.

Son las tres de la mañana y hago la cola para pasar por la aduana con el cerebro sumido en una bruma insomne. Aún llevo mi traje rojo a cuadros; a mi lado, observo a un centenar de zombis de aspecto sombrío y desaliñado. Poco me importa, yo entono discretamente la emblemática «Georgia On My Mind» recordando la voz profunda y potente de Ray Charles. Opto por dormir en la terminal, tal vez mi clown tenga la ocasión de alegrar a alguien.

Una primera oportunidad se presenta con la patrulla fronteriza: ¡bastará con que me ponga mi nariz roja y mi sombrero florido para transformarme en comisario del amor! Al llegar al mostrador de la aduana, me topo con rostros de piedra que me observan con mucha seriedad y sospecha; no me animo a adoptar el papel de clown, ellos representan la autoridad. Pienso en Rob, mi amigo policía y clown, y eso me hace sentir más seguro.

—¿Qué hacía usted en Guatemala?

—Participé en una misión de clowns humanitarios.

—¿Clowns? ¿Y eso qué es?

La agente no parece impresionada por mi respuesta, ni tampoco su compañera. Menciono la película de Robin Williams, pero apenas si la conocen de nombre. Entonces me animo: ¡me pongo la nariz roja y mi magnífico sombrero florido!

—¡Vaya!

Como por arte de magia, sus ojos se iluminan y empiezan a reírse. Bromeamos tanto que su supervisor las llama desde su escritorio:

—¡Hey, chicas! ¡Dejen de hacer payasadas!

¡Nos reímos tanto que los demás se tientan!

—Gracias por la alegría, no veo la hora de contarle a mis hijos que hoy me encontré con un verdadero payaso. ¡Cuídese y que Dios lo bendiga por el trabajo que hace!

Floto sobre una nube, ¡cuánto amor puedo dar cuando me convierto en clown!

Al llegar al sector de comida rápida, pido arroz frito con brócoli y rollitos de primavera. Cinco minutos después, el cajero grita: «¡Brian!». Nadie se levanta. Aún vestido de clown, yo también empiezo a llamar a Brian, y dos muchachos sentados algo más lejos terminan imitándome. ¡Qué risa! En realidad, el famoso Brian se había llevado mi pedido, entonces yo me llevé el suyo. Con mi bandeja en mano, me dirijo a la mesa de los otros dos bromistas. Se presentan:

—Hola, yo soy Constantino y este es mi hermano Alexander.

Son unos jóvenes alemanes de unos veintipico de años, esbeltos, musculosos y bien bronceados; acaban de pasar una semana en un gimnasio de playa de Miami. Están encantados de verme disfrazado y se sacan fotos conmigo. A medida que les cuento mi experiencia en los orfanatos y hospitales, se dan cuenta de que no se trata solo de un disfraz de payaso.

—Ah, no trabaja en un circo... Entonces la conversación adopta un tono más relajado y abierto.

Invitamos a otras personas que también tienen que pasar la noche allí a que vengan a desvariar con nosotros. Si parecen estar solos o se aburren, los llamamos. Primero vienen dos hermanos, Tim y Diana, dos esteticistas vietnamitas que perdieron su vuelo a Las Vegas. Me ocupo de que reine el humor en nuestra mesa inventando circunstancias ridículas para explicar por qué hemos perdido nuestros respectivos vuelos y todos me siguen la corriente. ¡Parece un *sketch* de los *Monty Python*, cuánto más absurdo, mejor! Un poco más apartada, vemos a una joven bien vestida y sin compañía: una arquitecta argentina.

—Estoy esperando que me venga a buscar un amigo de un amigo, pero no tengo ni idea de cómo es. ¡Nunca lo vi!

Entonces yo improviso otro *sketch*: ella es la más inteligente del grupo, pero está a punto de abandonarnos por unos completos desconocidos, a nosotros, ¡su familia! ¡Cómo nos reímos!

¡Mi clown transformó un deprimente patio de comidas en un festín de humor!

Cansados de tanto reírnos, nos tomamos una foto como si fuéramos una gran familia, les doy un último abrazo y me voy en busca de un rincón tranquilo para dormir. Me instalo bajo el esqueleto de un dinosaurio de diez metros de alto; hace tanto frío que me sepulto bajo mis chaquetas y desaparezco en un sueño profundo.

—¡Te dije que llevaras tu mochila! ¡Chicos! ¡Quédense quietos!

Una pelea de familia me despierta algunas miserables horas más tarde. Me miran con curiosidad mientras emerjo de mi colorida y magullada crisálida. ¡No soy una mariposa sino un payaso arrugado y sin afeitar! Por suerte, por los grandes ventanales se filtran los primeros resplandores de un amanecer cálido y radiante. En Atlanta, pude compartir amor y humor; ahora que estoy cargado de energía, ¡levanto vuelo con una gran sonrisa para reencontrarme con mi pequeña familia!

Crisis familiar

Tras veinticuatro horas de viaje aterrizo en Montreal. Estoy agotado, pero tan feliz de volver a ver a mi mujer y a mi hija. Corro a abrazarlas, las beso y después... bueno, después nada. La conversación gira en torno a la actualidad y las tormentas de nieve. Temas superficiales, intrascendentes. Acabo de vivir la experiencia más intensa de mi vida: puse mi vulnerabilidad al descubierto, derramé océanos de lágrimas, me hundí y salí de mi abismo de soledad, les di infinitos abrazos a desconocidos y ahora, aquí, nuestra relación parece tan fría como el hielo y la nieve de las resbalosas rutas invernales.

—¡¿PERO QUÉ LES PASA?! —les grito.

Un silencio sofocante reina dentro del auto.

Al llegar a nuestro departamento, siento que todo está desincronizado, ¡me da la impresión de que estuve fuera seis meses mientras que para ellas solo pasaron diez días! Para ellas no cambió nada, pero yo me siento diferente.

—¡Está todo mal, todo mal!

Mi mujer se echa a llorar y me grita, desesperada:

—¡¿Qué te pasa?! ¡No puede ser, esto es una pesadilla!

Nuestra hija, en estado de shock, se pone a gritar en medio de semejante cataclismo:

—¡PAREN! ¡PAREN!

Es todo tan abstracto, es peor que una de esas estúpidas telenovelas, no tiene ningún sentido: nos queremos, pero todo es tan frío. Estaba tan feliz, lleno de ternura y amor al reencontrarme con ellas, y sin embargo esto se parece a una catástrofe: gritos, lágrimas, alaridos, parece el fin del mundo.

La calma vuelve cuando veo unos globos y un cartel: «Bienvenido, papá». Desesperados, nos dejamos caer en el sofá sumidos en una absoluta incomprensión.

—¿Qué quieres de nosotras? —me pregunta finalmente mi esposa mirándome fijo.

¿Cómo puedo explicarles el amor que sentí? Es una experiencia que hay que vivir, no sirven las palabras. Pasé de una vida de soledad, hambriento de amor, a una vida consciente y plena, y ahora vuelvo al hambre. Sin embargo, mantenemos vínculos sanos, no como en mi familia de origen, pero aquí nadie parece abierto ni vulnerable. Atrapados en un torbellino de emociones, mi mujer, mi hija y yo perdimos nuestro equilibro.

Durante los días siguientes, hacemos lo que podemos, pero parecemos desconocidos que comparten un departamento. «¿Cómo puedo hacer para volver a guardar al genio del amor en su botella?». Patch y los demás clowns me habían avisado: «Tengan cuidado al volver a casa, trátense bien a sí mismos y a sus seres queridos. Algunas familias luchan para salir adelante, lo último que queremos es que haya separaciones. No se olviden, pueden contar con nosotros, siempre, somos una familia, no duden en pedir ayuda».

«¿Quién soy? ¿No habrá sido un sueño?».

Gracias a internet, me reencuentro con Christy, Rob, Jerry, DeeDee y otros integrantes de mi familia de Guatemala. Me consuelan y me prestan un hombro virtual sobre el cual llorar. Luego, algunos días más tarde sucede algo mágico: ¡recibo llamadas de periodistas!

—Quisiéramos hacerle una entrevista acerca de su misión de clown humanitario. El Dr. Patch Adams va a venir a Montreal y nos gustaría conversar acerca de su experiencia en Guatemala.

Primero un periódico, luego la televisión.

Me siento más seguro y esperanzado: «¿Y si no fue un sueño después de todo? El amor aún existe, es bien real».

En mi vida cotidiana, intento vestirme como de costumbre, pero ahora soy un clown humanitario. Organizo un taller de improvisación musical en una escuela primaria vestido de todos colores. Ofrezco mis servicios en hospitales, pero no me aceptan porque no soy un «payaso profesional». Me paseo por las calles y le regalo narices rojas a la gente.

—¿Te puedo transformar en clown?

Me animo a interactuar con las personas y luego comparto mis historias en mi nuevo blog, *The Amazing Adventures of Citizen Clown*.

Algunas semanas más tarde, Patch llega por fin a la ciudad. Me dirijo a un estadio donde participará en un partido de hockey en silla de ruedas. En un momento logro hablarle y él me reconoce enseguida y me grita:

—¡¡¡GUY!!!

Nos miramos con afecto y nos damos un gran abrazo.

—¡Qué bueno volver a verte! ¿Cómo estás?

Lo único que atino a decirle es que le estoy muy agradecido, que me cambió la vida. Él me responde:

—No, Guy, ¡TÚ has cambiado tu vida!

Palabras sabias de parte de un hombre verdaderamente entrañable. Después de hablar con él durante unos treinta segundos, siento que por fin he vuelto de verdad.

Dos días más tarde me encuentro en el aeropuerto, a punto de dirigirme a mi primera conferencia de la AATH y de la Academia de Humor de Indiana, y me cruzó con él de casualidad.

—Estoy volviendo a casa para estar con Susan, mi pareja, pero solo puedo venir dos semanas al año, ella es tan paciente conmigo. El resto del año doy conferencias y organizo viajes de clowns con el objetivo de recaudar suficientes fondos para construir mi propio hospital. Ya van cuarenta años que trabajo con este objetivo, nunca paré, ¡y creo que pronto podré cumplirlo!

Sus ojos se iluminan, debe soñar con cortar la cinta roja el día de su inauguración. Nos damos un último abrazo y nos separamos. Ahora es mi turno de transmitir un mensaje de amor.

En cuanto llego al lugar de la conferencia, con mi chaqueta a cuadros, mi nariz y el loro Jackô, me dispongo a transformar a los participantes en clowns. Más tarde, una pregunta se convierte en el mejor de los cumplidos:

—Hace muchos años que eres clown, ¿no?

Este comentario me genera mucha gratitud, es realmente una caricia para el alma.

—No, ¡solo desde hace unos días!

—¡Oh! ¡Tienes un don natural, Guy!

Luego de haberme despedido de mi familia de Guatemala, ahora me encuentro con todos los tíos y tías que nunca tuve: ¡Mary Kay, Barbara, Jill y tantos otros! Y Lenny Ravich, padrino y mentor, me otorga la beca Shalom, que recompensa a quienes utilizan el humor en busca de un mundo más pacífico. Me mira con unos ojos resplandecientes y me da el abrazo más largo y cálido del mundo; ¡me recuerda a Baloo, el oso de *El libro de la selva*! Como Mowgli, yo también le pido consejos, y le confieso mi malestar:

—Me cuesta ser yo mismo.

Mi confidencia le extraña y me mira con gran compasión.

—¿Qué te sucede cuando quieres algo?

—Tengo alguien en mi interior que me juzga y me censura.

—¡Tírale de la oreja y hazlo desaparecer!

—Pero cuando lo hago, me siento triste.

—Es una parte de ti que tienes que dejar ir, por eso es normal que sientas un vacío. Guy, ¿sabes qué? Hoy es el mejor momento de mi vida porque no hay otro momento. Solo vivo en el presente. Es el único momento que existe. Para ti también es tu único momento, ¡tienes que aprovecharlo!

—Gracias, Lenny, lo he entendido.

Nos damos un fuerte y afectuoso abrazo. Es hora de dejar atrás a mi crítico interior, pese a la tristeza que me producirá. Tengo que aceptarme como soy, y mi mujer y mi hija también tienen que aceptarse, cada uno con sus puntos débiles y con compasión.

Tomo mi diario y escribo:

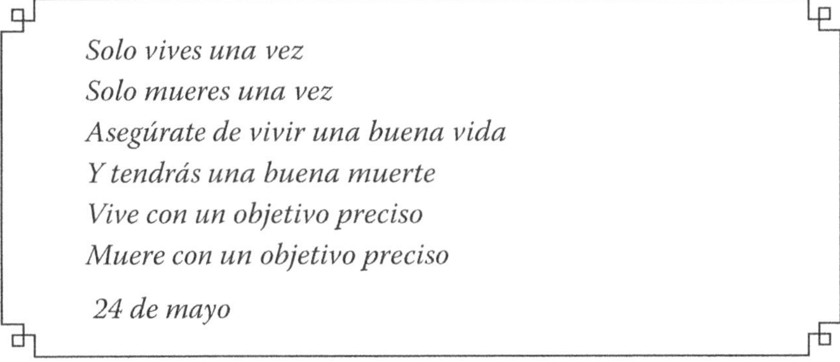

Solo vives una vez
Solo mueres una vez
Asegúrate de vivir una buena vida
Y tendrás una buena muerte
Vive con un objetivo preciso
Muere con un objetivo preciso
24 de mayo

Al volver a Montreal, pido un turno con Marguerite para entender mejor mi nueva identidad: «¿Quién soy realmente?».

—En Guatemala entendí que cuando enseñaba arte solo daba lo mejor de mí durante cinco por ciento del tiempo, mientras que cuando adopto el papel de clown humanitario lo hago durante el noventa y cinco por ciento. Ayudar a curar a la gente le da un sentido y un objetivo a mi vida. Tras haber sido violado durante mi infancia, pensaba que había alcanzado ese noventa y cinco por ciento a través del amor de mi pareja, pero después de todo lo que descubrí durante mis misiones, entendí que solo se trataba de un triste cinco por ciento. Por eso entré en crisis al volver, había abierto una caja de Pandora del amor.

Marguerite me hace una pregunta simple:

—¿Y ahora?

—Me gustaría hacer una misión humanitaria de tres semanas en la India, pero mi esposa no quiere que vaya. Para ella es demasiado. Siento como si nuestra pareja fuera un barril que se está vaciando. Meto la mano en el fondo y veo luz a través de la madera. Necesito descubrir qué hay debajo. Hacer esta misión sería mi próxima etapa, pero tengo miedo.

—¿Qué es lo que le da tanto miedo?

No me animo a responder, hace demasiado tiempo que lo sabía, pero no quería admitirlo. Esta vez estoy acorralado, ya no es el cuchillo, es algo peor. Avergonzado, confieso:

—Le tengo miedo a mi mujer.

Una simple frase me deja al descubierto. Me espero una respuesta similar a las fastidiosas palabras del consejero escolar —«¡tienes que hacerte hombre!»— y de tantas otras personas, que me diga que no soy más que un vulgar felpudo. Pero sus palabras expresan todo lo contrario; siento su compasión e incluso me ayuda a descubrir más cosas.

—Le tengo miedo, siempre tuve miedo de todas mis parejas, miedo de ser juzgado, rechazado o maltratado. Tengo miedo. El fondo del barril me da miedo, pero la luz que veo debajo me da esperanza.

—De acuerdo. Y esta esperanza, ¿qué te inspira?

Me quedo en silencio, entristecido pero aliviado después de semejante revelación. «¿Voy a dejar que el miedo me dicte lo que tengo que hacer?». Los minutos pasan, hasta que mi luz interior vuelve a encenderse:

—¡Voy a ir a la India!

¡Victoria! Esta vez siento que logro imponerme, sin justificación, sin razonar, simplemente voy a ser yo mismo.

—¡Y también voy a buscar un equilibrio con las necesidades de mi esposa y de mi hija!

Al volver a casa les propongo que nos vayamos de vacaciones a la playa para reencontrarnos. Nos bañamos en el mar de la isla de Guadalupe, jugamos, reímos; son tres semanas de íntimo descanso. Mi esposa y mi hija se sienten más seguras, el amor genera nuevas raíces. «Sí, sigo siendo el mismo pese a los cambios, la única diferencia es que ahora soy algo más. Siempre estaré aquí para ustedes».

¡Me pongo a estudiar tamil, compro mi pasaje de avión y me voy a explorar la luz de esperanza que asoma debajo de la madera de mi barril!

María

Es medianoche y alguien llama a la puerta de mi habitación. Descalzo y en piyama, ¡abro y me topo con una avalancha de globos multicolores! En una pared hay un cartel gigante con mi cara: «¡FELIZ CUMPLE, GUY!».

—¡SORPRESA!

Happy birthday to you, happy birthday to you, entonan todos los integrantes de mi nueva familia de clowns, ¡qué manera de festejar mis cincuenta y cinco años! Durante el almuerzo con los voluntarios indios, ¡alguien me aplasta solemnemente una enorme porción de pastel de chocolate en la cara! Es la tradición local, y todos se mueren de la risa, ¡sobre todo cuando aprovecho y le hago lo mismo a Giri Dharan, el coordinador, que cumple años el mismo día! Nunca sentí tanto amor y, desde que llegué a Tamil Nadu, en el sur del país, realmente siento que estoy renaciendo.

Hace apenas algunos días que llegué al calor tórrido de la ciudad de Vellore y ya formo parte de una nueva familia. Esta vez, mis hermanos y hermanas vienen de Australia, Nueva Zelanda, Tailandia, Italia, Estados Unidos, y también hay voluntarios que nos ayudan con el idioma y las diferencias culturales. Aquí no hay contacto físico entre las mujeres y los hombres, y eso es lo que me resulta más difícil. No soy un clown profesional y me gusta dar la mano y abrazar para comunicarme. Por suerte, esta vez traje conmigo algunos instrumentos musicales porque su lenguaje es universal.

Apretujado en la parte trasera de un tuk-tuk, esa especie de triciclo motorizado con cabina, veo desfilar la ciudad y observo la miseria que puebla las calles polvorientas y cubiertas de desechos. Bajo un sol intenso, diviso personas sin hogar sentadas en el suelo, entre perras que arrastran sus cuerpos escuálidos: parecen bolsas de huesos con las ubres flácidas y ennegrecidas casi al ras del suelo. Las motos, los camiones y los autobuses emergen de todos lados y pasan a pocos centímetros de los peatones y de las vacas que descansan a un lado del camino. Mis sentidos están sobreestimulados ante semejante alboroto. Pronto llegamos a un primer centro de acogida.

En los jardines del hospicio un fuerte olor a orina se desprende de las piedras y me recuerda la tristeza de los geriátricos. Allí vive gente rescatada de la calle, tristes almas abandonadas, con el pelo blanco y el cuerpo reseco. Les queda poco tiempo de vida. Apesadumbrados por dentro, pero manteniendo un espíritu alegre, les recordamos su importancia y que son dignos de amor. Su piel es frágil como un pergamino y me hace pensar en la de mi papá en sus últimas horas, entonces rezo por él y por ellos con todo mi corazón. Al volver al tuk-tuk, algunos lloran mientras nos comprimimos dentro de la cabina para compartir nuestra tristeza.

Luego, continuamos nuestras visitas en un amplio hospital para leprosos. Los médicos nos explican que escasean los anestésicos pero que tienen que seguir desinfectando las llagas. Vamos a una sala donde se amontonan unas cuarenta camas y un enfermero me hace señas para que me acerque. Con otras dos amigas, consolamos a una joven mamá mientras él le aplica una pasta de color naranja brillante para desinfectar una llaga. El sufrimiento es atroz, se le ponen los ojos en blanco, se sujeta de los barrotes de la cabecera de su cama y se contorsiona entre gritos. Intentamos atraer su atención mediante canciones y caricias. Milagrosamente, termina calmándose y tanto ella como el enfermero nos sonríen, hasta que los gritos estallan nuevamente frente a una nueva ola de dolor. Conmovidos, lloramos por dentro, pero no nos movemos de su lado hasta terminado el tratamiento.

Además de los hospitales, los orfanatos y los asilos, también visitamos una escuela para chicos con trastornos del habla y de la audición. Me pregunto si servirá de algo que lleve mis flautas y mi armónica, pero a último momento decido meterlas en mi mochila. En cuanto llegamos, unos niños con camisas a cuadros blancos y rojos empiezan a señalar mis instrumentos con gran entusiasmo y me hacen gestos respetuosos para que los saque.

Forman un círculo a mi alrededor y en plena excitación se ponen a tocar la madera de las flautas e imitan mis movimientos mientras toco. Le presto una flauta a un chico; intenta tocar, pero no se produce ningún sonido. «Claro, no sabe que tiene que soplar, solo me vio mover los dedos». Así que lo tomo de la mano, soplo por el pico de la flauta, inhalo, exhalo y le digo que haga lo mismo con la suya. Me entiende y, entusiasmado, empieza a soplar en la flauta y luego en la armónica. Resplandece de alegría ante la vibración de cada nota y desfila por el patio como un pavo real. Otros chicos se reúnen a su alrededor y él les explica cómo hay que soplar. ¡Es algo mágico!

Dada la intensidad emotiva de nuestras visitas, el programa del día cuenta con algunas pausas durante las cuales aprovecho para explorar Vellore, la ciudad donde nos encontramos. Camino durante horas fuera de la calle principal para impregnarme de la vida local. Descubro una profusión de capillas diminutas decoradas con dibujos hechos con pintura en polvo y árboles de los cuales cuelgan decenas de bolsas andrajosas. Me informan que es una tradición, las bolsas ayudan a los seres queridos en su viaje después de la muerte. El culto de sus ancestros forma parte de la vida cotidiana.

Otra mañana, voy a visitar el gran templo de Sri Jalagandeeswarar. Antes de entrar, dejamos nuestro calzado en el portal; luego asistimos a varias ceremonias de cantos y visitamos las pequeñas capillas de piedra dedicadas a diferentes divinidades hindúes. Por respeto, nos mantenemos apartados para no molestar a los beatos, a diferencia de los monos que se pasean despreocupados por ahí. Cierro los ojos y medito, doy gracias por encontrarme sano y tener la oportunidad de estar aquí para dar amor.

Al salir del templo, tomamos la gran avenida principal, la más ruidosa, contaminada y frecuentada de la ciudad. Queremos ir a un mercado al aire libre que está del otro lado de la avenida, así que nos subimos a una vieja pasarela aérea. A medio camino, sentada en el descanso de la escalera, una mujer de unos cuarenta años nos pide algunas monedas. Su ropa harapienta está manchada de sangre y se lleva los dedos a la boca haciendo el gesto universal de comer. Apenas logro escuchar su débil voz, pero para nuestro corazón el mensaje es claro: «por favor, ayúdenme».

Nos arrodillamos a su lado. La gente que pasa la ignora. Nosotros no vemos la pobreza ni la enfermedad, solo una bella mujer, y le tocamos un hombro para que sienta nuestra presencia. «¿Cuándo habrá sido la última vez que una mano le dio un poco de afecto?».

—¿Quieres agua? ¿Comida? ¿Sí? Vamos al mercado y ahora regresamos.

Cruzamos al mercado y volvemos con uvas, bananas, agua y una guirnalda de jazmín. Coronamos a «María» con un rosario de flores, le cantamos «Amazing grace» y «You are my sunshine» y rezamos juntos. La lepra le hizo perder varios dedos del pie y de la mano. Nos mira con felicidad y, llena de vergüenza, levanta un brazo vendado para esconder su sonrisa desdentada. Nos tiende la mano para darnos las gracias y reza por nosotros.

Mientras la abrazo mi alma se agita profundamente porque veo una parte de mí reflejada en ella. «Me sentí tan solo durante toda mi vida, solo con mi familia, solo en la escuela, solo con mis parejas. Al fin y al cabo, el vagabundo de mis pinturas, el hombre que observa con impotencia la escena de *Mack the Night* soy yo. Como todas las Marías de este mundo, yo también estuve a punto de quedarme al margen de la sociedad. Como tantos otros, puedo trabajar, conectarme a wifi y vivir en grandes ciudades, y sin embargo me siento tan solo. La soledad es la principal enfermedad del siglo veintiuno».

«María, gracias a ti por fin pude entender que acababa de dejar atrás los lienzos de mis pinturas. Ya no soy la víctima, ni el vagabundo o el espectador, sino que me convertí en un actor del cambio con mi papel de clown humanitario. Hoy soy capaz de transformar el mundo a través de la risa».

Una buena persona

Nos vamos de Vellore rumbo a la gran urbe de Chennai, antiguamente conocida como Madrás, capital del estado de Tamil Nadu. Por la noche, salgo a descubrir la vida nocturna india con su alboroto ensordecedor y su tráfico incesante.

No me atrevo a alejarme mucho del hotel, así que termino refugiándome al lado de un diminuto salón de té. El lugar tiene el tamaño de un armario; me pido un *chai* y me siento en la acera con el vaso en la mano, a la luz amarillenta de una lámpara. En ese instante surge por primera vez Sebastián. Raquítico, con el pelo corto color arena y la piel llena de polvo, lleva la cola entre las piernas y el maltrato del que ha sido víctima se percibe a primera vista. En repetidas ocasiones, he visto entristecido cómo los vendedores ambulantes patean a los perros que vagabundean por las calles.

Me observa desde una esquina, vacila y permanece en la seguridad de la penumbra. Me dan miedo los perros, y sobre todo los perros callejeros, pero este no. No sé por qué.

—Acércate, ven aquí, no pasa nada.

Le hago un gesto con la mano. Inclina la cabeza, duda, avanza desconfiado, no vaya a ser otra de las tantas trampas en las que suele caer. En cuanto lo tengo cerca, extiendo la mano y le acaricio suavemente la cabeza. Termina sentándose, apoya toda la tristeza de su cuerpo contra mí.

—No pasa nada, descansa, puedes sentirte seguro a mi lado. Ya está, muy bien, Sebastián.

¡Acabo de bautizar a mi nuevo amigo!

Noche tras noche, me espera con impaciencia cerca del pequeño puesto. Jugamos juntos, me agarra la mano con su mandíbula, pero nunca me muerde. Cuando ve a otros perros acercarse, los ahuyenta ladrando fuerte para protegerme, y luego vuelve a apoyar su cabeza sobre mis rodillas. Vine a la India por los niños y descubrí otros sufrimientos que me rompen el corazón; algunos invisibles como el de María, en la calle, y ahora el de Sebastián, mi perro vagabundo. Todas las criaturas de este mundo necesitan amor, y por eso estoy aquí.

Solo nos quedan unos pocos días antes de pasar el último fin de semana en Mahabalipuram, un pequeño pueblo a orillas del mar. Durante el día aprovecho para hacer largas caminatas y frecuento la terraza del café Bob Marley para plasmar mis emociones en mi diario. Una joven de tez morena y pelo negro azabache insiste para que le compre uno de sus collares. Le agradezco amablemente y me entero de que forma parte de otra clase de marginados, dentro de un sistema que ya de por sí se rige por castas sociales: se trata de una chica gitana.

Termino sentándome a su lado mientras les doy globos a los niños.

—¿Me das uno?

Tiene unos pómulos salientes como nunca antes había visto y una sonrisa resplandeciente. Su presencia me impresiona tanto que tomo mi cámara de fotos para filmarla mientras conversamos.

—Me llamo Aspni.

Me cuenta cuáles son sus aspiraciones, su visión de la riqueza y del matrimonio.

—Yo solo quiero tener dos hijos, una nena y un varón. Hablo francés e inglés y quiero vivir en Europa. Quiero casarme con un hombre muy rico.

—Yo ya estoy casado, ¡y no soy para nada rico! —le digo con una sonrisa.

Nos reímos.

—No, sí eres rico, mira, tienes un corazón rico.

Me señala el pecho.

—Aspni, ¿te sabes alguna canción?

Ella empieza a cantar con una voz sorprendente y apasionada mientras los chicos y las gallinas corren enloquecidos después de reventar un globo. Hay tanta paz, amor y esperanza en su voz. Es el ejemplo perfecto de que las circunstancias no definen nuestras vidas. Eres maravillosa, Aspni, gracias por alimentar mi corazón con tu esperanza.

Al volver al hotel, Zoe, una de las clowns del viaje, me propone algo fantástico.

—Voy a ir a ver el amanecer desde la playa mañana por la madrugada, ¿quieres venir?

¿Cómo puedo rechazar semejante invitación? ¡El mar, el sol, la playa! Estoy tan entusiasmado que pongo el despertador a las cuatro de la mañana y apenas logro dormir de la ansiedad.

Llega el momento: en la oscuridad total, linterna en mano, oigo ladrar a perros invisibles mientras me siento en la parte trasera de su motoneta. La calle es un desierto, vamos a toda velocidad, me aferro y el aire fresco me acaricia la cara. Luego tomamos un pequeño camino de tierra al tiempo que el cielo anuncia el nacimiento de un nuevo día.

Descalzo sobre la arena fresca, siento cosquillas en los pies hasta que los hundo en el agua helada del océano. «Frrrrrrssssshhhhhhh, rrrsssshhhhhhhh», las olas bailan cerca de nosotros mientras esperamos el nacimiento de nuestro astro de vida. Una luz anaranjada asoma entre las nubes transformándolas en una playa celestial hasta que se adivina un contorno de un rojo puro e incisivo. Imperceptiblemente, los suaves tonos van cambiando del rosa al amarillo a medida que el manto de la mañana deja entrever el azul del cielo ¡Mi corazón vibra en armonía con esta fabulosa esfera roja que me inunda de felicidad!

Estoy sentado en aquella playa paradisíaca que había visto con Marguerite, ¡pero no se divisa ninguna tormenta en el horizonte! Al contrario, en mi euforia, las últimas tablas del fondo del barril estallan en pedazos y surge la luz: «Es increíble, estoy en la India viendo cómo amanece sobre el océano, con una nueva familia que me quiere y repartiendo amor gracias a mi clown humanitario. ¡Es el periodo más feliz de mi vida, se están cumpliendo todos mis sueños! ¡Lo logré! ¡LO LOGRÉ!».

Pero mi «buen chico» no puede tolerar semejante alegría y me interrumpe violentamente: «¡Te abandonaron, te maltrataron y te violaron! ¡No puedes ser tan feliz! ¡Esto no es real!». Hay un instante en que ya no sé qué voz escuchar, las dos tienen razón.

«Realmente estoy aquí, *pero no puedes ser feliz*, y sin embargo esto es tan real, *pero te violaron...*», y no puedo parar. Estoy paralizado, se me desgarra el alma, hasta que los primeros rayos del sol me calientan el rostro. La luz interior y la exterior se armonizan y mis voces gritan al unísono: «Ya no se puede negar la realidad, los abusos y las violaciones, todo eso se terminó. ¡Gané! ¡SE TERMINÓ!».

Entro en comunión con el astro celeste y estallo en lágrimas:

—¡Se terminó! ¡Se terminó!

—¿Qué se terminó? ¿A qué te refieres? —me pregunta Zoe, preocupada.

Mi cuerpo vibra de amor y me invade la belleza y la poesía de la vida. Los rayos del sol purifican todos los sufrimientos que atravesé.

—Dame un momento, por favor.

Es lo único que logro decirle entre sollozos de felicidad. Respiro hondo varias veces y luego empiezo a contarle mi historia, la soledad, las dudas y el odio hacia mí mismo, y por qué estoy viviendo el momento más feliz de mi vida.

—¿Lo entiendes? ¡Gané! ¡Se terminó!

Le cuento todos los riesgos que asumí al venir aquí. Ignoro hasta qué punto sigo teniendo miedo, y no sé qué me depara el futuro, pero al menos ahora he terminado con mi pasado.

—Dime, Guy, ¿te consideras una buena persona?

«¿Una buena persona?». ¡Qué pregunta más extraña! Esas tres palabras tan simples forman una pregunta que nunca me hicieron ni mis padres ni mis amigos ni mis profesores: «¿una buena persona?».

No puedo mentirme a mí mismo y tampoco al «buen chico».

«¿Soy una buena persona?».

Me violaron, mi cuerpo era mi enemigo, la culpa abarcaba todo mi ser.

«¿Soy una buena persona?».

Era un vulgar felpudo y ahora me convertí en un mensajero de amor.

«¿Soy una buena persona?».

¿Podría decir lo contrario?

Esta vez, el fondo del barril está completamente abierto y se oye un dulce murmullo: «Sí, Guy, lo eres. Eres una buena persona».

Con esta revelación, me inunda un nuevo destello de luz blanca.

Por primera vez estoy en armonía con mi voz interior:

«Me quiero, ¡soy una buena persona!».

Ángeles de barro

Esta vez, al volver a casa, no se produce ninguna crisis: mi llama interior arde nuevamente. Me pongo en contacto con Giri Dharan, uno de los organizadores de Vellore, para proponerle ayuda financiera. Acaba de crear la fundación Third Hand para asistir a familias necesitadas y construir una escuela para una comunidad tribal. Gracias a un proyecto escolar de mi hija, conozco a la señora Francelline Nakoulma, una maestra de Burkina Faso, y la ayudo con la construcción de una escuela para huérfanos en las afueras de Uagadugú.

Comparto mis últimas experiencias con mi familia: los chicos y la música, María, Sebastián, mi revelación en la playa, pero todo eso les resulta extraño. Para mejorar nuestra convivencia, les propongo ejercicios de comunicación: cada uno es libre de expresar sus sentimientos mientras escuche a los demás. Les hago descubrir la comunicación no violenta de Marshall Rosenberg, la terapia experiencial de Eugène Gendlin, la coherencia cardíaca y la meditación. También las invito al cine y a comer afuera, porque está bien hacer cosas serias, ¡pero no hay nada mejor que reírse y llenarse la panza de buena comida!

Nuestra relación se afianza y se nos da por pintar las paredes del departamento y adornarlo con flores. Mi esposa y mi hija son mis prioridades; después de pasar otras vacaciones juntos, logro que se sientan más seguras, y luego mi voz interior me incita a hacer una nueva misión humanitaria.

¡Esta vez me interno en un calor tropical sofocante, a mediados de agosto, cuando me reúno con Patch en Perú!

A diferencia de mi experiencia en Guatemala, el grupo está formado por más de cien clowns. La mitad viene de Lima, la capital; los demás, principalmente de América Latina, y solo unos pocos de los Estados Unidos y otros países. Sumergido en esta marea de hispanohablantes, no me siento tan seguro como cuando estoy con grupos más íntimos. Pese a la amabilidad de los organizadores, aún soy demasiado tímido y me cuesta hablar con los demás. Varado en mi isla desierta, me estremece la idea de que, si se hubiera tratado de mi primera misión humanitaria, no hubiera podido abrir mi corazón y descubrir el amor en todo su sentido, ni liberar la luz interior que me revelara mi bondad. «¡Qué espanto!».

Al despuntar el alba, subo al techo y me entrego a mi diario en compañía de gatos y palomas. Las luces doradas del amanecer amazónico me devuelven la esperanza y finalmente me decido a hablar con el doctor Carl Hammerschlag, un clown gigantesco encorsetado en un leotardo de color rosa flamenco.

—No lo entiendo, durante mis misiones he descubierto cosas tan maravillosas como el amor y la alegría, pero aquí no sé cómo compartirlas. Estoy perdido, me siento desorientado.

—Guy, no olvides que estás viviendo algo mágico, algo muy valioso y que te acompañará pase lo que pase, aprovecha. Somos todos diferentes aquí, desde luego, pero es esa nuestra riqueza. Entiendo que te sientas solo, pero no lo estás; ten paciencia con los demás, y sobre todo contigo mismo. Nunca olvides que lo que llevas en el corazón te pertenece, más allá de que lo exteriorices o no.

Nos damos un gran abrazo y cobro nuevos ánimos bañándome en la pequeña piscina del hotel. El agua fresca es como un bálsamo para mi soledad, y finalmente me permite hacerme nuevos amigos.

Nuestro hotel está en Iquitos, la capital de la Amazonia peruana, adonde solo se puede acceder por vía aérea o fluvial. Esta vez nuestra misión es muy diferente, en lugar de visitar hospitales u orfanatos, vamos a ayudar a las familias directamente a su vecindario. Bajamos una colina hasta el barrio de Belén, un viejo suburbio marginal donde viven descendientes de indígenas que eran antiguamente explotados para extraer caucho. El contraste entre estos dos universos es rotundo: dejamos las calles repletas de tiendas modernas con luces de neón donde se exponen electrodomésticos y motocicletas para adentrarnos en un laberinto de casas de madera sobre pilotes, sin electricidad ni agua corriente. Las calles de tierra, desprovistas de aceras, están cubiertas de barro debido a los frecuentes desbordes del río.

Cada mañana, un grupo de clowns se encarga de proponer talleres u organiza un espectáculo.

—¡Lleven botas de lluvia, repelente para mosquitos y mucho, mucho desinfectante!

Soy testigo de las peores condiciones sanitarias, veo mierda de perro y desechos flotando en un barro verdoso y charcos podridos repletos de mosquitos. ¡Los chicos corren despreocupados y juegan descalzos! ¡Me pongo a jugar a la pelota y de repente la lluvia nos sorprende como si nos hubiera tirado un baldazo de agua! Los niños gritan y corren a acurrucarse alegremente bajo mi pequeño paraguas naranja con lunares rosas. Empapados como peces, ¡estallamos en carcajadas musicales!

En cuanto empieza a escampar, los chicos salen disparados hacia la cancha de fútbol inundada. ¡Gritan de alegría y se divierten lanzándose barro! Otros se acuestan en el piso y juegan a mover la tierra mojada con los brazos y las piernas. Desconcertado, súbitamente me identifico con ellos; están haciendo lo mismo que yo hacía en la nieve cuando era chico: ¡angelitos de barro! Es increíble, ¡logran transformar su sombrío entorno en un campo de alegría!

Alrededor de la cancha, veo que hay pequeños grupos que se dan la mano: un niñito de seis años junto a su hermana de ocho, que tiene un bebé en brazos, y dos niños más, todos de las manos. ¡Nunca había visto tanto amor! Y después algo me impresiona: ¡todos los chicos están sonriendo! ¡Están repletos de amor y de afecto por los demás!».

Durante más de veinte años, di clases frente a miles de adultos y niños, y la mayoría tenía la mirada perdida, su luz interior parecía apagada. Y sin embargo no les faltaba nada: tenían comida, un hogar, educación. Aquí, la miseria puebla las calles, los chicos tienen tan poco, ¡pero resplandecen de alegría, están llenos de vida y de amor!

«Así es la humanidad sin los efectos de la "civilización", así somos en realidad, así soy yo. ¡Ahora entiendo!».

Ante semejante observación, siento que una unión nueva se estremece en mi interior: las raíces que se cortaron con las violaciones resurgen y me vuelven a conectar con mi humanidad.

«Pertenezco a la gran familia del género humano y todos son mis hermanos y hermanas, incluso quienes me violaron. Los quiero, los quiero, ¡LOS QUIERO A TODOS!».

Nishka

Al volver a Canadá, emerjo de mi burbuja latinoamericana con el deseo ardiente de intensificar mi pertenencia a la humanidad. Dejo a un lado la simbólica nariz roja de «Citizen Clown» para convertirme en un personaje más vulnerable, como Charles Chaplin. En la India, Zoe me había prestado su ukelele para romper la barrera lingüística.

«Lo tengo, eso es, ¡esa será mi nueva voz! ¡De ahora en adelante, la música será mi idioma de amor universal!».

¡Así nació «Ukulélé le clown», o de manera más afectiva, «Uku»!

Entusiasmado con mi nueva identidad, abro mis alas y echo a volar en dirección a Guatemala por tercera vez en tres años. Allí tengo el agrado de conocer al doctor John Glick, un hombrecito entrañable con una empatía absoluta, con quien compartimos la música improvisando en el autobús y en las habitaciones de los hospitales. Así aprendo temas en español como «La Bamba» o «La cucaracha» y canciones infantiles como la famosa «Estrellita donde estas» También disfruto tocando mi repertorio personal: «Always Look On The Bright Side Of Life» de los Monty Python y «Tonight You Belong to Me», de la película *El tonto*, de Steve Martin.

Mi pequeño ukelele azul, cubierto de calcomanías con formas de corazones y flores, me da el coraje necesario para pasearme con mi traje de clown, por iniciativa propia, a orillas del lago Atitlán, en Guatemala, y también en Panamá y México.

Amante de los viajes y ansioso por seguir repartiendo amor, me informo acerca de las siguientes misiones de Patch y, el invierno siguiente, ¡me voy rumbo a Rusia para mi cumpleaños número cincuenta y siete! Aprendo temas famosos, como el de «Гостья из будущего» (*La visitante del futuro*) —una serie de televisión de ciencia ficción para niños de 1985, durante la época soviética— o el de «Ирония судьбы, или лёгким С лёгким лёгким паром! (*La ironía del destino, o ¡goce de su baño!*) —¡la película sobre Año Nuevo que más veneran!». También canto clásicos como «Petrushka» y éxitos irreverentes del rock, como «В Питере - пить» («En San Petersburgo, bebamos») del grupo Leningrad y «Пей пиво» («Bebe cerveza») de Discoteka Avaria. Los niños se ríen a carcajadas y sus padres, boquiabiertos, no pueden creer que yo conozca sus canciones favoritas. *¡Спасибо, спасибо!* ¡Gracias, gracias!

Pero lo que me da más satisfacción es enseñarles a niños y a adultos a tocar mi pequeña guitarra azul. ¡Terminan cantando y bailando por los pasillos, brillan de alegría y se olvidan de sus dolores!

Con Marleen y Kees, dos nuevos amigos clowns neerlandeses, visitamos la sección de neurología de un hospital de Moscú e improvisamos payasadas para regocijo de una mamá y su hija de catorce años. Postrada, la pequeña Nina tiene los miembros deformados por una distrofia muscular pronunciada. Ya no puede hablar y cada gesto que hace parece extremadamente doloroso. Pese a eso, nos echamos al piso y nos arrastramos como enormes orugas y la mamá estalla en carcajadas y nos aplaude.

Me levanto y me arrodillo a un costado de la cama de la pequeña y le propongo que cante conmigo.

—No, no, ¡no puede! —aclara la madre con vehemencia.

La entiendo, pero confío en mi llama interior. Rasgo algunos acordes en mi ukelele y canto suavemente «ooooooooo» al tiempo que aliento a Nina para que repita conmigo. Me responde con un pequeño gemido, tímido y ronco, apenas perceptible. Luego, poco a poco, ¡su voz empieza a oírse cada vez más fuerte y clara! Ahora logra cantar la melodía y todo su rostro se ilumina de felicidad. La mamá sonríe con lágrimas en las mejillas: acaba de producirse un pequeño milagro. *¡Спасибо, спасибо!* Tomados de las manos, celebramos nuestro amor por Nina mirándonos a los ojos.

Después de abrazarnos, vuelvo al largo pasillo para consolar a otros niños; solo en una pequeña habitación, diviso a un niño de unos ocho años. Está inmóvil y acuclillado sobre su cama, parece que se hubieran olvidado de él entre tanto tumulto. Toco a su puerta, pero ni se inmuta, permanece ajeno a todo lo que lo rodea. Leo su nombre en un cartelito, «Пётр», Piotr, y noto que tiene unas ojeras enormes. A su edad, yo también tenía muchos problemas para dormir, y reconozco las innumerables noches de insomnio, tal vez a causa de pesadillas, que lo acosan en su soledad. «¡No puedo abandonarlo!».

Entro en puntas de pie, cantando y tocando algunos acordes, pero sigue sin mostrar reacción alguna. Coloco mi ukelele delicadamente a su lado, con mucha atención, y pulso una cuerda, luego otra y otra más. Alza la cabeza imperceptiblemente y fija la vista en el instrumento. Se acerca y por primera vez tira de las cuerdas con un dedo. Vuelve a hacerlo y las deja resonar, «drim, drum». Pone el ukelele suavemente sobre sus piernas y empieza a tocar rítmicamente una serie de notas. Durante los veinte minutos que siguen, me siento en el paraíso mientras una melodía luminosa inunda la pieza: un ángel bajó del cielo para visitarnos.

Contengo las lágrimas y me invade una alegría inmensa al ver al chico reconectarse con el universo. «Estamos todos aquí para ti, mi pequeño Piotr, aquí nos tienes».

Le indico que tengo que llevarme el instrumento porque la visita está por terminar. Me lo tiende amablemente, con una sonrisa tímida y los ojos llenos de luz: parece como si sus ojeras hubieran desaparecido. Vuelvo al pasillo con la canción de George Harrison «My Sweet Lord» en el corazón al pensar en la magia de la música.

Si los padres son demasiado tímidos como para cantar, ¡entonces le pido ayuda a mi compañero Tocino! De un bolsillo saco a mi fiel cerdito de caucho que estalla en chillidos. Me sirve para prestarles una voz a quienes no se atreven a cantar; en cuanto lo aprietan, se ríen a carcajadas. También tiene el poder fantástico de hacer reír a cien metros de distancia: señala algo, chilla, ¡y la gente se ríe! En algunas pocas ocasiones termino regalándolo, como al pequeño Amir, un niño de seis años internado con una gripe severa. Su mamá, sus hermanas, sus hermanos y su tía se lanzan a Tocino los unos a los otros; yo contemplo el gran amor que los une.

Luego me dirijo a la sección de cuidados intensivos para bebés prematuros. En la pieza solo se oye la aspiración constante de los tubos, pitidos y el zumbido de las válvulas. Me estremece la imagen de los recién nacidos con su piel casi transparente dentro de esas incubadoras mecánicas. Cada compartimento lleva una etiqueta: Marina, quince días; Igor, tres semanas; Anya, cuatro semanas. La esperanza de vida parece limitada, espero de todo corazón que puedan reencontrarse con sus madres que tanto sufren la espera.

Me acerco a la diminuta Marina y veo en sus ojos una córnea opaca y blanquecina. «No ve nada, ¿podrá oír algo al menos?». Su frágil cuerpo se infla cuando el respirador envía el aire a sus minúsculos pulmones. Cómo me gustaría tomarla en brazos y protegerla contra mi pecho. Otra clown entra en la pieza y se arrodilla a mi lado. Nos tomamos de la mano como si fuéramos los padres, cerramos los ojos y rezamos en silencio. Una conexión de amor termina uniéndonos a los tres. Me levanto y salgo de la pieza, pero les dejo un pedazo de mi corazón a todos esos bebés. Que la paz los acompañe.

Al margen de las visitas de Patch, también voy al encuentro de clowns locales y así descubro el profundo afecto del alma rusa. Primero, Margarita me deja participar en sus misiones a hospitales de San Petersburgo, luego Alexander me invita a acompañarlo a lo de una familia de las afueras de Moscú.

Después de conducir una hora y media, de ver gigantescos edificios de departamentos anónimos desfilar una y otra vez, por fin nos estacionamos. Ya son las siete, ha anochecido completamente y algunos copos de nieve revolotean a nuestro alrededor. Avanzamos hacia una entrada pavimentada y subimos a un diminuto ascensor de un gris pálido. Mi amigo se coloca su nariz roja mientras yo rasgueo algunos acordes delante de la puerta. Tocamos el timbre y nos recibe la cálida sonrisa de Iván, un hombre alto, delgado y de cabello corto, que nos lleva hasta una sala donde esperan Tatyana y Nishka, su hija de siete años.

La niña parece paralizada porque está atada a una silla con correas de seguridad, de espaldas a un respirador que la asiste ininterrumpidamente. «Cuac-cuac, guau-guau, miau-miau» —nos sigue con sus ojos azules mientras imitamos sonidos de animales: su papá y su mamá nos acompañan con palmas y lanzan globos suavemente. Por momentos, sus cejas se fruncen y responde a nuestros estímulos con un ligero gemido. Le presto el ukelele a Tatyana, que se pone a bailar, e Iván y yo ululamos mientras Alexander nos acompaña con una flautita. Los cuatro nos reímos a carcajadas, unidos como una gran familia, y giramos lentamente alrededor de la silla contemplando la alegría de la niña.

Pero de repente empieza a gemir y a toser: se oye un pitido estridente, necesita que la asistan con urgencia. De inmediato, la mamá saca un pañuelo, le limpia la garganta y luego examina el monitor del respirador. Después de aquel maravilloso instante libre de preocupaciones, súbitamente, el papá se pone completamente serio. La magia parece haberse evaporado, pero, al despedirnos, sus sonrisas y abrazos me demuestran lo contrario, me transmiten todo el amor que reina en aquel lugar. Me estremezco ante la devoción total y la presión constante que implica estar alerta a toda hora, día y noche. Esta humilde familia me hace descubrir otra cara de la humanidad, la del amor incondicional que nos une a todos.

«Hace sesenta años mi mamá era enfermera en la unidad de cuidados intensivos para bebés prematuros y mi papá era neurólogo. En Rusia, terminé recorriendo las mismas secciones en los hospitales que visité: ¡mamá la enfermera, papá el neurólogo y ahora yo, el doctor "Clown Uku"! Nos une la pasión de curar. Me pregunto cuántas partes de su corazón le dejaron a cada niño que ayudaron».

El Bien y el Mal

Al volver a Montreal, me siento listo para empezar a escribir un libro, no acerca de la risa, sino sobre el camino que atravesé para curarme de mis abusos. Las misiones de clowns humanitarios con Patch me cambiaron la vida, y aproveché para hacerle una entrevista durante mi primer viaje por Guatemala. «¡Perfecto! Podría servir de inspiración para que otros sobrevivientes logren transformar su vida, porque soy una prueba viviente de que es posible. Quiero transmitirle un mensaje de amor a toda la humanidad».

Empiezo a escribir el libro mientras mi hija está en la escuela y mi esposa en el trabajo. Se acercan las vacaciones escolares y les propongo que elijan una actividad familiar que nos guste a todos. Me doy cuenta de que compartimos las mismas pasiones: la lectura, la sed de conocimientos y la naturaleza. De casualidad, encuentro un taller que se adapta a la perfección: cuatro días en el campo para descubrir los mandalas tibetanos de la compasión. ¡Genial!

Se organiza en el encantador pueblito de Ayer's Cliff, en los Cantones del Este de la provincia de Quebec. Es un verdadero remanso de paz, con un lago para bañarse, zonas de pícnic y bosques alrededor. Los talleres están a cargo de cinco monjes tibetanos y se realizan en una vieja iglesia de madera, cuyo piso cruje bajo nuestros pasos. Nuestros anfitriones lucen cráneos rapados y largas túnicas púrpuras; ¡nos reciben con mucho entusiasmo y una sonrisa de par en par! Cada día comienza y se termina con un ritual de cantos guturales amplios y profundos que resuenan cálidamente en nuestro pecho.

Nuestra hija está fascinada con la meticulosa construcción del mandala: mide un metro de diámetro y representa un monasterio espiritual rodeado de un jardín ornado con fuentes. Cada dibujo de puertas, escaleras o ventanas es minuciosamente supervisado por el «contramaestre» que dirige a los monjes con su voz firme. Dan golpecitos delicados en largos y afinados tubos plateados que dejan caer granos de arena multicolores: azul, blanco, rojo, verde y negro, cada color simboliza algo que me recuerda la rueda de medicina de los pueblos originarios. Aïyana se esmera tomando fotos de cada uno de los gestos de los monjes como si fuera una periodista.

Lama Samten es el jefe de la delegación; como un joven Yoda de la *Guerra de las Galaxias*, nos explica la gran sabiduría de la compasión:

—Son libres de elegir sus actitudes, ¡elijan entonces la felicidad!

Su risa es contagiosa y fluye como el agua de un arroyo primaveral que baja por la montaña. Esa frase se convierte en un mantra que repite en cada ocasión con un acento musical que se asemeja al sonido de una campana:

—La felicidad, en todo momento, en cualquier lado, todo el tiempo, sí, ¡eso es la felicidad!

Para Frankl la clave era dar sentido a las cosas, los estoicos se basaban en la bondad y nuestro maestro se centra en la felicidad. ¡Todos ellos afirman que, a pesar de las circunstancias, tenemos la libertad de elegir!

Por las tardes se organizan talleres de meditación a cargo de Jason, un joven monje quebequense. Es delgado, esbelto y mide unos dos metros. Su cabeza rapada emerge de su amplia túnica granate como el caramelo esférico de un chupetín. Recibe mis abrazos de clown con gracia y, en cuanto se acomoda sobre su almohadón redondo, nos inicia en las tradiciones budistas tibetanas. Cuando menciona que suele hacer presentaciones en escuelas, no puedo sino sonreír al imaginarlo levitando de piernas cruzadas sobre el escritorio de un profesor.

Pero al mismo tiempo, súbitamente, esta imagen me deja perplejo porque también advierto un pequeño crucifijo clavado en la pared, un accesorio obligatorio de las aulas de mi infancia. Ciertamente, el cristianismo desempeñó un papel dominante en la sociedad quebequense de los años sesenta. Yo mismo tuve que seguir clases de catequismo e incluso llegué a ser monaguillo en una iglesia. Recuerdo una frase que me marcó, de tanto que nos la repetían a los jóvenes de aquella época: «¡Jesús murió por nuestros pecados!». Desde que llegamos, aún no he escuchado la palabra pecado, ni culpa, ni perdón. Me llama la atención.

Espero a que termine la sesión y le pregunto a Jason si hay algo de eso en el budismo.

—No, en el idioma tibetano no existe la palabra perdón, ni culpa, ni vergüenza.

Mi espíritu se empieza a agitar, la confusión me abrasa. Le pregunto de nuevo:

—¿De veras? ¿No hay palabras para eso?

—Se trata de aceptar todo lo que existe y de elegir la felicidad, pero no hay un equivalente para la vergüenza o la culpa. Eres cien por ciento responsable de lo que haces de tu vida.

Me quedo turbado, ¿¡¿cómo puede ser que esos conceptos simplemente no existan en el budismo tibetano?!? Nos enseñan a descubrir nuestra vida interior, a aceptar nuestros deseos, pero no se ocupan de las relaciones que mantenemos con los demás o de nuestro pasado. ¡Me quedo mudo! ¿Cómo puede ser que el «perdón», esa etapa tan fundamental para curarme, simplemente no exista?

Me acuerdo que al llegar le expliqué al Lama Samten de qué se trataba el clown de mi pulóver de Fábrica de Sonrisas, señalándole la emblemática nariz roja.

—Soy voluntario en misiones de clowns humanitarios.

Su reacción me había desconcertado: se había quedado como un conejo encandilado por las luces de un auto, ¡sin palabras! Jason me lo confirma:

—No, ¡tampoco hay una palabra para eso en tibetano!

La intriga me invade ante tanto misterio.

El cuarto día celebramos la inauguración del templo de arena con la ceremonia oficial de la «Transmisión del poder de la compasión». Los monjes van ataviados con deslumbrantes túnicas violetas y un gorro del cual cuelgan unos largos flecos dorados. Nos inician en el canto de mantras tibetanos de respeto y aceptación. «Namo Ratna Trayaya, Nama Arya Jyana, Sagara Vairochana, Byuhara Jaya Tathagataya».

Al cabo de dos horas, el ritual termina con la disolución del mandala, que es barrido hasta formar un montículo en el centro. Con una cucharita, nos dan un poco de este polvo grisáceo y nos dirigimos al lago que se encuentra detrás de la iglesia para arrojar nuestro puñado de arena en las aguas profundas. El Lama Samten recita una última plegaria y concluye:

—El templo es transitorio, la vida es transitoria.

Transitoriedad, felicidad, responsabilidad, decisión, todo eso me parece muy bien. En cambio, la ausencia de culpa, de vergüenza, de perdón, o incluso de clowns, me perturba. ¿Por qué aún sigo sintiendo vergüenza y culpa? ¿Será por mi educación religiosa o bien porque aún tengo mucho que aprender del budismo?

Al volver a Montreal, tras un buen descanso, me pongo a buscar en internet, quiero saber más sobre aquella misteriosa filosofía de la felicidad y de la compasión. Entre los libros recomendados, se destaca el nombre del psiquiatra Carl Jung. Su biografía *Recuerdos, sueños, pensamientos* me había inspirado mucho en la época en que estudiaba el estoicismo. Su concepto de Sombra, esa parte de nosotros mismos que rechazamos, que no integramos, me hacía reflexionar. ¿Existe aún alguna parte de mí de la cual no sea consciente?

Creo haber encontrado una primera respuesta en el homenaje a Jung que hace Alan Watts, mi mentor. En él, hay un pasaje que me perturba: «El Bien y el Mal no son más que una hipótesis desastrosa y absurda». Durante tres días y tres noches estas palabras resuenan en mi cabeza una y otra vez: ¿el Bien y el Mal solo una hipótesis? ¡IMPOSIBLE! Pienso en los antihéroes de las historietas de mi infancia que acudían a mi rescate: Metamorfo, el Hombre Plástico, los Hombres de Metal, y también el Diógenes del museo del Louvre. «Sin Bien ni Mal no existiría el sable de luz de Luke Skywalker, ni la oscuridad de Dark Vador, tampoco Harry Potter ni Voldemort, ni Bilbo y Smaug, ¿cómo puede ser posible?».

Lucho contra esta idea como un gatito frente a un espejo: primero golpea su reflejo, confuso, ¡hasta que termina poniendo una pata detrás del cristal y se da cuenta de que no hay otro gato! De repente, ¡logro mirar más allá del espejo de nuestro sentido común! «Si tenemos la libertad de elegir nuestra interpretación en lugar de juzgar, como dice Frankl, entonces, ¡soy libre!».

—¡NO HAY BIEN NI MAL! —grito como Galileo al afirmar «E pur si muove!» (¡Y sin embargo se mueve!).

A él lo habían obligado a desmentir, bajo pena de muerte, que la Tierra gira alrededor de un Sol inmóvil.

¡Qué conmoción! «¡Sin Bien ni Mal, Caramel no hubiera tenido que saltar ningún muro!».

Pero la conmoción es aún mayor cuando suena el teléfono: mi hermano, el que había padecido su papel de Guasón durante nuestra infancia, acaba de fallecer. La noche anterior, el portero lo encontró sin vida en su cama. Tenía solo cincuenta y nueve años. Estoy destrozado, porque durante los últimos años ya no accedía a que nos veamos en un café, estaba cada vez más enfermo. Hablaba poco de su sufrimiento, prefería tomárselo a risa, como la canción «Speak to me» del álbum *The Dark Side of the Moon*, de Pink Floyd. Esa misma risa demoníaca que me había salvado de mis noches de terror.

Era un amante de la música, aquel típico fan de rock que llamaba a la estación CHOM, la radio rockera de Montreal. Al final de su funeral, en la iglesia, lo homenajeamos con la canción «Free Bird», del grupo de rock Lynyrd Skynyrd. Es lo que todos le deseábamos, un apacible viaje para reunirse con la gran banda del más allá.

Era la gota que hizo rebasar el vaso: primero mi padre, ahora mi hermano. Había vuelto de Europa para estar con ellos y no tenía tiempo para perder juzgándolos a través de aquel espejo. En mi familia, mis dos hermanos encarnaban el «Mal» y mis padres el «Bien». Y yo, en medio de ellos, no podía ser el «Mal» porque me agredían constantemente, ni tampoco el «Bien», porque tenía la culpa de que me hubieran violado. Como no podía existir, me volví invisible y silencioso.

Si por desgracia sentía una emoción de algún tipo, tenía que aniquilarla completamente: cigarrillos, alcohol, pasteles, relaciones amorosas, todo valía a la hora de anular mis sentimientos. Vivía trabajando y tomando café para ser un «buen chico», como papá. Y, como mi hermano, era un Dr. Jekyll a pura cafeína, ansioso y nervioso durante el día, y al anochecer, un Mr. Hyde que se entregaba al alcohol para intentar dormir. «Paré de refugiarme en el trabajo cuando descubrí las misiones de clowns humanitarios, ahora quiero sentir la vida en todo su esplendor prescindiendo del estimulante que tomé durante los últimos cuarenta años: la cafeína».

Los síntomas de la abstinencia son horribles: dolores de cabeza atroces, sensibilidad a flor de piel y la sensación de que me van a explotar los ojos. Ya no logro ordenar mis pensamientos y deambulo por las calles como un zombi harapiento. La dependencia es impresionante. Si tengo la desdicha de flaquear y tomar una taza, los dolores se multiplican. Y sin embargo no puedo evitar recaer una y otra vez durante meses. «¿Vale la pena un día de bienestar para luego sufrir una semana entera?». La dependencia es tan flagrante que, en cuanto logro superarla, una dulzura y una calma inéditas acarician mi vida.

Satisfecho con mis resultados, vuelvo a la noción salvadora de la ausencia de Bien y de Mal y descubro que sus raíces se remontan al taoísmo, al budismo y al hinduismo. Explican que lo que deseamos constituye el «Bien» y lo que rechazamos, el «Mal». Finalmente, la parte de nosotros que rechazamos se convierte en esa Sombra que describe Jung, el lado oscuro de nosotros mismos. Al liberarnos de nuestro control y de las valoraciones que estructuran la dualidad del «Bien y el Mal», nuestra Sombra se descubre y alcanzamos un espacio de paz, de amor y de creatividad, lo cual se conoce como *Advaita Vedanta*: la filosofía de la no-dualidad.

«Sí, así es: con Yorbely acepté mi profunda desesperación, y en ese momento, de mi propio abismo, ¡surgió la luz del amor! ¡Entonces debe ser posible!».

Miro varios documentales sobre la no-dualidad y descubro la película *The Dhamma Brothers*, realizada en el año 2007. Narra la experiencia de un retiro de meditación experimental que se llevó a cabo en una prisión de Alabama, Estados Unidos, en 1999. Durante diez días, varios detenidos, entre los cuales había algunos homicidas, participaron de un régimen riguroso de silencio puro e introspección. Al final podemos observar cómo un grupo de criminales tristes, insensibles y retraídos se transforman en seres afectuosos, amables y radiantes. Nunca vi algo así y enseguida me llama la atención.

Investigo más acerca del poder curador de esta técnica ancestral denominada Vipassana, que busca alcanzar una percepción directa de lo que llevamos dentro. Es una tradición milenaria que se conservó en Birmania y que luego fue reintroducida a nivel mundial en 1969 por un industrial llamado Goenka. Me apasiono por el tema, devoro páginas web, estudio decenas de videos y leo libros que encuentro en la biblioteca. Como por arte de magia, ¡en un armario descubro un libro titulado *Vipassana* en el interior de una caja llena de dibujos, poemas e incluso un oso de peluche! ¡Era de una amiga que me lo había dado con sus propias anotaciones y lo tenía en mi posesión desde hacía años!

Me pongo a estudiar el libro y encuentro videos de sesiones en internet dirigidas por el propio autor, y luego descubro un centro de meditación a unos cien kilómetros de Montreal. «Proponen una sesión de diez días que termina exactamente el día de mi cumpleaños. Parece una señal, es demasiado, ¡tengo que ir!».

La gran desconexión

Estamos en otoño, las hojas ya se cubrieron de oro y se respira un aire puro y fresco. El sol juega a las escondidas entre los grandes árboles de un frondoso bosque. Estoy en mi elemento, la naturaleza, y me embriago con el perfume almizclado que se desprende de la tierra húmeda.

«Me gusta este lugar, ¡todo va a salir bien!».

El retiro de meditación es organizado en lo que antes fuera una escuela privada. A mi alrededor, unos cien hombres y mujeres que rondan los treinta años arrastran sus grandes valijas hasta la puerta de entrada. Hay una atmósfera amigable. Al llegar a la recepción unos guías sonrientes me indican con amabilidad la mesa de inscripciones. Tengo que rellenar un cuestionario sobre mi estado de salud, en el cual debo especificar si necesito tomar algún medicamento o si padezco algún problema mental. Luego firmo y me comprometo a quedarme diez días enteros en aquel lugar y a respetar estos cinco preceptos:

- abstenerse de matar cualquier tipo de ser viviente;
- abstenerse de robar;
- abstenerse de toda actividad sexual;
- abstenerse de mentir;
- abstenerse de consumir toda sustancia tóxica.

Nos acompañan hacia una segunda mesa para asignarnos nuestra habitación e indicarnos dónde tenemos que dejar nuestras pertenencias. No se permite ingresar con alimentos, teléfono, tableta electrónica, libros o diario personal. El encargado me pide que le dé mis objetos de valor, incluida mi billetera. Acepto, no sin sorpresa. Me siento cada vez más privado de mi identidad. En la era de las redes sociales y de la interconexión, me encuentro totalmente aislado.

Penetro un largo pasillo gris con puertas anónimas a ambos lados, todas desprovistas de cerradura. La mía es la 122-F, pequeña como una caja de zapatos y austera como la habitación de un monje, las paredes desnudas, un colchón apoyado sobre una base de madera, una silla y un viejo escritorio. El espacio está dividido por un panel acolchado de color gris. Por suerte, mi litera está cerca de la ventana. En la otra mitad de la pieza, todo se encuentra duplicado para un eventual compañero de cuarto. Soy una persona extremadamente sensible para dormir, me despierto fácilmente con el ruido o la luz, así que espero que me toque un vecino tranquilo.

Luego de instalarme, aprovecho los rayos del sol para explorar el terreno en el cual pasaré los próximos diez días. Descubro dos senderos: uno para los hombres y otro para las mujeres. El nuestro forma un círculo de medio kilómetro que se pierde dentro de un bosque silvestre y sube y baja por la ladera pedregosa de una montaña. Unos carteles clavados con estacas nos advierten que no nos alejemos del camino y que tengamos cuidado con los osos. «¡¡¡Osos!!! ¡Estamos realmente en medio de la naturaleza en su estado más salvaje!».

Al volver a la entrada principal, me encuentro con los demás compañeros. Algunos han venido con su pareja o amigos. Hay un clima de excitación y los grandes salones de madera resuenan con el alboroto ensordecedor de la asamblea. Algo muy alejado del «Noble Silencio» que me esperaba.

¡DONG, DONG, DONG! Un gong invisible resuena al tiempo que dos siluetas altas y delgadas se acercan al micrófono y piden atención. La atmósfera alegre se transforma instantáneamente en un silencio inquietante. Nos anuncian la organización de cada jornada:

—Nos levantaremos a las cuatro de la madrugada. Las actividades del día serán las siguientes: meditación, desayuno, meditación guiada, meditación, almuerzo, meditación, meditación de grupo, meditación, pausa para tomar el té, meditación de grupo, clases, meditación de grupo, y luego regresaremos a dormir a las habitaciones. Eso es lo que haremos durante estos diez días, ¡nada más y nada menos!

Nuestra vida ahora se rige en función del accionar del gong. Nos preparan la comida, nosotros nos servimos en el comedor y lavamos los cubiertos. Las reglas están visibles por todos lados, en cada uno de los sujetapapeles donde los voluntarios se inscriben para las tareas de limpieza.

De pronto, FFRRRRRRRRRRRRRRRRRRRR, se despliega una enorme cortina. Un muro de Berlín acaba de erigirse para dividir el salón en dos comedores diferentes, uno para los hombres y otro para las mujeres. No las veré ni oiré más hasta el último día. Ahora el Noble Silencio está definitivamente instalado y también abarca nuestra expresión facial: hay que caminar con la vista fija en el suelo, en una pared o a lo lejos, no hay que mirar nunca a los demás. Ahora entiendo ese estereotipo de los monjes con capucha, así es mucho más fácil aislarse del mundo.

Al volver a mi habitación, noto que la cama de al lado está vacía, ¡qué alivio! «¡Genial! ¡No tendré que soportar los ronquidos de nadie!». Agotado por tantas emociones, apago la luz y me abandono a un sueño profundo.

¡GONG, GONG, GONG! «Ya son las cuatro de la mañana... Todavía está oscuro, aún es de noche, hay un silencio demasiado tranquilo y siniestro». Salgo a duras penas de la cama, abro la puerta para ir al baño y me cruzo con otros madrugadores. Nos empeñamos en no mirarnos, en no saludarnos medio dormidos. Empapo mi pequeña toalla rosa con agua caliente y vuelvo a la habitación para prepararme. Enciendo mi afeitadora eléctrica y contemplo cómo vibra en mi mano. «¿Para qué me voy a afeitar? ¿A quién le importa si me afeito o no?». ¡Alzo los hombros y me río de mi propia estupidez!

Podemos optar por hacer la primera sesión de meditación en la habitación o en un gran gimnasio. No dudo en unirme al grupo para vivir una experiencia lo más completa posible. Cuando termino de prepararme, salgo y camino unos doscientos metros hasta el lugar de meditación.

Me encantan las mañanas. Me demoro en una oscuridad negra como el carbón y me embriago con el aire helado de octubre que forma una leve neblina y hace crujir las hojas. Me pongo a contemplar el cielo estrellado, una de mis actividades preferidas. Antes de conocer el planetario de Montreal, la primera vez que había observado un verdadero cielo nocturno fue durante mi primer periplo por Europa, en 1984. La bóveda celeste que recubría las islas griegas era –literalmente– un manto de seda negra repleto de miles de diamantes centelleantes. No me extraña que un espectáculo tan grandioso haya inspirado a Epicteto, a Platón y a tantos otros filósofos. En el fondo de mi corazón, estoy convencido de que alcanzaríamos la paz mundial si cada uno contemplara su lugar en el universo.

Finalmente, subo al piso superior del gimnasio y me instalo. La gran sala rectangular está sumida en la penumbra, solo hay unas pocas lámparas encendidas en las paredes. Delante, sobre un pequeño estrado, se puede ver un ancho almohadón y una lámpara de noche: allí se sentará el maestro. Frente a él, en el suelo, hay seis filas de diez almohadones y algunas sillas a los costados. Por suerte, me toca una ubicación ideal: la última fila, en la esquina, al lado de la puerta. Del otro lado, un solo vecino que resultará más silencioso que un ratón y además solo se presentará a las sesiones de grupo.

¡Por fin estoy listo para emprender el gran viaje interior!

«¡Grrrhurhurmmrrgrhmmp!»

Durante los primeros tres días, nos dedicamos a aprender una técnica de respiración particular llamada Anapana.

«Presten atención a su respiración: concéntrense únicamente en su labio superior, debajo de la nariz. Sientan el aire que entra y sale, observen las sensaciones que surgen sin retenerlas ni reaccionar, manténganse en una perfecta ecuanimidad.

Es una palabra nueva para mí, «ecuanimidad», que implica que uno se mantiene sereno e independiente a toda sensación o evocación, por más agradable o desagradable que sea. Esta idea me gustaba porque me hacía pensar en el estoicismo, que me interesaba desde hacía varios años. Los objetivos de la meditación Anapana consisten en aumentar nuestra concentración, aguzar la técnica de introspección y controlar nuestros pensamientos. Había oído hablar de una comparación del estado de nuestra mente como un mono que no para de gesticular, ¡pero en mi cabeza siento que se trata más bien de un gorila desesperado! «¿Qué hago acá? Estoy haciendo lo que me dicen, ¿por qué no me sale? ¡Me olvidé de actualizar mi página web antes de salir! ¡Tendría que haber terminado mis estudios de música! ¡Qué feliz estaba Yorbeli en Guatemala! ¡Tengo que escribir mi libro cuando vuelva! ¡Blanchette estaba embarazada! Qué rico es el chocolate».

Y los pensamientos desfilan sin cesar, en mi mente se mezcla el pasado con el futuro, ¡pero difícilmente me detengo en el presente! Me paso una hora y media luchando con este macaco interior, después desayunamos, volvemos a reunirnos en grupo, todo lleno de monos, y luego una tercera sesión luchando en la jungla antes del almuerzo. Por la tarde, me paseo unos quince minutos por el bosque y ya es tiempo de volver con los primates durante una hora, más una hora y media con el maestro, «¡más monos, más monos!», luego una hora más, la última comida del día y otra vez con los monos, gorilas, macacos, todo un zoológico dando vueltas en mi cabeza. Por último, terminamos con una sesión en el gimnasio.

«¡AAAARRRRRGGGGHHHHHHHHHHHHH!, las bananas me revientan las orejas!».

A duras penas salgo de la jungla en dirección a mi cama, donde me espera Morfeo. ¡Mi cama también parece un gran mono peludo! Al término de estas primeras veinticuatro horas, ¡estoy a punto de abandonarlo todo y escaparme de semejante locura!

¡GONG GONG GONG! ¡Ya son las cuatro de la mañana! Dejo mi lecho de mono barbudo, «¡Grrrhurhurmmrrgrhmmp!», y al cabo de un rato vuelvo en mí respirando el aire frío del exterior, inmerso en la oscuridad. Al volver a mi silla, solo me encuentro con unos diez primates matinales esta vez. Temo perderme de nuevo en la jungla. Esta mañana veo algunos macacos por ahí, ¡pero ningún gorila! Me sorprende que haya menos lianas para balancearme hacia el pasado o el futuro. Aunque me dejo llevar por algunos pensamientos, logro volver a esa ecuanimidad sin muchas dificultades. Al terminar la primera hora, mi espíritu se mece en un cálido bienestar. Siento la dulzura de una paz que pocas veces antes había experimentado.

«¡Como en esa playa de la India! Yo pensaba que solo podía encontrar una calma semejante en los cafés y en mis paseos al monte Royal. ¡Siempre la busqué fuera de mí, pero esta serenidad se encuentra en mi interior!».

Disfruto de esta maravillosa paz interior y abro mi espíritu para dejarla crecer. El tiempo se hace más lento hasta que parece detenerse. Quiero sentirla aún más, así que quito algunos almohadones para que mi espalda permanezca bien derecha. Mi objetivo es sentarme sin ningún soporte físico para que mi cuerpo retome su verdadera postura natural. Resultado: ¡en pocos minutos toda mi espalda sufre bajo la tortura! Goenka sugiere que dejemos que las sensaciones pasen y que no mezclemos técnicas, pero yo prefiero usar una variante de las técnicas de Focusing y Vittoz para abrir un diálogo con el dolor.

«¿Qué intentas decirme?».

«¡Soy la cota de malla que te protege!».

Asiento. Después de tantos años de abandono y abuso, mi cuerpo se ocupó de protegerme, ¡gracias a él sobreviví! «Mi escultura *Le Guerrier* era entonces un autorretrato: soy yo el caballero encerrado en su armadura».

Desde que llegué, me arden los ojos y las sienes en la penumbra. En mi infancia, siempre debía estar alerta, como si estuvieran a punto de atacarme. Por eso me volví hipersensible al ruido —como con el chirrido de los columpios— y también al olor a podrido y a los destellos de las luces. Por la noche, agotado de estar constantemente en alerta, y pese a mi gran fatiga, solo podía dormir con el ruido de la radio.

«Querida espalda, el peligro desapareció hace mucho tiempo, ya no soy un niño indefenso. Gracias, gracias por haberme cuidado tan bien. ¡Ahora puedes dejar de protegerme!».

Tomo una serie de respiraciones largas y profundas y, eslabón a eslabón, voy desarmando mi cota de malla. Los dolores se desvanecen y en su lugar resplandece un rayo de luz blanca sobre mi cabeza. Mis antebrazos se despegan de mis muslos como si se hubieran liberado de cierto peso y mis manos vibran de energía. Una sensación cálida se extiende a través de mi torso al tiempo que me sumerjo en un nido de luz que purifica todo mi cuerpo, ¡cuánta felicidad!

Se oyen las plegarias que indican el final de la sesión. «Gruaaa, uf... uf... fiuuu...», a mi alrededor oigo suspiros largos y fuertes y gemidos de alivio de parte de las demás personas, que empiezan a irse. Yo no me muevo, no quiero parar; ¡después de una intensa hora de dolor, estoy inmerso en una paz tan deliciosa! «¡Podría seguir así indefinidamente!».

Goenka también señala que el bienestar puede resultar una trampa: al experimentar una ecuanimidad tan pura, podemos transformarla en otra forma de evadirnos. Siento como si estuviera descansando en un suave nido, pero decido terminar esta sesión con la esperanza de poder continuar de la misma manera durante la siguiente. Salgo al exterior, alegre, con una gran sonrisa, alzo la mirada y veo un cielo azul inmaculado. Mis compañeros, en cambio, van mirando el suelo, ¡como si el peso de su armadura se hubiera duplicado o incluso triplicado! En medio de un clima tan sombrío, me siento culpable de mi propio entusiasmo. Me escabullo en el bosque para celebrar mi alegría a escondidas.

Me siento más ligero, salto como un conejo, me lleno los pulmones de aire fresco y sonrío hacia las cimas de los árboles. ¡Quiero cantar, bailar y sobre todo escribir! Pero de repente me invade una duda. «Y si me olvido, ¿cómo voy a hacer para rememorar mis descubrimientos? Es tan increíble, ¡me liberé de mi propia protección, qué gran paso! Pero tengo que respetar las reglas: no voy a robar un lápiz, y, además, ¿dónde podría conseguir uno?». Turbado ante una mezcla de excitación y de frustración, interrumpo mi diálogo interior cuando el gong nos convoca nuevamente.

Es la hora de la comida, el momento más duro del día.

Estamos autorizados a ir al comedor durante un horario bien preciso, ¡ni un minuto antes, ni un minuto después! Entramos en la sala formando dos largas filas de cada lado de una serie de grandes mesas. Allí encontramos, en este orden: cubiertos, platos, ollas con comida caliente, salsa, ensaladas y, al final, los condimentos, aceite y vinagre. Las bandejas están alineadas estratégicamente para que no sea necesaria ninguna interacción. Más adelante, las tazas para las bebidas: tisanas, tés, café de cereales y jugo de limón y, por último, la tostadora con mantequilla, crema de maní y mermelada. Las ofrendas son abundantes, sabrosas y, como en casa suelo ocuparme de la cocina, ¡aquí me doy el lujo de no tener que preparar nada!

En cambio, me perturba profundamente el momento de tomar asiento en los bancos de roble dispuestos frente a las largas mesas rectangulares. Pegados a los demás, o sentados el uno frente al otro, debemos respetar la prohibición de saludarnos, hablarnos o incluso mirarnos. Cuando estaba en Perú ya había sentido esa angustia de sentarme frente a clowns de otros países, así que aquí, con el Noble Silencio, es realmente una tortura. Se nos obliga a ignorar a quien tenemos a apenas unos pocos centímetros durante uno de los momentos de mayor sociabilidad del día: la comida. Para algunos, la solución consiste en sumergirse en su plato y devorarlo a toda velocidad entre los chasquidos de los utensilios.

Del otro lado de la cortina que nos separa, puedo adivinar la presencia de las mujeres a partir de estos ruidos, de toses y carraspeos. «No, no puedo, ¡desde hace tres años, mi proceso de curación consiste en abrirme y en reconectarme! ¿Qué estoy haciendo acá?». Por suerte, encuentro una solución: a la hora de las comidas, me voy a pasear. Mientras tanto, los demás se apuran y, luego, cuando yo llego, la mitad del grupo ya está lavando sus cubiertos en el fregadero. Entonces me es fácil encontrar un lugar sin tener a nadie enfrente.

De preferencia, elijo un lugar cerca de una ventana para sentirme en comunión con la naturaleza y agradecerle por la vida que me da. Con calma y alegría en el corazón, rememoro mis últimas exploraciones ocupándome de que los demás no perciban mi bienestar. En los reflejos del vidrio, noto que varios de ellos parecen extraviarse tristemente en sus pensamientos. Me pregunto qué haría Patch en un lugar como este. ¡Me imagino a nuestra alegre multitud de clowns coloridos invadiendo la sala con globos multicolores, gallinas chillonas de caucho y yo en medio de ellos entonando «You are my sunshine» con mi pequeño ukelele azul!

¡Qué contradicción! En Rusia había descubierto el amor incondicional que compartían Nishka y sus padres, ¡y ahora estoy aquí, por voluntad propia, encerrado en una desconexión absoluta! Tal vez tenga más similitudes con Patch de lo que me imaginaba: él también pensó en quitarse la vida cuando era adolescente, quedó muy marcado tras la muerte de su padre y pidió que lo internaran algunas semanas. Tal vez él también tenía un Vincent que le preguntaba: «Y tú, ¿qué vas a hacer ahora?».

Y Patch debe haber respondido con una voz fuerte y clara: «¡IDIOTA! En vez de matarte, haz una revolución: ¡la revolución del amor!».

¿Y yo? ¿Cómo puedo responder a esa pregunta?

El agujerito del gusano

El cuarto día comienza con una nueva etapa: la técnica Vipassana propiamente dicha. Se trata de analizar metódicamente todo el cuerpo de arriba abajo con «el ojo de la mente» y de tomar consciencia de nuestras sensaciones. Me esmero y descubro con sorpresa zonas de calor, puntos de presión e incluso cierto entumecimiento. ¡Mi oceánica calma interior se convierte en un verdadero tsunami!

A esta altura, debería seguir la técnica de «aceptar y dejar que las sensaciones se desvanezcan», pero prefiero escuchar los mensajes de mi cuerpo. Una primera ola de rostros me toma por sorpresa: los miembros de mi familia, luego mis jefes, compañeros, mis primeros amores y mis parejas. Después, una segunda de ira encendida con el ardiente fuego del odio, una tercera con mi cuerpo podrido por la vergüenza y una cuarta ola abre un sangriento abismo de pensamientos suicidas. Me ahogo.

«¿Cuánto tiempo va a durar este maremoto de horrores?».

«No lo sé, no lo sé».

A modo de salvavidas, uso la técnica de la respiración por coherencia cardíaca para recuperar la calma. Las olas desaparecen y, para mi sorpresa, me encuentro solo en mi playa paradisíaca.

«Todas esas personas se fueron de mi vida hace ya mucho tiempo, no son más que fantasmas del pasado. Ya no están en mi "aquí y ahora" y seguramente se han olvidado de que existo. Entonces, si solo aparecen cuando pienso en ellos, ¿no seré yo mismo el autor de mi propio sufrimiento?».

…

«¡SOY YO MISMO EL AUTOR DE MI PROPIO SUFRIMIENTO!».

…

Esta frase me deja paralizado de horror, afirma algo que está más allá de mi comprensión.

¡GONG GONG GONG! Al terminar la sesión, mi alma se desintegra en la hoguera ardiente de semejante revelación. Con la cabeza gacha, voy en dirección de los senderos del bosque sumido en la bruma de la lluvia matinal. Las ramas caídas crujen bajo mis viejos zapatos cubiertos de insípida tierra negra. El suelo está lleno de hojas amarillas en avanzado estado de descomposición alrededor de charcos de barro cenagoso. El muro de ladrillos, el suicida, mi prima, los boy scouts, todo mi sufrimiento vuelve a manifestarse. Tuve que escaparme a Europa para huir de mis agresores, pero inconscientemente era una manera de protegerme para no sentir los horrores de mi infancia.

«¡Me equivocaba! Desconectado, sin emociones y siempre analizándolo todo, sobreviví hasta ahora atormentado por esos fantasmas. Creía escaparme de ellos, pero los llevaba dentro mío durante todo este tiempo. ¿No hay ninguna esperanza de que me pueda deshacer de ellos?».

El perfume almizclado del otoño me arranca lentamente de mi profunda desdicha. Me tomo el cuidado de no pisotear las piñas y admiro sus armoniosas formas. Perplejo, levanto una, luego otra. La mayoría están cerradas, comprimidas en un cono perfecto, como las que clavaba en el arenero del parque cuando era chico. Otras ya están abiertas y se parecen a las que colgaba en el árbol de Navidad de nuestra casa. Esos tiernos recuerdos de infancia son un bálsamo para mi alma herida. Sonrío.

A lo lejos, veo una bellota escondida bajo las hojas de un roble. Me encantan esas cabecitas simpáticas con sus divertidos sombreros y su caparazón de madera brillante de color marrón anaranjado. La levanto para acariciarla con los dedos y observo: «Mira, un gusano ha hecho un agujerito, qué lástima», y la tiro. Tomo una segunda, luego una tercera, «más agujeros». Frustrado, me pongo a buscar el ejemplar perfecto. ¡Busco colina arriba, colina abajo, recojo una que otra y termino tirándolas todas!

«No, no, no, ¡NO, NO!».

Después de haber examinado unas treinta bellotas, irritado, estoy a punto de resignarme cuando me doy cuenta de algo: ¡ninguna es perfecta! Este mensaje empieza a calar lentamente en mí.

«Cada bellota tiene un agujero, pero sigue siendo una bellota y no deja de ser hermosa. ¡Es perfecta en su imperfección!».

¡EUREKA!

¡Tengo mis propios defectos, intenté escaparme y cometí errores en el pasado, pero sigo siendo yo, y sigo siendo una buena persona! No necesito ser perfecto para ser un buen ser humano: no, al contrario, ¡ser humano es ser imperfecto, con sus fallas y todos sus defectos!

¡Lo que me define no son mis decisiones pasadas sino las elecciones que tomo hoy!

No repetiría los mismos errores si tuviera que hacer las cosas de nuevo, y si por casualidad los cometiera igual, eso solo significaría que soy humano. Puedo seguir trabajando para mejorar, disculparme y reconocer mis errores, pero eso no me convierte en una «mala persona». No hay buenas o malas personas. Ya no me hace falta tener vergüenza, ser víctima o vivir sin pasión. Por fin puedo parar de reprenderme, puedo ser simplemente yo mismo.

Observo con gratitud la pequeña bellota agujereada que guardo en la palma de mi mano.

«¡Le acabas de dar raíz a mi humanidad!» Eres tan diminuta, tan frágil, ¡y sin embargo das vida al árbol más fuerte de la tierra, el roble! ¡Eres magnífica!».

Mi mirada se vuelve hacia el lejano horizonte presintiendo el nacimiento de un nuevo día. En ese preciso instante, un rayo de sol atraviesa la bruma y me ilumina cálidamente el rostro. Me invade una segunda ola de comprensión.

«Si yo soy humano, ¡entonces también lo son todos los demás! Todas las personas que me hirieron, maltrataron y violaron también hicieron lo que podían: ¡no sabían actuar de otra manera! Esa gente hoy aspira a una tranquilidad interior y, al igual que yo, están atormentados por las heridas de su pasado. Actuaron de la única manera que conocían y también sufren por sus miserables decisiones».

Sumido en la compasión, me doy cuenta de que esas personas aún sufren, mientras que yo tengo la dicha de haber encontrado un camino para curarme. Guardo las bellotas en mis bolsillos y vuelvo con mis compañeros deseoso de compartir con ellos mi alegría, el amor y mi manera de entender a la humanidad.

Pero al llegar, noto que su estado es el mismo que yo tenía por la mañana, están perdidos con sus fantasmas.

Dejo de sonreír, camino más despacio y abro mi corazón.

«Sé cómo se sienten, que la paz los acompañe, hermanos».

El Viaje fantástico

Al volver para la meditación de la tarde, hago a un lado todos los almohadones para optimizar mi posición. En pocos minutos, ahuyento a todos los monos de la jungla y me reencuentro con mi horizonte de calma. Las manos sobre las rodillas, pongo la espalda bien derecha y tiro los omóplatos hacia atrás y hacia abajo: ¡qué dolor más atroz! Los fantasmas de la mañana vuelven como los espectros que se le presentan a Ebenezer Scrooge en *Canción de Navidad*, aunque yo me sienta más bien como James Stewart al final de la película *¡Qué bello es vivir!*: ¡extático!

«¿Qué siento? ¿Esa gente me hirió o yo los herí a ellos? ¿Esto está pasando ahora mismo o es algo que terminó hace tiempo?». Inspiro y visualizo una luz blanca y purificadora y recito lo siguiente: «Gracias por haber estado en mi vida, ahora dejo que te vayas». Si algunos insisten en quedarse, echo mano a una de mis técnicas preferidas: el Hoʻoponopono, una práctica ancestral hawaiana de reconciliación que consiste simplemente en recitar estas cuatro líneas:

Lo siento
Perdóname
Te amo
Gracias.

Liberado de los fantasmas, mi luz se intensifica y un temblor atraviesa todo mi cuerpo. Mi respiración se vuelve más profunda y mis palmas se alzan e irradian energía. Con los ojos cerrados, «veo» colores y formas arremolinadas mientras mis antebrazos flotan cada vez más alto. «¡Es maravilloso!».

Inspiro aún más hondo, estiro mi espalda hasta que la parte más alta de mi cabeza toca el cielo. «¿Será esto el nirvana? ¡No lo sé ni me importa!». Sigo manteniendo el control, como un observador, y no quiero perderme; aún hay tanto placer en mí. Como sugiere Goenka mediante estas palabras: «Somos los cuatro elementos, el aire, la tierra, el fuego y el agua. Vayan más allá de la materia y de las moléculas, vean la realidad por lo que realmente es, solo una ilusión».

Mi cuerpo, la gravedad, incluso el tiempo se detiene y me sumerjo en el Reino Cuántico del Doctor Strange del universo Marvel. Como el actor William Hurt en la película *Estados alterados* de Ken Russel, retrocedo a una vida celular, y como el personaje de Swamp Thing, el antihéroe de los cómics estadounidenses, me convierto en una planta humanoide. Soy un ser elemental.

¡GONG GONG GONG!: termina la sesión, floto hasta el vestuario y me pongo mi chaqueta. «Estos son mis zapatos, y mi abrigo, ¡guau!». Fuera, todo el universo me parece nuevo, el cielo, el aire, los colores. «¡Nunca antes los había visto!». Me arrodillo y paso la mano sobre la hierba... está fría, «¡qué delicia!, las gotas de esta mañana». Entro en el bosque y me pongo a tocar todo, levanto piedras, arena y me vuelvo uno con la naturaleza. Estas experiencias son tan mágicas que, pese a tratarse solo de un estado segundo autoprovocado, no quiero que terminen, ¡y sobre todo no quiero olvidarlas!

«Tengo que escribirlas y compartirlas con todo el mundo, ¡es realmente importante!».

En cuestión de segundos, mi éxtasis se convierte en una frustración desgarradora: tengo que respetar los preceptos del centro de meditación, ¡no puedo robar un lápiz o papel! ¡Qué horror!». Pateo el suelo y una roca sale rodando. Miro a mi alrededor en busca de una respuesta.

«¡Psst, mírame!», me llama la naturaleza.

«¿Qué?».

«Abre los ojos, estoy aquí, delante de ti», insiste.

Solo veo ramitas, hojas y piñas.

«¡LAS PIÑAS!». ¡Resuenan las trompetas del «Aleluya» de Georg Friedrich Händel!

«SÍ, lo que necesito está a mi alrededor: ¡voy a reunir elementos del bosque para simbolizar mis experiencias!».

De inmediato, hago el inventario de mis descubrimientos y salgo en busca de diferentes objetos. «A ver... primero, la vorágine de los monos, luego el descubrimiento de mi océano de paz interior, más tarde la revelación de que no necesito ser perfecto, y que está perfecto así, y que todos compartimos esta misma imperfección. Después los fantasmas que vuelven del pasado, que es algo que todos tenemos que enfrentar. Bueno, ya van seis cosas. Finalmente, la séptima: soy un ser elemental, o lo que sea que eso signifique. Y descubrí todo eso en solo tres días, ¡increíble!».

No hay monos salvajes en Norteamérica, pero, desde que llegué, me recibieron decenas de pequeñas ardillas listadas; saltan, dan vueltas y se abalanzan sobre las ramas a toda velocidad en busca de comida. Es el símbolo perfecto para la etapa número uno: la mente hiperactiva. Me pongo a buscar esas semillas chatas que mordisquean. Me doy cuenta de que se esconden dentro de las piñas, ¡qué sorpresa! En cuanto las abro, todas las semillas se liberan y, como por arte de magia, la piña se transforma en una bella escultura simétrica. Es exactamente lo que buscaba: en cuanto la mente hiperactiva se libera, surge la belleza armoniosa de la paz interior, precepto de la etapa número dos. Salto de alegría como un niño estrechando estos nuevos tesoros contra mi pecho. Me paso los minutos siguientes recogiendo piedras, semillas y flores para las cuatro etapas siguientes.

Al volver a mi habitación, saco las cosas que hay sobre el escritorio y dispongo mis hallazgos en orden cronológico. Paso lista de cada etapa mentalmente tocando cada objeto con delicadeza. ¡Me siento aliviado gracias a mi «recolección»! Ahora puedo liberar mi mente y seguir explorando aún más; ¡mis experiencias van a sobrevivir gracias a estos recuerdos!

A la mañana siguiente, sin monos ni fantasmas, me siento ahora al borde de mi silla para que el contacto sea mínimo. ¡Mi energía es tan fluida que siento como si me alumbraran con miles de luces! Tengo tanto calor que me saco el pulóver y el fular; los demás, en cambio, siguen completamente enterrados bajo montañas de mantas y apenas se adivina su presencia. Me examino de los pies hasta la cabeza y viceversa. Goenka nos sugiere que exploremos nuestro cuerpo de manera aún más profunda, hasta nuestros órganos: «Visualicen su cuerpo y atraviesen lentamente cada uno de sus segmentos: piel, ojos, cerebro, pulmones, hígado... incluso sus huesos, sus vasos sanguíneos y su sistema linfático. Todo lo que forma parte de ti dentro de este universo. Si está ahí, es tuyo».

Cuando era chico me encantaba la ciencia ficción y mi película favorita era *Viaje fantástico*, que salió en 1966: ¡las imágenes de un submarino en miniatura navegando por el sistema circulatorio eran realmente geniales! Los efectos especiales para recrear células gigantes y órganos viscosos eran muy avanzados para la época. Los miembros de la tripulación tenían que salir del cuerpo y, para lograrlo, se salvaban justo a tiempo de los jugos gástricos del estómago, del huracán de aire de los tumultuosos pulmones y, por último, salían triunfantes por las lágrimas de un ojo gigante. ¡Realmente era algo «fantástico»!

Aquí, ahora es mi turno de embarcarme para realizar mi propio viaje a través de mi cuerpo. ¡Me quedo totalmente desconcertado al descubrir la presencia de miembros de mi familia! Mi padre, que fumó toda su vida, aparece en mis pulmones; recuerdo con dolor el horrible olor y mis vómitos durante los interminables viajes en auto. Apretujados en el asiento trasero, mis dos hermanos se pelean y, en su desesperación, mamá intenta calmarlos alzando la voz: «¡Paren, pórtense bien!». Mamá está en mi garganta, trabada, sin poder expresarse. En mi hígado, mis riñones y mi corazón, hay comentarios ácidos, frialdad, las puñaladas de mi infancia: está todo allí. Estaba desamparado y me atacaron únicamente porque podían hacerlo.

Me acuerdo entonces de la imperfección de las bellotas: «Nadie es perfecto, no somos más que seres humanos, ellos no sabían actuar de otra manera y era todo lo que podían hacer. Sus acciones nunca fueron algo personal. Ahora que soy un adulto, me puedo defender y no dejaría que nada de eso me suceda. Se terminó, solo son ecos del pasado y ya no tienen nada que ver conmigo». Envuelvo mis órganos con una suave luz de amor y a mis familiares los invito a que se vayan, que me dejen. «Gracias por su presencia y sus regalos, los llevo en mi corazón y les deseo suerte en su viaje por la vida». Uno a uno, se van evaporando y me reencuentro con mi cuerpo, mi bello cuerpo. Ahora me pertenece, lo adoro y voy a cuidarlo.

Salgo de esta sesión sumergido en una paz que me trasciende. La naturaleza, con sus hojas anaranjadas y rojas, resplandece con una riqueza nueva. Vuelvo a los senderos y mis pasos son tan ligeros que me dan ganas de correr y jugar con mi nuevo cuerpo. Doy brincos de una piedra a otra como una liebre y bailo entre las hojas. Levanto unas cuantas formando una enorme bola, las lanzo por el aire y me río mirando cómo revolotean hasta caer al suelo.

¡Me siento tan despreocupado como aquellos chiquillos del jardín de Luxemburgo!

Por fin recuperé la libertad de ser un niño.

¡Qué felicidad!

El escupitajo

Liberado de los monos, de los fantasmas y de mi familia, ahora recibo nuevos mensajes de mi cuerpo. ¡Sin escrúpulos, me sugiere que me desvista y que me ponga a meditar desnudo como un recién nacido! «¿En pelotas? ¿En serio? ¿Realmente tengo que hacerlo?». Intento alejar la idea, pero vuelve una y otra vez a lo largo del día. Recuerdo un pasaje del libro de Goenka: en un retiro, uno de los participantes se para sobre la cabeza y grita en plena agonía. Los asistentes entran en pánico, pero el maestro no, les sonríe y les explica que esa persona había colaborado en la creación de la bomba atómica: «Se está purificando de sus atrocidades». Siento como si el viejo sabio estuviera a mi lado con toda su bondad y me diera la autorización.

«¿Me voy a animar a hacerlo?».

¡GONG GONG GONG! A la mañana siguiente, la intuición de desnudarme vuelve en cuanto me ubico en mi posición. Son las cuatro y media de la mañana, hace mucho frío. Están todos sumergidos bajo montañas de mantas, excepto yo, que llevo una simple camiseta. La espalda derecha como una tabla, la cabeza hacia el cielo, respiro con una perfecta ecuanimidad.

«¡Desvístete!».

«No, aquí no, está prohibido».

«¡Desvístete! ¡Estás en una de las esquinas del fondo y todos tienen los ojos cerrados! Nadie oirá nada. Por favor, hazlo».

Abro los ojos y miro el gimnasio, mi voz tiene razón: los demás están perdidos en sus propios viajes debajo de sus carpas. Me quito mi pulóver; mientras los demás se mueren de frío, yo estoy semidesnudo y me envuelve una energía cálida. ¡De repente, empiezo a balancearme sobre mi silla! Desde que llegamos, las consignas han sido claras: «¡No se muevan ni un centímetro! Dejen que el dolor vaya y venga. Van a ver, se va a ir, se va a ir. Manténganse ecuánimes, ecuánimes». Aplico las instrucciones al pie de la letra, pero en ese momento la sabiduría de mi cuerpo me pide que haga otra cosa.

Al estirarme, un estremecimiento me recorre toda la columna vertebral desde el coxis hasta lo alto de mi cabeza. «¡Auch!». ¡Agudas puntadas de dolor me atraviesan toda la espalda! Empiezo a hacer unos movimientos circulares de izquierda a derecha y de adelante hacia atrás y eso me alivia un poco. En ese momento, los fantasmas de relaciones amorosas nocivas empiezan a sacudir sus cadenas. Fijo la mirada en sus cuencas vacías y les digo: «Gracias por haber sido parte de mi vida, ¡ahora pueden irse!». Desaparecen rápidamente detrás de una nube de humo. «¡Puf!». Listo, ya está.

Desapareció el dolor, ¡qué victoria más gloriosa! Pero luego advierto, desconcertado, que los movimientos se acentúan y ahora suben hasta mi cuello. Mi cabeza se vuelca para un lado y para el otro al tiempo que mis orejas intentan tocar mis hombros con desesperación. Después de haber vivido con el miedo de amenazas inminentes, mi espalda se había transformado en una caparazón protectora. Ahora que perdoné todo, mi cuerpo está mudando completamente. Mis músculos doloridos se desgarran, rechinan y crujen como si estuvieran hechos de piedra y arena.

«¡Quiere ser libre!».

Oigo ruidos de pasos que se acercan: un asistente entra en la sala. Desconcertado al verme con el torso descubierto, me mira con ojos inquisidores. «No, no, no, ¿qué haces? ¿Te has vuelto loco?», parece decirme. Señala mi pulóver y me hace gestos para que me lo vuelva a poner. Le agradezco con una sonrisa y experimento una victoria interior.

«¡Soy libre! ¡Libre de jugar, de divertirme, de reírme como un niño, pero sobre todo libre de escuchar a mi cuerpo! Acabo de vivir una hora entera guiado por la audacia de ser yo mismo, tal como soy, ¡y es maravilloso! Voy por el buen camino».

Exaltado, sigo meditando, excepcionalmente, en la soledad de mi habitación. «¡Esta vez no me interrumpirán!». Trabo el picaporte de la puerta con una silla y cierro las cortinas de modo que solo se filtre un hilo de luz: me siento extremadamente vulnerable y necesito intimidad. Me desvisto, pliego conscientemente mi ropa como un ritual y la dispongo cuidadosamente sobre la cama. Completamente desnudo, ubico la silla cerca del radiador, me siento, me quedo inmóvil y respiro profundo.

Poco a poco, mi cuerpo se pone a oscilar de nuevo, imperceptiblemente. Acepto el movimiento circular, siento un suave amor, una caricia que me envuelve como una madre cariñosa. El balanceo se acentúa y se transforma en un inquietante e hipnótico torbellino. Desorientado y aturdido, ¡ahora me sumerjo en un tornado amenazante! Como un enorme sonajero de bebé, mi cabeza es proyectada hacia la izquierda una y otra vez. Mi cuello cruje violentamente y una explosión de dolor estalla en mi interior.

«¡¡¡¡AaaaaaaaaaaAAAAAAAAHHHHH!!!!».

Quiero gritar como cuando estaba en Francia, en aquel aislado chalet, pero el Noble Silencio me lo prohíbe. Además, no hay nadie que pueda venir a ayudarme.

«¡¡¡¡AAAAAAAAAAAAAAAUUUUUUUUU!!!!».

Todo mi cuerpo se pone a temblar ante una fuerza primitiva.

«¡¡¡¡OOOOOOOOUUUUUUUUUUUUUU!!!!».

El dolor es insoportable.

Estoy solo en mi habitación y siento que me transporto.

Es entonces cuando la veo: ¡LA VIOLACIÓN!

...

Estoy en el campamento de verano de los boy scouts; un grupo de jóvenes forma un círculo y me encierra; me empujan violentamente, me golpean y me insultan; me muestran sus penes; me los ponen en la cara; me tiran del cuello y me abren la boca; mean y se masturban sobre mí. Soy un gran abismo vacío. Vivo la violencia y me asfixio: quiero vomitar.

...

Me asfixio.

Y, desde lo más profundo de mis entrañas, brotan los escupitajos.

Me tiro al piso violentamente y me vacío las tripas.

Una y otra vez.

Tengo ganas de llorar y recibo varias patadas.

Sigo escupiendo.

Después, a algunos centímetros de mi cara,

Se forma un charco acuoso y blanquecino.

...

Desnudo, recostado sobre el frío suelo, me acurruco en posición fetal.

Silenciosamente, después de un rato, la tranquilidad vuelve a instalarse.

Se terminó, se fueron.

...

Me levanto a duras penas del suelo y miro la silla vacía. Entiendo lo que me acaba de ocurrir.

«Mi cuerpo se liberó de esas sensaciones, el pobre las había recordado siempre y yo no lo sabía».

Estoy agotado, sigo desnudo, no hay vuelta que darle: acabo de vivir uno de los momentos más horrorosos de mi vida. Sé lo que quiere decir y de dónde viene, y ya no tiene nada que ver con mi vida,

¡se terminó! Ahora tengo la fuerza y las herramientas para perdonarme y quererme y para perdonar y querer a quienes me lastimaron. «¿Hasta qué punto habrán sufrido por haberle hecho algo semejante a otro ser humano? Pobres de ellos, entiendo su dolor».

...

Observo el charco viscoso que forman los escupitajos.

Y visualizo lo que representa.

Esperma.

Acabo de escupir mi violación.

...

¿Qué hacer? ¿Levantarlo con un pañuelo?

Es asqueroso, y sin embargo tiene tanto valor: en el suelo yace por fin mi verdad, a la luz del día.

Recuerdo que siempre que veía un escupitajo de hombre en la calle me entraban náuseas. Sentía la pulsión dolorosa y escandalosa de agacharme y lamerlo. Nunca había entendido eso hasta ahora.

Me había quedado marcado en el alma. Tomo el cubo de la basura y, arrodillado, miro el charco sin inmutarme. «¿Qué hago? Quiero deshacerme de una vez por todas de esta repugnante obsesión. ¡Es ahora o nunca!».

Me juego a todo o nada, lamo el «esperma» y luego lo escupo en la basura.

...

La tercera vez que me inclino, me quedo duro.

Siento que me golpean en la cabeza y me derriban.

Me raspo la mejilla contra el suelo dolorosamente.

«¡VOLVIERON LOS VIOLADORES!».

...

Era lo que faltaba.

Su último acto de violencia: una afrenta arriba de la otra.

¡La fase final de sus ansias de degradación!

La vivo una y otra vez, la integro completamente.

...

Ya está, ya se reveló, se terminó de una vez por todas.

El charco de saliva no es más que un simple charco de agua.

...

«Soy libre, libre de sus abusos, libre de su violencia, libre de sus ataques. Ya no tengo miedo, ni vergüenza, ni culpa, ni siquiera esa sensación de suciedad. Me deshice de todos esos venenos y me mostré a mí mismo que puedo quererme y defenderme de todas sus afrentas. Como mi escultura, soy el *Guerrero* que sale de su armadura. Y por fin encontré mis brazos, mi cara y mis ojos para ver, y mi boca para denunciar y gritar *¡Victoria!*». Soy libre, precioso y poderoso.

Emocionalmente vacío, necesito encontrar un bálsamo para aliviar las llagas de mi alma. Me visto para volver a los senderos del bosque. El olor de la tierra me da raíces y un sentimiento de gratitud hacia mi vida. Sosegado, sigo buscando objetos que simbolicen mi liberación de los horrores del abuso sexual para mi recolección. Sin embargo, ¡ningún objeto logra simbolizar la magnitud de mi metamorfosis!

«No tengo que olvidar ninguna etapa de mi curación. Tengo la suerte de vivir una liberación y mi mayor deseo es transmitir mi experiencia a todos aquellos y aquellas que aún siguen sufriendo. ¡Tengo que escribirlo!». En un momento de frustración, levanto la mirada hacia el cielo en señal de súplica. Veo grandes nubes negras que oscurecen ampliamente el horizonte: se avecina una tormenta.

Vuelvo a mi habitación con las manos vacías. Me da la impresión de que estoy entrando en el quirófano frío y esterilizado de un hospital. «Sí, aquí mismo experimenté la transformación que me curó». Recostado sobre la cama, le agradezco a mi cuerpo por su sabiduría mediante respiraciones profundas: «Gracias por haberme protegido de esos recuerdos durante todos estos años. ¡Te lo agradezco tanto, eres maravilloso, te quiero!». Tranquilo, cierro los ojos y me abandono a un sueño reparador mientras afuera se desata una tormenta.

Las ráfagas aúllan como sirenas
Y azotan los ojos de buey
Durante tres días y tres noches
Un océano de lágrimas irrumpe del abismo
Para salvar nuestras almas o ahogar nuestra desesperación

Marinos estibados en el fondo de la bodega
Exiliados en medio de la rompiente
Nuestro navío parte a la deriva
Ya no se avistan costas donde amarrar
Poseidón parte la montaña en dos y la tira al mar.

Luego... ¡se corta la luz!

¡El Santo Grial!

En la oscuridad total, las hojas rasgan las ventanas en siniestros gemidos de lamentación. Sin electricidad ni gong, apago el despertador que me avisa que es hora de la primera sesión matinal.

Una vez fuera, mi linterna, como un faro en medio del mar, me guía en medio de la tormenta. Las ráfagas aúllan y yo me aferro al mango de mi paraguas mientras esquivo cadáveres de ramas mutiladas. Parece como si un kraken gigante hubiera destrozado el bosque.

Unos pocos grumetes tuvieron el coraje de sortear los escollos y llegar hasta la sala. El ambiente está triste, húmedo, y el ancla se perdió en lo profundo de nuestros sueños. La sala luce lúgubre en la penumbra, el Noble Silencio es bombardeado por el incesante repiqueteo de las gotas sobre el techo de chapa. Un poco más lejos, el rugido sordo de los generadores nos indica que no estamos abandonados.

Sentado al borde de mi banqueta, me reencuentro con los tiernos brazos de Gaia, la Madre Tierra, que me cubre las llagas de mi último viaje con su calor.

«¡Hoy voy a cuidar de mí!».

«Trátate con dulzura, eres un hombre dulce», me murmura mi cuerpo a modo de respuesta.

«Sí, gracias».

Empiezo a balancearme de nuevo y esta vez el movimiento es bien suave.

«¿De qué se trata?».

No recibo ninguna respuesta, mi cuerpo permanece callado.

Sigo balanceándome, sin que el movimiento se vuelva más duro o amenazante. Me muevo tranquila y apaciblemente de un lado para el otro. Exploro mi cuerpo mentalmente de la cabeza hasta la planta de los pies. Siento una presión en el ojo y la mejilla izquierda hasta alcanzar una sensación de entumecimiento. La sensación se expande y la mitad de mi rostro desaparece. El ritmo del vaivén me recuerda al de un tren; ¿soy un prisionero viajando en un vagón en dirección a Auschwitz? Visualizo múltiples agresiones de las cuales fui víctima: mis hermanos, la intimidación en la escuela, los comentarios desconsiderados de mis profesores, el cuchillo... la lista es larga.

El balanceo se acentúa, ¿será que no escucho correctamente o que analizo demasiado?

«¡Cállate!», replica mi cuerpo.

El entumecimiento se extiende ahora hacia todo mi costado izquierdo y me siento bañado en lágrimas. Sigo balanceándome, sin interrupción. Luego, en un instante, puedo verme.

En posición fetal, me aferro a mí mismo.

Tengo tres años y estoy llorando, solo en mi habitación.

«¡Soy yo quien se balancea!».

...

«¡Soy malo! ¡Soy un asco! ¡Destruí el mundo!».

Mi voz de niño aúlla sin palabras.

Todo mi cuerpo se convulsiona.

No hay nadie para consolarme.

Para hacerme sentir seguro.

Mamá acaba de encerrarme en mi habitación.

«¡Es todo culpa mía! ¡Es culpa mía! Mi prima se puso a jugar con mi pito y hay que castigarme. Mamá gritó y pegó cachetadas. Tengo vergüenza porque es mi culpa. Soy malo».

...

¡Es cuando me violó mi prima! ¡Estoy viviendo lo que pasó después de la agresión! El recuerdo reapareció en Ámsterdam, pero nunca había vuelto a vivir las emociones. Mi cuerpo por fin libera su memoria y me lleva a ese momento preciso del incesto. Mamá había gritado y abofeteado a mi prima, pero, para mis ojos de niño de tres años, yo era el responsable.

En el fondo de mi alma dejé grabado que todo era mi culpa.

¡Yo tenía la culpa de haber destruido el mundo!

«¡FUE EN ESE MOMENTO QUE MI VIDA CAMBIÓ PARA SIEMPRE!».

...

Después de consolar a una huérfana en mis brazos, tender la mano a una leprosa y rezar por un bebé ciego, por fin estoy listo para ocuparme de ese niño que estaba abandonado en mi corazón. Lo abrazo fuerte y le murmuro: «Nunca tuviste la culpa de nada, no eres culpable y no destruiste el mundo. Tenías solo tres años, no podías defenderte. Ahora estoy contigo pase lo que pase; siempre estaré aquí para protegerte».

Les lágrimas ruedan por mis mejillas.

¡GONG! Termina la sesión. Estoy maravillado frente a un segundo avance impresionante; primero hice las paces con la violación colectiva que me infligieron y ahora me curé de la culpa del incesto que vivía dentro de mí desde los tres años. ¡Estoy reescribiendo mi vida!

Con delicadeza, me pongo el abrigo y salgo con mi paraguas. Pero sin electricidad el cielo sigue completamente oscuro. Los azotes del viento y de la lluvia me recuerdan la intensidad de las tormentas tropicales de Guatemala. Es imposible caminar por el bosque, es demasiado peligroso, el barro es muy resbaladizo y el suelo está lleno de ramas. «Pero lo que estoy viviendo es demasiado importante, no puedo dejar que semejantes descubrimientos desaparezcan, ¡no tienen ningún sentido!».

Frustrado, solo puedo encerrarme en mi habitación. Recorro la pequeña pieza de un lado a otro dando trancos como un tigre enjaulado. Cuento exactamente veintiún pasos, con los ojos abiertos o cerrados. Le doy vueltas al asunto: «No tengo bolígrafo, ni papel, y las reglas nos prohíben escribir. ¿Qué puedo hacer?». Sumergido bajo un torrente de emociones, voy al baño a pasarme una toalla húmeda por la cara. Observo mi reflejo en el espejo. «¡Te prometí que te iba a cuidar, nunca más estarás solo!».

Y de repente, como una respuesta a mi plegaria, ¡allí lo veo! Detrás mío, atado a una delgada cuerda: ¡un bolígrafo! ¡EUREKA! ¡Mi Santo Grial! Hasta ese momento, no había reparado en los sujetapapeles donde se anotaban los voluntarios, pero aquí había uno al alcance de mi mano. «¿Podré tomar el bolígrafo sin que nadie me vea? Podría esconderme en el baño, pero el bolígrafo está atado a la tabla del sujetapapeles. ¿Lograré escribir mis historias lo bastante rápido como para que nadie se dé cuenta de la ausencia del bolígrafo? Pero, a su vez, ¿sobre qué voy a escribir?».

Veo los rollos de papel higiénico. «¡Ya sé! ¡Voy a usar el cartón de los paquetes!». Abro varios y pliego cuidadosamente mi preciado y virgen papiro. Como Martin Landau en *Misión imposible*, oigo la voz de Jim y la banda de sonido de la serie al tiempo que camino bordeando las paredes en dirección a mi habitación. ¡Mi corazón se acelera mientras me preparo para traicionar las reglas del centro por amor al niño que una vez fui!

Espero con impaciencia el final de la última sesión de la noche para ejecutar mi misión. Cuando suena el gong, me tomo todo mi tiempo antes de levantarme, dejo que los demás salgan de la pieza. Se cambian rápidamente y salen a combatir las inclemencias del tiempo mientras yo me quedo en la sala. Escucho el silencio. Nada, por fin ya no queda nadie. ¡Ahora puedo llevar a cabo mi plan!

Con mi linterna voy alumbrando el camino hasta el baño. Advierto con gran sorpresa que no me había dado cuenta de que en el pabellón del gimnasio había dos baños individuales con cerrojo. ¡Realmente perfecto! El corazón se me sale del pecho, la sangre bombea a más no poder y me machaca los tímpanos. Me da vértigo porque me aterra infringir las reglas de la autoridad, pero en el fondo no me importa, porque mi historia tiene que ser contada.

Mi mano nerviosa toma el picaporte de la puerta. Abro y echo un vistazo furtivo sobre mi espalda. ¡Nadie! Cierro mi escondite secreto y saco los cartones plegados. Miro la pared, hay un bolígrafo al lado de la tabla del sujetapapeles. «¡Excelente!». Está suspendido al lado del distribuidor de papel para secarse las manos. «¡QUÉ!». Quedo extasiado ante semejante descubrimiento como si estuviera en presencia de una obra de arte de Miguel Ángel: ¡el universo me tiende papel a voluntad!

Desenrollo una primera hoja marrón, bajo la tapa del inodoro y miro con admiración mi improvisado pergamino.

«¡Por fin puedo escribir mi historia!».

¿Por dónde empiezo? Viví tantas experiencias.

Lo más urgente: ¡la violación colectiva en el campamento de los boy scouts!

El bolígrafo rasga frenéticamente la superficie rugosa, apenas puedo descifrar mi propia escritura. De repente, un ruido: ¡alguien entra en la gran sala! Mi corazón para de latir y retengo la respiración. ¡Pánico! ¡Ya no estoy solo! Alguien sacude el picaporte de la puerta. ¡Cerrado! Los pasos se dirigen hacia el baño de al lado, la puerta se abre y vuelve a cerrarse; abren el grifo; desenrollan papel; el distribuidor rechina; la puerta se abre y se cierra nuevamente, más pasos y, por fin, silencio.

Aliviado, respiro de nuevo, ¡pero me doy cuenta de que el reflejo de mi linterna podía verse por debajo de la puerta! «¿Cómo no me di cuenta antes? ¿Quién era? ¿Un monje o un nazi?». Me siento como Ana Frank cuando contaba su vida escondida detrás de una biblioteca giratoria. Termino de escribir con urgencia, numero las páginas, les pongo fecha, las pliego y las escondo meticulosamente dentro de mi chaqueta.

Reina la calma. Abro la puerta: no hay nadie. Camino en puntas de pie hasta la salida y corro hasta el dormitorio bajo una lluvia torrencial. El aire helado me hace sentir vivo.

La primera etapa es un éxito. Ahora, la segunda: ¡esconder mis escritos fuera del alcance de la Gestapo! Tomo mi valija, abro el cierre del fondo y escondo los papeles subrepticiamente. ¡Ya está!

Me dejo caer sobre la cama, aliviado, pensando en todo el amor que acabo de darme y en todo el amor que podré dar a los demás con mi libro.

Acabo de probar que puedo ocuparme de las necesidades de mi niño.

«¿Lo ves? ¡Nunca más estarás solo, nunca más! Estoy aquí para ti, ¡para siempre!».

Caen lágrimas de liberación mientras lloro en silencio.

¡Lo logré!

El túnel

¡Después de tres días y tres noches de diluvio, nuestra gran Arca de Noé sigue a la deriva! El gran salón se vacía a medida que un tercio de los marineros abandona el navío. Estamos perdiendo esperanzas... hasta que, milagrosamente, el sol y la electricidad reaparecen, justo a tiempo para el último día del retiro.

Mañana vamos a romper el voto sagrado del Noble Silencio y emprenderé mi viaje a buen puerto con mi valiosa carga secreta: una docena de mapas de tesoros que reconstituyen mi viaje y también mi recolección cuidadosamente catalogada. Por fin podré arriar las velas con total seguridad y amarrarme al muelle de mi pequeña familia.

«Me liberé de mi pasado, ¡ya no define lo que soy ni mucho menos adónde quiero ir!».

¡GONG, GONG, GONG! Última sesión. Ya no espero nada más: está todo dicho. Ahora estoy sentado, apenas toco el borde de mi banqueta, ¡para mí está todo perfecto! Inspiración, exhalación, se terminaron los monos, los fantasmas, la familia, solo silencio, me sumerjo en una ecuanimidad absoluta. Espero que me ilumine la alegría, y sin embargo me quedo en la oscuridad del abismo.

«No lo entiendo, me he reencontrado con mi yo-niño, ¡debería rebosar de amor! Mi pasado estaba repleto de estimulantes: café cigarrillos, postres y alcohol para negar mi dolor, ¡y me deshice de todo eso! Además, recuperé mi voz gracias a la música, la escritura y el arte. Y luego vinieron mis misiones humanitarias: Yorbely, María,

Nishka, Piotr y tantos otros me han abierto el corazón. ¿No debería rebosar de amor ahora?».

«¡TENGO QUE SENTIR AMOR!».

Por más que me concentre para que surja de nuevo, sigo prisionero en el fondo de mi abismo. No lo entiendo. Me vuelvo hacia mi interior y una respuesta emerge tan lentamente como se abre la flor de loto de los mil pétalos.

«El amor es como el balanceo de un péndulo».

«¿Péndulo, qué péndulo?».

Confío en mi cuerpo y visualizo el vaivén de la bola de un péndulo que se desplaza de izquierda a derecha. «De acuerdo, mis violaciones colocaron la bola en uno de los extremos acercándola hasta el suicidio, y mi clown humanitario la hizo volver hacia el otro lado entregando amor, ¿eso es? ¿Antes sufría la falta de amor y ahora soy yo quien lo da?».

«Entonces, ¿el amor no es algo que se busca o se posee sino más bien un estado que experimentamos mediante nuestras acciones?».

En mi caso, el balanceo del péndulo era la llamada de mi cuerpo para que me cure. Primero el arte, la música, la escritura, mis misiones humanitarias, y ahora la Vipassana, cada cosa era una etapa en el camino que recorrí para curarme. Pero para los demás, ¡el recorrido y cada tramo serán diferentes!

«Pero entonces, si el amor no es la finalidad, ¿qué es lo que se esconde en el fondo de mi abismo?».

A modo de respuesta, súbitamente, mi cuerpo se pone a oscilar.

Lo observo a la espera de nuevas sensaciones.

«Estoy entumecido: primero el ojo izquierdo, ¡luego la mejilla hasta abarcar todo ese lado de mi cara! Después, la sensación baja por el cuello y los brazos. Estoy paralizado, ¡no me puedo mover!».

Las pequeñas rotaciones se acentúan cada vez más. Ahora tengo todo el lado izquierdo entumecido. Siento una presencia. Me están apretando contra algo. El movimiento se vuelve cada vez más violento. Mi cuello se tuerce y mi cabeza se vuelve hacia atrás y gira a un costado. Es extremadamente doloroso quedarse en este ángulo.

«Me están forzando, ¡una mano sujeta mi cabeza!».

El movimiento ya no es circular, es un movimiento regular, un vaivén.

Veo una sombra, un contorno borroso y oscuro.

«¡ES EL MONSTRUO, EL MONSTRUO DEL ABISMO!».

Hay olor a cigarrillo.

Mi cabeza golpea un viejo jean sucio.

Me asfixio.

...

Un pene en mi boca.

...

«¡¡¡ME ESTÁN VIOLANDO!!!».

...

Tengo ocho años. Estoy en el piso de arriba de la oficina del parque. Sus dientes torcidos, el pantalón bajado, el olor apestoso de sus dedos amarillos de nicotina, el guarda me fuerza violentamente a que le practique una felación. El miedo me paraliza, me es imposible gritar en busca de ayuda.

...

Había borrado todos esos recuerdos, ahora los revivo.

...

Siento su orina fétida.

Pruebo el moho pútrido de su esperma.

Oigo el chirrido de los columpios.

...

Me quedo con las imágenes, la violencia y mi impotencia.

Siento todo, cada segundo, cada dolor.

...

Insoportable.

Dejo mi cuerpo.

Y queda una cáscara vacía.

...

Pero esta vez, en lugar de hundirme en el abismo, un túnel se abre y le tiendo la mano a mi niño. En un instante, el pequeño Guy de ocho años se reincorpora en el cuerpo del Guy adulto de cincuenta y ocho años.

¡Por fin vuelvo a estar entero!

«¡POR FIN SOY YO!». Una explosión de alegría ilumina las tinieblas.

Con los brazos alrededor de mi cuerpo, abrazo a mi yo-niño mientras expulsa con sus lágrimas todo el horror del ataque que acaba de vivir.

«¡ES UN MONSTRUO!», grita enfurecido.

Abandonado en aquel abismo, nunca nadie lo había escuchado y ningún superhéroe había venido a salvarlo. Se había refugiado lejos del violador, pero, como el número 6, ahora había un nuevo monstruo en su prisión.

«¡¡CERBERO, TÚ ERES MI IRA!!! Ahora te reconozco. Tenía miedo de ti y pensé en suicidarme, pero en realidad, como Sebastián en la India, siempre quisiste protegerme. A los diez años, cuando mi hermano me atacó, no era a él a quien yo quería darle puñetazos, sino al tipo de los dientes torcidos. Y cuando Suzie quería abrir la puerta, tú querías protegernos a ambos de lo que se escondía del otro lado».

Por fin te reconozco y te escucho. Sus ojos inyectados en sangre se apagan mientras se acurruca contra mí. Siento que me invade todo el calor de su cuerpo. Me vuelvo a encontrar con todos mis sentidos:

Por primera vez
Siento el abrazo mágico de Catherine.
Siento mi primer beso con Sasha.
Siento las suaves caricias de Suzie.
Experimento todo el amor que compartieron conmigo.

«Gracias por haberme protegido, amigo mío, ¡te quiero!».

Me lame la mejilla y tanto él como el túnel y el abismo desaparecen para siempre.

Yo me quedo meciendo al pequeño Guy entre mis brazos y le sonrío.

«Estás en casa, aquí, en el presente, en tu cuerpo. Eres precioso».

Más allá del estrellado firmamento

Al volver a mi habitación, tengo el corazón repleto de emociones mientras me despido de las mil aventuras que me reservó aquel lugar. Después de hacer las valijas, doy un último paseo por el bosque en agradecimiento a las ardillas, a los árboles y al sol. «Gracias por haberme acompañado durante estos últimos diez días. A su lado, hice las paces con mi familia, me reconcilié con mis fantasmas y me volví a unir con mi niño. Hay tanta paz, amor y humanidad sin límites ¡qué bendición, qué don! Estoy entero. ¡Gracias!».

Dentro del autobús, voy flotando en una nube que me transporta hasta Montreal y pienso en los tesoros que se esconden en mis valijas: ¡los recuerdos que plasmé en los papeles y mi *recolección*! «Ahora estoy listo para escribir mi libro: la música, el arte, el clown humanitario, la Vipassana, ¡el camino que estaba recorriendo para curarme llega a su fin! Voy a poder ayudar a la humanidad que tanto quiero. Pero primero, antes que nada, lo más importante: ¡mi pequeña familia!».

Al abrir la puerta del departamento, pueden sentir la diferencia de inmediato. Mi esposa exclama: «Cariño, ¡volviste!», y nuestra hija repite: «¡Volvió papá, volvió papá!». Nos besamos y la pequeña se abraza fuerte contra nosotros. El amor inunda tanto la pieza que no queda ninguna duda y puedo responderles con total franqueza:

—¡Sí, estoy de vuelta!

Durante las semanas siguientes, filmo un testimonio con mis textos y mi recolección y comparto el video por internet. Agrego al borrador de mi libro los últimos capítulos sobre el retiro Vipassana y subo mis primeros álbumes de música a internet: mis temas de la adolescencia y también las composiciones de Ámsterdam y los Cantos Marinos de Montreal.

Como broche de oro, cumplo mi sueño más fantástico, el más maravilloso de todos: ¡micrófono en mano y bajo las luces de los reflectores multicolores, canto, salto y bailo junto a mi propia banda de rock en el escenario del Piranha Bar del centro de Montreal!

Caramel me admira desde arriba de los altoparlantes, Félix y Vincent levantan sus copas en mi honor y una multitud enloquecida golpea el piso con los pies, me aplaude y entona mi nombre: «¡GUY! ¡GUY! ¡GUY!».

¡Qué alegría, por fin soy libre!

Me subo al columpio de la existencia
Me impulso alegremente con los pies
Voy tomando cada vez más altura
Siento el placer de la brisa acariciándome el rostro

Cuando el envión me hace alcanzar la cima
Abro las manos y suelto las cadenas
Liberado de una vez por todas de sus chirridos
Me catapulto más allá del estrellado firmamento

¡La vida es realmente extraordinaria!

Guy Giard, 4 de noviembre de 2020

Posfacio del Dr. Patch Adams

Es muy especial para mí escribir el posfacio del libro de Guy. En él nos cuenta el camino que recorrió para curarse, desde la violencia espantosa que vivió durante su infancia hasta su admirable recuperación. Descubrió que proporcionar amor y alegría a quienes sufren nos ayuda a poner en perspectiva nuestro propio dolor y nos alienta a tomar el compromiso de optar por una vida al servicio del amor y de la alegría. Una recuperación semejante no se logra por medio del análisis psiquiátrico o la medicación, sino más bien reencontrándose con el poder del amor y descubriéndolo a través del clown para ayudar a aliviar el sufrimiento ajeno.

Después de que Guy decidiera escribirme para compartir su dolor, pensé en invitarlo para que se uniera a un viaje de clowns humanitarios al extranjero. Soy un médico que descubrió el poder de la diversión, y considero que el amor y la amistad son herramientas esenciales tanto para ser médico como para ser una persona sana. Como siempre quise ejercer mi profesión sin presiones, nunca he exigido gastos para curar a la gente. Pero ustedes me dirán, ¿qué tiene que ver esto con el arte del clown?

A partir de marzo de 1971, empecé a soñar con un hospital radicalmente diferente, que ofreciera atención médica gratuita, donde todo el personal viviera en una misma ecoaldea y ganara el mismo salario... 300 dólares por mes. Un lugar donde el ambiente de trabajo y cuidados, tanto para los profesionales como para los pacientes, fuera alegre, divertido, afectuoso, cooperativo, creativo y a la escucha, y todo eso en un nuevo tipo de hospital que se asemejara a un entorno familiar. Pudimos cumplir este sueño con el funcionamiento de nuestro hospital en una residencia comunitaria, de 1971 a 1983. Hemos transitado un gran camino curando personas a partir de las seis cualidades que acabo de mencionar.

Por mi parte, al no poder colectar fondos necesarios en aquella época, me di cuenta de que tendría que recurrir al público para financiar nuestros servicios y servirme de nuestra reputación para conseguirlo. De modo que cerramos las puertas del hospital y yo me convertí en un recolector de fondos. Durante ese año de colecta, experimenté un verdadero vacío porque ya no ofrecía atención médica, y sabía que eso era una necesidad para mí. Por eso, en 1985, empecé a organizar viajes de clowns. La idea era llevar clowns y un grupo de personas de edades variadas (de entre 3 y 88 años) a un país extranjero (generalmente un país pobre) para llevar a cabo acciones voluntarias, ya sea en un hospital, un orfanato, un hogar de ancianos, una prisión o en otro lugar. No era necesario que las personas tuvieran experiencia como clowns para participar. Yo era clown desde pequeño y sabía que era algo que tiene un gran poder no solo para que el da sino también para el que recibe. De hecho, siempre digo que ser clown es una manera muy fácil de obtener una dosis de amor para sí mismo.

Antes de conocer a Guy, había hecho al menos 150 viajes con miles de personas de 50 países diferentes. Mucha gente se unió gracias a mis conferencias y al intercambio de correspondencia. A menudo conocía sus historias y a quienes estuvieran pasando por un mal momento les recomendaba que hicieran un viaje de clowns para recuperar la autoestima y reconectarse consigo mismos. Para muchos de ellos, el amor y la diversión les abrieron puertas, lo cual no solo puso fin a su sufrimiento, sino que los convirtió en compañeros de juego y en repartidores de abrazos. Hace 35 años que intercambio correspondencia por correo y recibo (muchas) cartas en las cuales la gente me dice que los viajes de clowns aliviaron su sufrimiento. Con el paso del tiempo, Guy se convirtió en una de esas personas.

Hace diez años, cuando me enteré de que cada año 6000 veteranos de guerra se suicidaban o recibían muy poca ayuda del cuerpo médico, pensé en llevar a algunos de ellos a hacer viajes de clowns humanitarios. Como quería que fuera gratuito tanto para ellos como para el personal médico que nos acompañaba, durante siete años intenté reunir los 30 000 $ que me hacían falta para regalarles una semana en Guatemala a diez veteranos y diez asistentes. Finalmente, el primer viaje de una semana a Guatemala tuvo lugar en el 2015. Los participantes me dijeron que aquella estadía puso fin a sus ideas suicidas. Hace dos años, volvimos a hacer este mismo viaje junto a otros diez veteranos y obtuvimos los mismos resultados. ¡Es increíble!

Hicimos un documental sobre ese viaje que muestra muy bien la transformación de los excombatientes. La lectura del libro de Guy coincidió con un momento muy especial. Esta semana (del 6 al 8 de marzo de 2019) viajé al Festival de Cine de San José, en California, para la proyección de nuestra película y aproveché para leer gran parte del libro durante el vuelo. Es una gran película, retrata muy bien las transformaciones que atravesaron los excombatientes. Muchos de ellos asistieron a la proyección luciendo con orgullo sus trajes de clowns. Se los notaba felices y llenos de vuelta. En el vuelo de vuelta terminé de leer el libro y me puse a escribir este posfacio.

¡Gracias, Guy! Son personas como tú, que han pasado por situaciones muy dolorosas y que necesitaban curarse, las que nos acompañaron en este viaje de clowns humanitarios. Como tú, se han mantenido en contacto conmigo y me han dado la confianza que necesitaba para animarme a hacer más viajes para militares con heridas de guerra (yo mismo soy hijo de un militar herido). No hubiera tenido la confianza necesaria sin personas como tú, Guy, que comparten su vulnerabilidad.

A quienes están sufriendo, donde quiera que vivan, les aconsejo que prueben disfrazarse de clowns, en familia, para divertirse, para dar y recibir amor, o que vengan a uno de nuestros viajes de clowns humanitarios (pueden suscribirse a nuestro boletín informativo en patchadams.org).

Pacíficamente #patch

Entrevista al Dr. Patch Adams

¿Qué papel cumple la risa en tu vida?

Para mí, la risa es una emoción sana, si te reís, eso indica que estás bien de salud. Una de las primeras cosas que se observan en muchos enfermos mentales es que dejan de reírse. Entonces, reírse es un buen indicador de que tu estado de salud es bueno, da cuenta de que tienes un repertorio divertido del cual reírte.

Lo interesante de la risa es que en el mundo de los chistes hay algunos que a veces son horribles, racistas, sexistas, pero son tan graciosos que, aunque odies reírte, no lo puedes evitar. Lo interesante es que la risa a veces no la controlamos, sino que nos controla a nosotros. Te ríes y luego te disculpas, dices que probablemente no era apropiado reírse. Para mí, la risa es simplemente algo que acompaña una vida sana.

¿Cómo podemos lograr una sociedad con más risas?

Uno intenta entender el problema, pero durante 5000 años ha existido un sistema global de valores basado en la codicia y en el poder sobre las demás personas. Eso nunca es gracioso.

Pienso en el amor como lo más importante que hay en la vida, o sea, una parte sana de la vida, no algo en particular. Si tienes buena salud, es porque tienes amor. Estamos tan incómodos sin educación y sin reflexionar acerca de nuestro amor, a pesar de que sea lo más importante en la vida...

En cualquier lugar del mundo se dice que la risa es el mejor remedio; yo creo que la amistad es el mejor remedio y que la risa es el lubricante más eficaz. Pero pienso que la razón por la que se dice que la risa es el mejor remedio, y no el amor, es porque mucha gente ha tenido experiencias amorosas horribles. Pero incluso de eso te puedes reír. También te puedes reír en momentos horribles, y en algunos casos la gente intenta no reírse de cosas que le causan gracia. Pero la risa es como un gran estruendo contenido por una represa, o aguardando detrás de una puerta cerrada, a punto explotar. Una vez más, es una emoción ambivalente, porque la risa es natural, es el volcán del amor que hace erupción en tu cuerpo, probablemente una manera sana de mantenerse siempre conectado al amor.

La gente se ríe cuando se resbala con una cáscara de banana o cuando una persona se equivoca. La risa tiene un lado algo maligno, y tal vez como pasa con todo, intentas usarla de manera apropiada, como una herramienta, para divertirte. Si lo haces con amor, la risa es amor, incluso la risa que da miedo. Cuando me río de bromas horribles, para mí es una risa sana. Creo que se habla de un desahogo mediante el humor porque la risa a menudo nos ayuda a liberar tensiones. Y tal vez esa es la función que puede tener la risa en un entierro. Reírse en un entierro está considerado como algo muy inapropiado, y pese a eso a la mayoría de la gente que conozco le gustaría que se rían en su funeral.

Usas mucho la palabra salud. Como médico, ¿cuál es tu definición de lo que es la salud?

Bueno, me parece que es importante tener una definición que se pueda adaptar incluso a una persona que padece una parálisis; para mí, tener salud es tener una vida feliz, exuberante, llena de energía, aunque sea un día común y corriente.

No creo que sea necesario tener un corazón o un hígado sano, sino una visión más comprometida de la vida; aunque, claro, también está la salud de tus órganos y la salud mental. Un japonés maravilloso, que no tiene ni brazos ni piernas, escribió un libro, y en la tapa del libro hay una foto de él, realmente feliz, donde se ve que no tiene ni brazos ni piernas, y el título del libro es *¡Sí puedo!* Es admirable. También me recuerda a Stephen Hawking, quien sufre una enfermedad grave y sin embargo tiene un buen sentido del humor.

Hay algo que me gusta: «reír ante la muerte». La idea es que, si me encuentro frente a un pelotón de fusilamiento, me voy a reír. A mí me gustaría estar consciente en el instante de mi muerte y reírme. Me gustaría que sea lo último que recuerden de mí... y probablemente quisiera hacer algo asqueroso.

En tu primer libro sobre Gesundheit, hablando de la amistad, dices que la enfermedad principal de la sociedad es la soledad.

Es la peor experiencia humana, me parece, no hay experiencia más dolorosa que la soledad.

Gesundheit va a ser el primer hospital divertido. Pienso en seis cualidades para mi vida y que quiero para el hospital: quiero que sea **alegre, divertido, afectuoso, cooperativo, creativo y amable.** Para mí, esa es la base de un grupo saludable, y es lo que quiero para mí y para el hospital. No como si fuera un tratamiento, sino un lugar donde llegas y ya es así, y luego vemos cuál es el tratamiento más adecuado.

¿Pero cómo puede hacer una persona que quiera salir de su aislamiento para encontrarse con otras personas?

Yo le aconsejaría que haga un viaje de clowns. Sabes, cada año se suicidan 6000 veteranos de guerra, pero interiormente ya estaban muertos antes, porque no paraban de ver los cuerpos de los caídos. Hay algo que se muere en ellos, al aislarse, y nosotros queríamos traerlos acá a Guatemala, a este hotel, porque aquí estamos todos como en una casa de familia, y la Fábrica de Sonrisas está compuesta por más de 6000 clowns.

Me has oído decir que la práctica del clown es un buen truco para acercarse a las personas. Los excombatientes muertos por dentro, con ganas de suicidarse, los quiero aquí. La mayoría de la gente que hace este tipo de viajes lo hace para aliviar su sufrimiento. Luego ven cómo impacta su presencia, como clowns, al acercarse a quienes más sufren y eso calma su propio sufrimiento. Reciben agradecimientos y se sienten bien. Ven que son personas valiosas, se dan cuenta de que no se quieren suicidar. De acuerdo, vivieron los horrores de la guerra, pero ahora pueden pasar el resto de su vida sirviendo a la humanidad. Mi sueño para los soldados es que puedan venir acá entre siete y diez días para aliviar su sufrimiento y conectarse con su humanidad.

El humor es como un truco de magia que hace que esto se vuelva realidad. No conozco una manera de hacerlo mediante el amor. Cuando hablamos de amor, muchas personas solo piensan en el sexo, en el amor solo con una pareja, o el amor por un hijo, pero no en el amor a la humanidad. Para mí, el amor es una experiencia mucho más profunda. Por ejemplo, entras en una pieza, tal vez haces reír a alguien, pero luego te sientas y la tomas de la mano. Pienso que el humor puede hacer entrar a una persona en el mundo del amor, desconectándolo del mundo del sexo o del matrimonio. El amor es el nombre que le damos a lo hermoso de ayudar a alguien.

A veces digo que la boca es la introducción de los ojos, porque la boca se puede mover de muchas maneras. Se pueden hacer muchas formas con los labios, pero la boca no es tan profunda como la mirada. La boca puede mentir fácilmente, pero cuando miras a alguien a los ojos, ves que tienen una fuerza muy intensa, y nos sentimos más vulnerables al mirarnos a los ojos que de cualquier otra manera.

¿Se trata fundamentalmente de amor y no de humor?

Para mí, estas seis cualidades (**alegre, divertido, afectuoso, cooperativo, creativo y amable**) son la base de una comunidad sana y no se puede separar una como el humor. Nunca se separarían. Si esas cualidades pudieran hablar, nos dirían que trabajan juntas. Porque los clowns somos creativos, cooperamos, no hay manera de decir qué porcentaje de lo que decimos hace reír, transmite afecto o seguridad. Tal vez el humor te haya hecho entrar en la pieza. Puedes usar el humor, pero lo que el paciente recordará es que lo has tomado de la mano. Aunque desde afuera parezca que solo se acordará de las risas.

Somos y vivimos dentro de una comunidad.

Guatemala, 10 de marzo de 2014.

Agradecimientos

Este libro está dedicado a la memoria de mi padre, el doctor Normand Giard (1929-2012).

Dicen que se necesita todo un pueblo para educar a un niño, aquí les presento al mío, que me permitió dar a luz al libro que tienen ahora entre sus manos.

Le agradezco profundamente al doctor Hunter Patch Adams, quien respondió a mi primera carta con una postal y me ayudó a encontrar el sentido del amor. Luego, a Madhuri y a Madan Kataria, los fundadores del yoga de la risa, a Liliana de Leo, quien me otorgó la certificación de instructor, a Linda Leclerc, Albert Nerenberg, Duncan Cook y a todo el equipo y a los participantes del primer Congreso de Yoga de la Risa de Canadá que se organizó en Toronto en el 2013, gracias por haberme devuelto las ganas de reír.

Gracias a Francine Côté, Nez pour Vivre, Seb's Projects India, Tim Webster, Carl Hammerschlag, John Glick, Guillaume Vermette, Steve Hanlin, Lou Rodríguez y al centenar de clowns que me alentaron durante mis misiones humanitarias, así como a los miles de chicos y padres que tuve la suerte de ayudar. Un agradecimiento muy especial a Giri Dharan y su fundación Third Hand en India, así como a Francelline Nakoulma, fundadora de la escuela primaria privada Saint Gabriel, Ouagadougou, Burkina Faso, por su inspiradora labor humanitaria y su compromiso con la educación de los niños.

Gracias a mis mecenas Barbara, Dominique, la Dra. Marie-Eve Cyr y su equipo, Harald, Jason, Josée, Julia, Linda, Liselotte, Maïa,

Naum, Rob, Tracey, Wendy y a todos los que contribuyeron con las colectas de fondos para mis misiones humanitarias. Le agradezco a Mary Kay Morrison, Steve Wilson y a todos los miembros la AATH (Association for Applied Therapeutic Humor), y especialmente a Lenny Ravich, la familia Knox y el museo Red Skelton pour las becas que me otorgaron para convertirme en un profesional certificado en humor (CHP).

Gracias al filósofo angloestadounidense Alan Watts, que me hizo volver a creer en la vida gracias a sus textos, y a las profesionales de la salud Marjolaine Gosselin, Marine de Freminville, Anne Canarelli, Anne Lucas, Anne-Marie Léger, Caroline Nadeau y todos los que me acompañaron durante mi recuperación. En mi camino también me encontré con mentores que me dieron el coraje que necesitaba cuando el desafío parecía inalcanzable, gracias a YES Montréal, CAPS Montréal, Marie-Michelle Fillion, Rita Baker, Christian Beaubien, Suzannah Baum, Judy Carter, Frank King y Monique Piroth. También les agradezco a Kelly Epperson, Juan Manuel Rodríguez Sawicki, Lina Giguère y María Alexandra Rodríguez por su atención, por su pasión y sus acertados consejos durante la realización de este libro.

Y a todos aquellos amigos y compañeras que no puedo incluir por falta de espacio: un profundo agradecimiento por todo lo que me dieron, los llevo por siempre en mi corazón. Gracias a mis padres, a mis hermanos y a mi hermana y, por último, un agradecimiento infinito a mi esposa y a nuestra hija por acompañarme en las montañas rusas emocionales de este camino de revelaciones y de amor. ¡Los quiero a todos!

Invitación

Ahora que conoces mi historia, te invito a visitar mi página web (www.guygiard.com) para que veas las obras y escuches los conciertos descritos en estas páginas. También encontrarás enlaces a entrevistas y anuncios de actividades en las cuales puedes participar. Y también me puedes escribir. Será un placer responderte.

Este libro también está disponible en francés (versión original) y en inglés, en formato papel, digital y audio. Se traducirá a otros idiomas a partir del 2021.

También estoy preparando dos nuevos libros para acompañar *El chirrido de los columpios: Escuchar-Amar-Crear, Reencontrarse con sus pasiones y construirse una vida extraordinaria*, una guía de ayuda para cualquier persona que se sienta perdida y que desee reencontrar la felicidad en su vida; y *Escuchar-Amar-Crear, Un diario para completar en busca de una vida extraordinaria* para poner en práctica las actividades de la guía de una manera rápida y eficaz.

Estoy disponible a nivel internacional para dar conferencias y talleres en francés y en inglés sobre los temas del abuso sexual, el clown humanitario, las artes y la música. Ingresa a www.guygiard.com y abónate a mi boletín informativo para estar al tanto de nuevas publicaciones, conferencias, talleres y otras actividades.

¡Te deseo una vida extraordinaria!

Afectuosamente,

Guy Giard

Sobre el autor

El Dr. Patch Adams con Guy Giard

GUY GIARD nació en la provincia francófona de Quebec, Canadá, vivió muchos años en Europa y viajó por tres continentes. Cuenta con la certificación de Profesional en Humor Terapéutico, instructor de Yoga de la Risa y bachiller en Artes Visuales con estudios avanzados en la Academia Nacional de Bellas Artes de los Países Bajos. Ha recibido becas del Consejo de las Artes de Canadá y del Consejo de las Artes y Letras de Quebec, entre otras.

Es artista visual, expone sus obras desde hace más de cuarenta años, y en su faceta de músico organiza conciertos desde hace treinta. También es escritor, conferencista y un apasionado profesional del humor, en gran parte gracias a los viajes de clowns humanitarios que compartió junto al Dr. Patch Adams.

Da conferencias y talleres sobre la recuperación tras el abuso sexual y las maneras de alcanzar una vida extraordinaria. Sus publicaciones se han traducido a varios idiomas y están disponibles en formato impreso, digital y audio. Para más información, visita su sitio web: www.guygiard.com

Sigue a Guy Giard en las redes sociales:

www.facebook.com/guygiard1

www.linkedin.com/in/guygiard/

www.instagram.com/guy_giard_speaker/

www.twitter.com/LaughterArts

www.bitchute.com/channel/97Cq9xAhzDj7/

www.youtube.com/user/guygiard

Índice

Made in the USA
Monee, IL
07 July 2026

56544678R00208